中国与东南亚国家“五通”状况研究

林　黎　李　敬　李志军等著

主要作者

林　黎　重庆工商大学经济学院
李　敬　重庆工商大学经济学院
李志军　《管理世界》经济研究院
雷　俐　重庆工商大学长江上游经济研究中心
肖伶俐　重庆大学公共管理学院
王丽纳　重庆大学公共管理学院
谢晓英　重庆大学公共管理学院
田　文　重庆大学公共管理学院
刘　洋　重庆大学公共管理学院
覃乔亦　重庆电子工程职业学院
周平录　对外经济贸易大学
陈晓易　对外经济贸易大学
王　静　中国社会科学院大学
单　珊　吉林大学创新发展研究院（北京）
贺　静　《管理世界》经济研究院
王冬晨　《管理世界》经济研究院
李逸飞　《管理世界》经济研究院
张世国　《管理世界》经济研究院
王　宇　《管理世界》经济研究院
褟俊名　《管理世界》经济研究院
徐　迅　《管理世界》经济研究院
张静蕾　《管理世界》经济研究院
梁　蕊　《管理世界》经济研究院

中国与东南亚国家“五通”状况研究

林黎　李敬　李志军 等／著

STUDY ON THE RELATIONSHIP
BETWEEN CHINA AND SOUTHEAST ASIAN COUNTRIES

经济日报出版社

图书在版编目（CIP）数据

中国与东南亚国家“五通”状况研究 / 林黎等著
. —北京：经济日报出版社，2019.6
ISBN 978-7-5196-0553-7

Ⅰ. ①中… Ⅱ. ①林… Ⅲ. ①中外关系-研究-东南亚 Ⅳ. ①D822.333

中国版本图书馆 CIP 数据核字（2019）第 116219 号

中国与东南亚国家“五通”状况研究

作　　者	林　黎　李　敬　李志军等
责任编辑	宫婷婷
责任编辑	杨欣萌
出版发行	经济日报出版社
社　　址	北京市西城区白纸坊东街 2 号 A 座综合楼 710
邮政编码	100054
电　　话	010-63584556（编辑部）
	010-63538621　63567692（发行部）
网　　址	www.edpbook.com.cn
E-mail	edpbook@sina.com
经　　销	全国新华书店
印　　刷	北京建宏印刷有限公司
开　　本	710×1000 mm　1/16
印　　张	16
字　　数	295 千字
版　　次	2019 年 7 月第 1 版
印　　次	2019 年 7 月第 1 次印刷
书　　号	ISBN 978-7-5196-0553-7
定　　价	68.00 元

序　言

2013年国家主席习近平提出“一带一路”倡议，旨在借用古代丝绸之路的历史符号，高举和平发展的旗帜，积极发展与沿线国家的经济合作伙伴关系，共同打造政治互信、经济融合、文化包容的利益共同体、命运共同体和责任共同体。共建“一带一路”正在成为中国参与全球开放合作、改善全球经济治理体系、促进全球共同发展繁荣的中国方案。

东南亚地区自古以来就是“海上丝绸之路”的重要枢纽，是“一带一路”互联互通的重要路线。近年来，中国政府坚持开放合作、和谐包容、市场运作、互利共赢原则，积极促进与东南亚国家的政策沟通、设施联通、贸易畅通、资金融通、民心相通，并取得显著成绩。

中国与新加坡在政策沟通方面，积极展开高层互访，加强政策沟通、战略对接。设施联通方面，积极推进中泰铁路和南向通道建设，加强通信干线网络建设合作。贸易畅通方面，中国成为新加坡的主要出口目的国和进口来源国；中国与新加坡的贸易互补关系一定程度增强，贸易竞争关系大幅度增强。资金融通方面，依靠三大区域融资机制，广泛开展金融合作。民心相通方面，两国不断加强在文化、科技、人才、立法、教育、医疗以及环境领域的合作。

中国与老挝在政策沟通方面，高层来往频繁，政策沟通顺畅。设施联通方面，两国基础设施联通还有较大的提升空间。贸易畅通方面，两国贸易畅通，中国是老挝三大贸易伙伴之一；中国与老挝的贸易竞争关系很弱，两国出口产品结构差异化明显。资金融通方面，“亚投行”、丝路基金、“一带一路”专项贷款等为两国提供多种资金融通渠道。民心相通方面，双方在旅游业、孔子学院等方面合作紧密。

中国与柬埔寨在政策沟通方面，政治互信不断加深，双边各领域合作深入推进。设施联通方面，两国基础设施的相互联通状况较为良好，且中国是柬埔寨发展基础设施的重要伙伴。贸易畅通方面，两国贸易合作不断升温，中国已成为柬埔寨第一大贸易伙伴以及第一大进口来源地。资金融通方面，“亚投行”、丝路基金、“一带一路”专项贷款等为双边资金融通提供更多便利。民心相通方面，中国与柬埔寨的民心相通建设良好但不均衡。

中国与缅甸在政策沟通方面，签署了多个领域的合作条约，合作共建意识持续升温，合作领域不断深化。设施联通方面，陆路、水运、航空枢纽以及能源通讯等领域的不断完善，提升了中缅两国互联互通水平。贸易畅通方面，中缅货物贸易关系不断紧密，中国是缅甸第一大进口来源国和出口目的国。两国的贸易互补性较强，贸易竞争关系非常弱。资金融通方面，中国加大了对缅甸的投资力度，助推缅甸国内经济发展。民心相通方面，中国与缅甸的民心相通指数总体水平不高，但存在较大的发展潜力。

中国与泰国在政策沟通方面，政治互信不断增强，双边关系持续深化，合作共建意识持续升温。设施联通方面，昆曼高速、中泰铁路以及航空港口的建设，促进了两国的互联互通。贸易畅通方面，两国货物贸易持续增长，中国成为泰国第一大进口来源国和第二大出口目的国；中泰货物贸易结构不断优化，两国的贸易竞争关系逐渐减弱，贸易互补关系不断增强。资金融通方面，亚洲基础设施投资银行和货币互换协议降低了融资成本。民心相通方面，旅游业和建立孔子学院的合作加强，网民相互关注度空前提高。

中国与东帝汶在政策沟通方面，双方就外交往来、经济合作、国际援助等方面保持了相对良好的政策沟通。设施联通方面，两国的设施联通十分匮乏，截至目前尚没有直达航班。贸易畅通方面，两国贸易总额不高，中国对东帝汶货物贸易呈上涨趋势，但进出口总额变化相对较大。资金融通方面，两国尚未签署货币互换协议，两国资金融通关系较为薄弱，但近年来取得一些新进展。民心相通方面，中国向东帝汶提供了大量无偿援助，但中国网民对东帝汶的关注度不高。

中国与菲律宾在政策沟通方面，双方都致力于维护地区稳定和共同发展，两国之间的政策沟通将面临更大的空间。设施联通方面，两国的设施联通较为薄弱，在建设上有着广阔合作空间。贸易畅通方面，中国已经成为菲律宾的主要进口来源国及出口目的国。资金融通方面，中菲资金融通在未来的发展中面临良好机遇。民心相通方面，教育、旅游、文化等方面的合作交流较多，两国的城市交往水平良好。

中国与马来西亚政策沟通顺畅，政治互信不断增强。设施联通方面，两国基础设施互联互通状况良好。贸易畅通方面，中国是马来西亚第一大贸易伙伴，马来西亚是中国在亚洲的第三大贸易伙伴。资金融通方面，“亚投行”、丝路基金、“一带一路”专项贷款、双边货币互换协议等为两国提供多种融资渠道。民心相通方面，两国旅游活动、科教文化、民间往来合作进展顺利。

中国与文莱的政策沟通状况不佳，但文莱政府积极响应“一带一路”倡议。设施联通方面，两国的设施联通现状堪忧，但是发展潜力较大。贸易畅通方面，中国是文莱的主要贸易伙伴之一。资金融通方面，两国资金融通建设良好，在金融监管合作、投资银行合作、信贷便利度等各项指标上的建设相对成熟。民心相通方面，两国的民心相通建设有潜力但很不均衡。

中国与印度尼西亚政策沟通顺畅，高层往来频繁，政治互信不断增强。设施联通方面，两国基础设施互联互通状况良好。贸易畅通方面，两国贸易额不断攀升，中国已成为印度尼西亚第一大贸易伙伴。资金融通方面，东盟基金、“亚投行”、丝路基金、“一带一路”专项贷款等保证了双方通畅的融资渠道。民心相通方面，两国建立了人文交流机制、合作建有多所孔子学院和多个孔子课堂。

中国与越南的在政策沟通方面，总体情况良好，但一些方面还有待完善。设施联通方面，两国设施联通较为良好，在东盟国家中情况较为优秀。贸易畅通方面，两国经贸往来突破新高度，中国连续 13 年成为越南第一大贸易伙伴，越南超越马来西亚成为中国在东盟的第一大贸易伙伴。资金融通方面，两国资金融通建设良好，在东盟国家中其资金融通水平中等。民心相通方面，两国民心相通建设有潜力但不均衡。

在逆全球化浪潮滚滚而来、国际环境复杂多变的背景下，深入分析中国与东南亚十一国的“五通”情况，加强中国与东南亚十一国的合作交流，为提高我国的对外开放水平、推进“一带一路”建设，促进沿线各国的持续发展与加强区域合作具有十分重大的战略意义。本书可为中国企业拓展东南亚地区投资与贸易空间提供支撑，也可为政府政策制订提供参考。

作者

2019 年 4 月于重庆

目　录

一、中国与新加坡历史渊源与“五通”状况研究

新加坡（Singapore）古称淡马锡。1963 年 9 月 16 日与马来亚、沙巴、沙捞越共同组成马来西亚联邦。1965 年 8 月 9 日脱离马来西亚，成立新加坡共和国，同年 9 月成为联合国成员，10 月加入英联邦。1967 年与印度尼西亚、马来西亚、菲律宾和泰国组成东南亚国家联盟（ASEAN），为发起国之一。

新加坡位于马来半岛南端、马六甲海峡出入口，北隔柔佛海峡与马来西亚相邻，南隔新加坡海峡与印度尼西亚相望。由新加坡岛及附近 63 个小岛组成。新加坡资源比较匮乏，主要工业原料、生活必需品需进口。截至 2016 年 6 月，新加坡总人口 560.73 万，人口密度 7797 人 / 平方公里。新加坡的官方语言为马来语、华语、泰米尔语和英语。马来语为国语，英语为行政用语。

2016年新加坡国内生产总值2970亿美元，增长2.0%，人均GDP为52962美元。截至 2016 年 9 月 20 日，国际评级机构惠誉对新加坡主权信用评级为 AAA/F1+，展望为稳定。中国与新加坡于 1990 年 10 月 3 日正式建交。自建交以来，两国在各领域的互利合作成果显著①。

（一）中国与新加坡的历史渊源

1. 古代狮城时期

史书并未明确记载古新加坡建立国家的时间，但最广为流传的说法是，新加坡最早叫作“单马锡”。到了 13 世纪中叶，改称为“信诃补罗”或“新加坡拉”。在梵语中，“信诃”的意思是狮子，“补罗”的意思是城堡，两者合起来就是狮城。新加坡的很多史学家认为，新加坡这一当代称谓就是从“信诃补罗”演变而来的②。

---

① 资料来源：对外投资合作国别（地区）指南：新加坡（2017 年版）.

② 许心礼．新加坡［M］．上海：上海辞书出版社，1983.

根据《马来纪年》的记载，狮城王朝传五世，十四世纪末亡。狮城王朝的创建年代，大约是13世纪70年代。从14世纪30年代起，信诃补罗王朝频繁遭到北方的暹罗素可泰王朝和南方的爪哇麻诺八歇帝国的入侵。在1377年，暹罗素可泰王朝终于攻下古新加坡，使其成为自己的属地。16世纪初，西方国家为了加速资本原始积累，将殖民扩张的触角伸向了东南亚地区。1824年，新加坡完全沦为英国殖民地。英国殖民者在夺取新加坡之后，把它辟为“自由港”。1959年6月3日，新加坡自治邦成立，基本摆脱140年的殖民统治。1961年，新加坡又加入“马来西亚联邦”。一直到1965年8月9日，新加坡才正式独立，成立新加坡共和国①。

从历史上看，中国和新加坡两国人民很早就开始友好往来。根据《汉书·地理志》记载，从公元前2世纪开始，新加坡已经成为东西方海上贸易往来的必经之道。有学者认为，中国和新加坡的往来可以追溯到唐代。最有力的证据即是著名的考古学家、历史学家、被誉为“研究中国古外销陶瓷第一人”的韩槐准先生曾在新加坡柔佛河流域古遗址发现了唐代的青瓷碎片。自此之后，两国的友好往来不断发展。据《小方壶斋舆地丛钞》记载新忌利波已有中国人的坟墓：“有唐人坟墓，碑记梁朝年号及宋代咸淳”②。这里的新忌波利即新加坡，梁朝为中国五代的后梁，咸淳是南宋度宗的年号。在宋代海外地理名著《诸蕃志》中，作者赵汝适明确记载了商船从泉州港到达新加坡的航行过程和贸易情况。其中的《三佛齐门》篇中提及，中国商舶到三佛齐贸易，必先在“凌牙门经商三分之一”，然后才到三佛齐。凌牙门即新加坡。1320年，元朝曾到龙牙门寻找大象。1325年，龙牙门派使臣到中国。此处的龙牙门即新加坡。1330年，中国元代航海家汪大渊首次来到新加坡，在其《岛夷志略·龙牙门》篇中记载“男女兼中国人居多，多椎髻，穿短布衫，系青布捎”。“门以单马锡番两山，相交若龙牙状，中有水道以间之③。”

2. 英国殖民地时期

1819年，英国人莱佛士和他的同伴法古哈来到新加坡。1824年，英国再次和新加坡苏丹签约，把全岛买下④。自此，新加坡沦为英国殖民地，并被英国开辟为完全的自由港。在这个自由港内，外国商船可以自由进出，进出口货物完全免征关税。此时的新加坡，和中国的海上往来依旧频繁。1821年，从厦门驶入新加坡的中国帆船，开启了中国与殖民时期新加坡直接贸易的新篇章。从1824年至1840年，赴新

---

① 厦门大学南洋研究所．新加坡简史［M］．北京：商务印书馆，1978.
② 肖秋生．中国与新加坡历史渊源［J］．中学历史教学参考，1996（8）.
③ 陈东亮．汪大渊和他的《岛夷志略》［N］．江西日报，2014-6-27.
④ 归通昌．漫游世界指南．新加坡［M］．沈阳：辽宁教育出版社，1998.

加坡进行贸易的中国帆船约在150–250艘。伴随国与国之间贸易的是人员移居新加坡，这其中包括中国商人、手工艺者和劳工。1840年鸦片战争以后，中国闽粤沿海一带的华工大量涌入新加坡，成为建设新加坡的主要劳动力。这些劳动力在新加坡繁衍后代，使新加坡成为华侨最集中的国家。据统计，华侨人口占新加坡总人口的75%。1877年，清政府在新加坡设立领事馆，成为中国在国外最早的领事馆。1890年，领事馆升级为总领事馆。民国时期，中国与新加坡的贸易额不断上升，在很长时间里，新加坡都是中国在东南亚的最大贸易伙伴。此时，新加坡华侨在中国大力投资，代表人物有陈嘉庚、林文庆等①。

从19世纪20年代到20世纪30年代的一百年中，新加坡一直是英国在东南亚地区的重要转口贸易港口和主要军事基地。之后的二十多年，新加坡经历了被日本占领、成为英国直属殖民地等事件。一直到1959年，新加坡实现自治，成立自治邦，但英国保留国防、外交、修改宪法、宣布紧急状态等权力。1963年9月16日与马来西亚、沙巴、沙捞越共同组成马来西亚联邦②。这期间，中国与新加坡的友好往来并未中断。如1956年8月，新加坡首席部长戴维·马歇尔访华，周恩来总理向他阐述了我国关于在新加坡华人的国籍问题的立场。1956年8月，以高德根为首的新加坡工商业贸易考察团访华③。

（二）中国与新加坡的现实往来

自1965年8月9日新加坡成立新加坡共和国，到2001年12月中国正式加入世界贸易组织，中新关系大致经历了以下三个阶段：

1. 纯经济接触阶段

1965年8月9日，新加坡脱离马来西亚，成立新加坡共和国，同年9月成为联合国成员国，10月加入英联邦。独立后的新加坡，面临选择国家建设道路的紧迫任务，作为决策者的李光耀贯彻了以下几点外交思想：第一，国家利益至上。“任何时候执行的外交政策，首先是为组成一个国家的一群人民的长期的民族利益而制定的。”“政策是为负责那时国家命运的政权形式或政治领导形式而制订的”。第二，实用主义政治哲学。根据李光耀的外交理念，新加坡在某一时期应该选择何种理论和政策，主要的依据是当时的国际国内情况和国家的需要。最典型的例子即是，英

---

① 毕世鸿．新加坡概论［M］．北京：世界图书出版公司，2012.

② 资料来源：外交部网站 http：//www.fmprc.gov.cn.

③ 许心礼．新加坡［M］．上海：上海辞书出版社，1983.

国从新加坡撤军之后，李光耀认为美国是新加坡安全最强有力的外援，立刻采取了亲美的政策。第三，均势论。李光耀认为国家的势力均衡是最理想的安全架构。新加坡的作用不在于直接参与“均势”，而是鼓励或支持对新加坡有利的均势。这种均势还可以是某个大国为主导的灵活的均势①。以上的外交思想在实践中体现为依靠以美国为首的国际垄断资本和垄断集团的政治势力来建国。

这一时期新加坡与中国的关系呈现出政治冷经济热的强烈反差。政治冷，即新加坡努力保持与中国的政治距离。这主要源于：

第一，新加坡种族、地域背景的特殊性。新加坡以华人为主体，同时被马来人所包围，印尼和马来西亚曾经对华人和新中国并不友好，对以华人为主的新加坡也怀有极大的戒备心，担心新加坡被中国化。为了获取印尼、马来西亚、泰国和菲律宾等邻国的信任，发展睦邻友好关系，新加坡采取了政治上疏远的对华政策。

第二，基于稀释或消除中国对新加坡华人影响的考虑。以华人为主的人口构成，使得华人归属问题成为困扰新加坡的治理难题。中国政府从大局出发，支持海外华人认同所在国。

1956 年 10 月 9 日，周恩来总理接见戴维·马歇尔，谈话时提出中国关于新加坡中国人国籍问题的四点政策：一、中国政府愿意看到新加坡的中国人取得他们自愿取得的新加坡的公民资格，完全效忠于他们所在的国家。中国政府相信，这将有助于促进他们本身的利益，有助于新加坡的稳定和安宁，有助于中国同新加坡之间的友好关系的发展。二、任何居住在新加坡的中国人，只要他们自愿地取得新加坡公民资格，就不再具有中国公民的资格。当然，他们所固有的种族联系和文化联系仍然继续存在。三、任何取得新加坡公民资格的中国人，如果他们愿意的话，可以根据新加坡法律放弃新加坡的公民资格后，取得中国公民的资格。四、任何具有中国公民资格的侨民应当尊重当地政府的法令，不参与当地的政治活动，但是他们的正当权益应该受到尊重而不被歧视②。尽管如此，李光耀政府并未放松消除中国化，比较典型的政策是禁止 30 岁以下的华人前往中国。在新加坡政府与中国正式建交之前，两国之间的互访中，李光耀致辞必强调“新加坡人”和“新加坡国”以及东南亚背景。

第三，70 年代以前新中两国在意识形态方面的对立。意识形态的对立严重影响了新中关系：在 1970 年前，中国政府把新加坡看作马来西亚的一部分，不承认新加

① 转引自魏炜．李光耀时代的新加坡外交研究 1965-1990［D］．华东师范大学，2006.

② 中共中央文献研究室．周恩来年谱（1949-1976）［M］．北京：中央文献出版社，1998.

坡的独立国家地位，两国关系无从谈起①。

经济热，即新加坡与中国的贸易发展非常迅速，联合国的商品贸易数据印证了这一观点。从时点来看，1965 年至 1975 年，新加坡对中国的出口数额从 723 万美元增加到 4151 万美元，增长率为 474.1%；进口数额从 7332 万美元增加到 28790 万美元，增长率为 292.7%；进出口总额从 8055 万美元增加到 32941 万美元，增长率为 309%。从时段来看，1965 年 –1975 年，两国之间的进出口总额的增长率非常不稳定，呈现先减后增的趋势。中新贸易的进口额、出口额和进出口总额在其全球贸易中的份额呈现先增后减的趋势（见表 SG–1 和图 SG–1）。

表 SG–1　新加坡对中国的外贸进出口额及增长率（1965–1975 年）

单位：百万美元、%

指标	1965 年	1968 年	1970 年	1972 年	1974 年	1975 年
出口额	7.23	26.52	22.67	20.36	51.42	41.51
增长率		–15.2	–60.3	33.7	–1.2	–19.3
全球	10196.64	12366.69	16236.8	23205.46	61122.26	56660.79
全球占比	0.07	0.21	0.14	0.09	0.08	0.07
进口额	73.32	150.27	125.91	141.52	263.31	287.90
增长率		19.2	–7.9	6.5	13.4	9.3
全球	13210.87	18054.00	26974.94	37311.80	92815.76	89975.63
全球占比	0.55	0.83	0.47	0.38	0.28	0.32
进出口总额	80.55	176.79	148.58	161.88	314.73	329.41
增长率		12.4	–23.3	9.3	10.7	4.7
全球	23407.51	30420.69	43211.74	60517.26	153938.02	146636.42
全球占比	0.34	0.58	0.34	0.27	0.2	0.22

数据来源：联合国商品贸易数据库 SITC 分类法整理而得

① 魏炜 . 李光耀时代的新加坡外交研究 1965–1990［D］. 华东师范大学，2006.

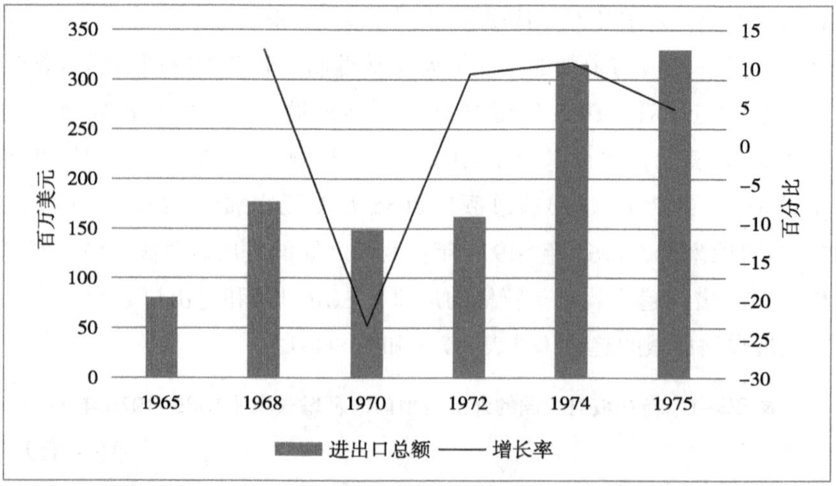

图 SG-1　1965-1975 年新加坡对中国进出口总额及增长率

2. 迅速接近阶段

这一阶段，新加坡和中国的关系明显改善。一个重要的原因是中美关系正常化。1972 年 2 月，美国总统尼克松应国务院总理周恩来的邀请访华，中美交往之门重新打开。1978 年 12 月 16 日，中美两国发表了《中华人民共和国和美利坚合众国关于建立外交关系的联合公报》。1979 年 1 月 1 日，中美两国正式建立大使级外交关系①。

两国领导人的高层接触频繁是这一时期中新外交的主要特点。新加坡方面，1976 年 5 月，新加坡总理李光耀对中国进行了历史性的访问。这是李光耀首次访华，在中新关系史上具有里程碑意义。在新加坡与中国正式建交之前，李光耀分别于 1980 年、1985 年和 1988 年先后三次访华。此外，新加坡其他领导人拉贾拉南、吴庆瑞、王鼎昌和吴作栋等都曾先后访华。中国方面，邓小平、赵紫阳和谷牧等领导人也分别在 1978 年、1981 年和 1986 年访问新加坡②。

1978 年 12 月，十一届三中全会确定了中国实施改革开放政策。中新两国的经济贸易也随之突飞猛进。1979 年 12 月 29 日，中新两国政府在北京签订了贸易协定。1980 年 8 月 14 日，两国签署协议，以执行贸易协定的名义，互设有使馆主要功能和外交地位的商务代表处③。从联合国提供的贸易数据来看（见表 SG-2 和图 SG-2），从 1976 年到 1988 年，中新两国进出口总额从 3.0539 亿美元增加到 28.6081 亿美元，十多年间增长到 9 倍多；占新加坡全球贸易额的比例由 1.95% 稳步上升到 3.44%。尤

① 资料来源：外交部 http：//www.fmprc.gov.cn

② 曹云华 . 中新关系：新加坡小国务实外交的一个实例［J］. 东南亚研究，1991（2）.

③ 魏渭康 . 我所了解的新加坡建国总理李光耀——写在中新建交 25 周年之际［J］. 纵横，2015（10）.

为明显的是，在1979年以后，在中国改革开放的推动下，中新贸易额增长迅速。有数据显示，从1979年至1989年底止，新加坡在中国的实际投资项目累计达291个，实际投资总额达6.4亿美元，成为中国仅次于港澳、美国和日本的投资国[①]。

表 SG-2　新加坡对中国的外贸进出口额及增长率（1976-1989年）

单位：百万美元、%

指标	1976年	1980年	1982年	1984年	1988年	1989年
出口额	38.63	307.52	241.49	243.83	1177.67	1197.48
增长率		80.88	35.23	14.60	59.96	1.68
全球	6585.60	19375.46	20787.94	24107.88	39304.90	
全球占比	0.59	1.59	1.16	1.01	3.00	
进口额	266.76	622.74	879.46	1353.12	1683.14	1698.31
增长率		51.37	14.00	63.66	18.86	0.90
全球	9069.58	24002.65	28167.46	28711.57	43861.81	
全球占比	2.94	2.59	3.12	4.71	3.84	
进出口总额	305.39	930.26	1120.95	1596.95	2860.81	2895.79
增长率		60	17.99	34.9	32.91	1.24
全球	15655.18	43378.11	48955.4	52819.45	83166.71	
全球占比	1.95	2.14	2.29	3.02	3.44	

数据来源：联合国商品贸易数据库SITC分类法整理而得（注：由于1989年后普遍采用HS分类法，故SITCF分类法的1989年全球数据未查询到）

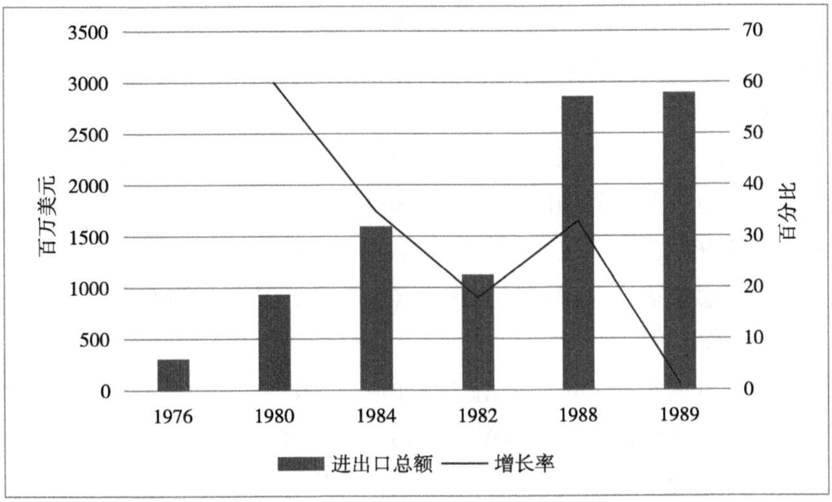

图 SG-2　1976-1989年新加坡对中国进出口总额及增长率

① 曹云华．中新关系：新加坡小国务实外交的一个实例［J］．东南亚研究，1991（2）．

3. 中新关系正式化阶段

1989 年 2 月，中国和印度尼西亚宣布原则上同意恢复外交关系。1990 年 8 月，印度尼西亚与中国正式复交。随着印中关系的正常化，1990 年 10 月 3 日，中国外交部部长钱其琛和新加坡外交部部长黄振成在联合国签署了《中华人民共和国政府和新加坡共和国政府关于建立外交关系的联合公报》，中国与新加坡正式建交[①]。

（1）中新高层互访和会见

建交以来，中新两国高层交往频繁。中新联合公报签署后的十余天，新加坡李光耀总理第五次来中国进行正式访问。中国国务院总理李鹏在天安门广场举行了隆重的欢迎仪式。李光耀同李鹏总理会谈，并拜会了国家主席杨尚昆。1990 年 10 月 17 日，江泽民总书记在人民大会堂会见李光耀、吴作栋等新加坡政府代表团成员。这是中国第三代领导核心江泽民与新加坡共和国创始人李光耀和新一代接班人吴作栋首次会面。1991 年，新加坡总统黄金辉到中国进行国事访问，这是新加坡共和国总统首次访华。同年 9 月 9 日，黄金辉总统率领代表团到达北京，国家主席杨尚昆在天安门广场举行隆重的欢迎仪式。同年 9 月 10 日，中共中央总书记江泽民在钓鱼台国宾馆亲切会见并宴请黄金辉总统。

1993 年 4 月，新加坡总理吴作栋来华进行正式友好访问。在他担任副总理时曾三次访问中国，此次是他接任总理后的首次访华。李鹏总理举行了隆重的欢迎仪式，中共中央总书记江泽民、全国人大常委会委员长乔石分别会见了吴作栋。双方表示，在政治、外交方面无任何分歧和争议，重点探讨两国的经济合作。两国领导人初步商定，新加坡在苏州创办一个工业园区。吴作栋的此次访华，加快了中新两国经贸关系的发展。

1995 年 8 月，新加坡总统王鼎昌来中国进行国事访问。他担任副总理期间已经多次访华，当选总统后，除访问东盟成员国外，他首先出访的是中国。随他出访的还有内阁资政李光耀。江泽民主席、李鹏总理、乔石委员长分别会见了他们。此次会谈中，王鼎昌总统表示两国不仅要加强经贸合作，还要加强文化、教育、卫生、科技等方面的合作。

与此同时，中国领导人也频繁出访新加坡。1992 年，国家主席杨尚昆对新加坡进行国事访问。这是中国国家元首第一次访问新加坡，目的是进一步推动中新关系的发展。黄金辉总统举行了隆重的欢迎仪式，吴作栋总理、李光耀资政亲切会见了杨主席。

---

① 资料来源：外交部网站 https：//www.fmprc.gov.cn

1994 年，11 月 10 日，应王鼎昌总统的邀请，国家主席江泽民出访新加坡。王鼎昌总统为江主席举行了欢迎仪式和宴会，吴作栋总理和李光耀资政亲切会见了江泽民主席。在两国领导人的交谈中，新加坡提出加快两国旅游业交流，允许外国航空公司直飞中国内地著名城市。除此之外，新加坡还建议加快科技合作和人才交流。江泽民主席赞同建议，强调中新两国要着重科技合作，对双方都有益。

1999 年 11 月，朱镕基总理对新加坡进行正式访问。在此次会见中，朱镕基总理提出四点主张：第一，保持高层互访，增加各部门之间的交往，加深相互了解与合作，推动双边关系进一步发展。第二，深化经贸合作，新加坡是中国与东盟贸易中的最大伙伴，新加坡是中国引进外资的第五大来源国。中国将实行西部大开发，欢迎新加坡企业家投资西部。第三，积极探索在金融领域的合作。新加坡在金融业开放和管理积累了丰富经验，双方可以加强合作交流。第四，继续开展人才培训[①]。

以上只介绍了两国国家元首、政府总理的互访和会见的部分情况。实际上，从两国正式建交到 2000 年，两国领导人的访问、会见十分频繁，除了 1992 年和 1998 年，每一年都有两国领导人的会见，1993 年、1994 年、1995 年和 1997 年这四年间，甚至出现了同一年实现两国的互访（见表格 SG-3）。

表 SG-3　中国新加坡领导人互访及会见（1990-2000 年）

年份	中国领导人访新	新加坡领导人访华
1990 年		李光耀总理
1991 年		黄金辉总统
1992 年		
1993 年	杨尚昆主席	吴作栋总理
1994 年	江泽民主席	吴作栋总理
1995 年	李瑞环政协主席	吴作栋总理、王鼎昌总统、李显龙副总理
1996 年		
1997 年	李鹏总理	吴作栋总理
1998 年		
1999 年	朱镕基总理	
2000 年		吴作栋总理

资料来源：根据外交部网站资料整理

① 张青 . 出使新加坡［M］. 北京：中央文献出版社，2002.

（2）中新两国经济关系发展迅速

中国和新加坡正式建交后，两国高层频繁接触，两国经济关系快速发展：第一，两国的贸易量增长迅猛。十年间，新加坡对中国的出口额从79937万美元增加到538009万美元，增长了5.73倍。1990年中国是新加坡的第11大出口国，2000年，中国已经是新加坡的第7大出口国。与之相似的，新加坡从中国的进口额由208900万美元增加到711554万美元，增长了2.4倍，份额由第7大进口国提升到第4大进口国（见表SG–4）。第二，双边投资额。1991年，新加坡来华投资103个项目，投资额为7800万美元①。相关资料显示，1994年新加坡实际对华投资额为11.8亿美元，1998年则增加到34亿美元，增长了1倍多，在中国利用外资来源排名中维持在4–5名的位置（见表SG–5）。第三，苏州工业园区。苏州工业园是新加坡对华投资的最大个体项目，1994年2月经中华人民共和国国务院批准，5月12日正式成立。苏州工业园区自开发建设以来就一直得到中共中央、国务院的高度重视和亲切关怀，中新双方建立了由两国副总理担任主席的中新联合协调理事会。苏州工业园区首期开发约8平方公里，到90年代末，第一期工程完成的时候，已吸引外商投资155家，其中33家世界500强企业在该园区落户。中外合同金额达到60多亿美元，实际投入达到27亿美元②。

表SG–4　新加坡对中国的外贸进出口额、增长率及世界份额（1990–2000年）

单位：百万美元、%

指标	1990年	1992年	1994年	1996年	1998年	1999年	2000年
出口额	799.37	1112.30	2107.44	3392.86	4063.50	3920.91	5380.09
增长率		29.45	9.84	22.89	–0.05	–3.64	37.22
全球占比	1.52	1.75	2.18	2.71	3.70	3.42	3.90
全球排名	11	12	12	10	7	8	7
进口额	2089.00	2252.20	2896.32	4438.98	4864.62	5695.75	7115.54
增长率		1.35	20.6	9.72	–14.51	17.09	24.93
全球占比	3.44	3.12	2.82	3.38	4.78	5.13	5.29
全球排名	7	9	10	9	4	4	4

数据来源：联合国商品贸易数据库HS分类法和世界银行WITS整理而得

① 增长迅猛、形式多样，新加坡对华投资引人注目［J］. 经贸世界 .1994（12）.

② 张青 . 出使新加坡［M］. 北京：中央文献出版社，2002.

表 SG–5　新加坡对华直接投资（1994–1998 年）

单位：万美元

年份	1994 年	1995 年	1996 年	1997 年	1998 年
实际利用额	117961	185122	224356	260641	340397
比上年增长（%）	240.7	56.8	21.2	16.2	30.6
在中国利用外资来源地排名	5	5	5	5	4
占中国当年实际利用外国直接投资的比重（%）	3.5	4.9	5.4	5.76	7.5
占新加坡对外直接投资的比重（%）	5.1	6.6	9.6	——	——
占新加坡对外直接投资地的排名	6	5	4	3	——

数据来源：李毅．新加坡对华投资透视［J］．当代亚太，2000（6）．

（三）中国与新加坡的“五通”状况

2001 年 12 月 11 日，中国正式加入 WTO，标志着中国对外开放进入新阶段。随着 2013 年国家主席习近平提出建设“21 世纪海上丝绸之路”的合作倡议以及 2015 年《推动共建丝绸之路经济带和 21 世纪海上丝绸之路的愿景与行动》的发布，中国与新加坡在政策沟通、设施联通、贸易畅通、资金融通、民心相通等方面的合作进一步加强。

根据中华人民共和国外交部网站的新闻数据，2011 年至 2017 年共有 124 条新闻报道中新两国交往。利用 NVivo 软件对汇总后的新闻进行词频分析，频率最高的词汇分别为“合作”“发展”“共同”“会见”“建设”“人民”“经济”“金融”“基础”“生态”“项目”等。其中，“合作”出现的次数最多，为 793 次，占所统计词频加权百分比的 2.51%。“发展”和“共同”出现的次数分别为 596 次和 235 次，占加权百分比分别为 1.89% 和 0.74%。这表明“合作”是中新两国关注的核心点，“共同”“发展”是中新政策的落脚点。基于五通框架下的中新合作机制包括高层“会见”的政策沟通、“基础”“项目”建设的设施联通、突出“生态”理念和“经济”交往的贸易畅通、实现“金融”合作的资金融通以及“人民”交流的民心相通。（见表 SG–6）

表 SG-6　中国与新加坡外交往来部分词频列表

单位：%

序号	单词	计数	加权百分比	序号	单词	计数	加权百分比
1	合作	793	2.51	12	人民	120	0.38
2	发展	596	1.89	13	战略	119	0.38
3	关系	558	1.77	14	不断	118	0.37
4	东盟	368	1.17	15	深化	107	0.34
5	共同	235	0.74	16	积极	106	0.34
6	双方	215	0.68	17	和平	105	0.33
7	推动	192	0.61	18	稳定	102	0.32
8	地区	180	0.57	19	经济	98	0.31
9	会见	178	0.56	20	项目	94	0.30
10	加强	128	0.41	21	生态	64	0.20
11	建设	126	0.40	22	基础	64	0.20

数据来源：中华人民共和国外交部官网新闻

1. 政策沟通

自 1990 年正式建交后，中新两国于 2000 年 4 月发表《中华人民共和国政府和新加坡共和国政府关于双边合作的联合声明》；2015 年 11 月发表《中华人民共和国和新加坡共和国关于建立与时俱进的全方位合作伙伴关系的联合声明》，最终确立建立与时俱进的全方位合作伙伴关系。中新两国的政策沟通主要体现在以下几个方面：

（1）高层互访

2010 年，时任中国国家副主席的习近平同志曾出访新加坡。2015 年，中新建交 25 周年，习近平同志以中共中央总书记和国家主席双重身份访问新加坡。在此次出访中，习近平与新加坡总统陈庆炎一致决定，中新关系升格，定位为与时俱进的全方位合作伙伴关系。2015 年 11 月 7 日，习近平主席在新加坡国立大学发表了题为《深化合作伙伴关系，共建亚洲美好家园》的演讲。在演讲中，习主席指出“中国和新加坡是一衣带水的友好邻邦，友好交往源远流长”。同时，就新形势下中国发展同周边国家关系，习主席提出四点主张：“第一，共同维护和平安宁，为亚洲各国发展和人民安居乐业创造良好条件。第二，深入对接发展战略，为彼此经济增长提供更多动能。第三，积极开展安全合作，共谋互尊互信、聚同化异、开放包容、合作共赢的邻国相处之道。第四，不断巩固人缘相亲，把修睦合作的薪火世代传承下去”①。此外，中新双方宣布启动“中新（重庆）战略性互联互通示范项目”，这是继苏州工业园区、天津生态城之后的第三个政府间合作项目②。

2012年、2013年、2017年、2018年，李显龙总理多次出访中国③。2013年8月，国家主席习近平在人民大会堂亲切会见李显龙总理。习近平主席强调中方重视发展中新友好合作关系，双方要同心协力，深化经贸、金融、人文、社会管理等领域合作。李显龙表示，新加坡积极看待中国，认为中国的发展对新加坡、东盟、对本地区都是重要机遇、新加坡愿继续参与中国的发展建设④。2014 年 9 月，李显龙到广东、广西以及中国香港特别行政区进行正式访问，并于同年 11 月出席在北京举行的第 22 届亚太经济合作组织领导人峰会。2017 年 9 月 20 日，国家主席习近平在人民大会堂会见来华进行正式访问的新加坡总理李显龙⑤。

2017 年 9 月 19 日下午，国务院总理李克强在人民大会堂东门外广场举行仪式，欢迎新加坡总理李显龙来华进行正式访问。2017 年 9 月 20 日，国家主席习近平在人民大会堂会见来华进行正式访问的新加坡总理李显龙。习近平指出，保持高层接触是中新两国老一辈领导人的良好传统，也是中新关系紧密的体现。此次访问将深化中新传统友谊，推动两国各领域合作得到更大发展。习近平强调，加强两国的政治互信，不断巩固和发展中新关系，符合两国和两国人民利益，也有利于地区和世界的和平、稳定与繁荣。李显龙表示，新方坚持一个中国政策，反对中国台湾“独立”。希望更加密切地同中国在基础设施、互联互通、人力资源等各领域合作，加强发展战略对接⑥。除此之外，陈庆炎总统也于 2015 年访华。

（2）副总理政府间合作机制：中新双边合作联合委员会

2004 年 5 月 14 日，“中新双边合作联合委员会”启动，首次会议由国家主席胡锦涛和新加坡副总理李显龙共同主持。胡锦涛主席表示，“中新双边合作联合委员会”的正式启动将进一步促进中新各领域互利合作发展。李显龙感谢胡锦涛主席的会见，并表示新中关系发展良好，两国副总理级双边合作联委会顺利启动⑦。自此，

① 资料来源：习近平 . 深化合作伙伴关系 共建亚洲美好家园——新加坡国立大学的演讲［N］人民日报，2015-11-08（2）.

② 资料来源：中华人民共和国驻新加坡共和国大使馆经济商务参赞处 http：//sg.mofcom.gov.cn

③ 资料来源：外交部 http：//www.fmprc.gov.cn

④ 资料来源：中国政府网 http：//www.gov.cn

⑤ 资料来源：外交部 http：//www.fmprc.gov.cn

⑥ 资料来源：加强发展战略对接 深化全方位合作［N］. 人民日报海外版，2017-9-21（1）.

⑦ 资料来源：新华社 2004 年 5 月 14 日电

中国和新加坡每年都会举行副总理级的双边联委会会议，会议由两国副总理共同主持，轮流在两地举行，主要任务是汇报两国各大重要合作项目所取得的进展。2016年，这个原本在中国举行的双边会议被延期。最近的一次会议于2017年2月27日在北京举行，是中国新加坡双边合作联委会第十三次会议，中国副总理张高丽和新加坡副总理兼国家安全统率部长张志贤共同主持会议。

（3）中新社会治理高层论坛

中新社会治理高层论坛至今已举行了三届，第一届于2012年9月21–22日在新加坡举行。开幕式上，中方就推进中新社会管理合作提出了相互借鉴、共享经验，深入研讨、共破难题，拓展领域、共谋发展，建立机制、共创未来等建议。新方提出异中求同、为人民提供发挥所长的机会、以家庭作为社会之本、作长远考虑等社会管理策略。中央政法委副秘书长、中央社会管理综合治理委员会办公室主任陈训秋与新加坡社会发展、青年和体育部代部长陈振声签署了关于加强社会管理领域合作的换文①。

第二届中新社会治理高层论坛2014年7月28日在北京举行，来自中国和新加坡社会管理有关部门、研究机构的百余名代表围绕“社会治理进程中的依法治理”主题展开交流。中共中央政治局委员、中央政法委书记、中央综治委主任孟建柱，新加坡副总理兼国家安全统筹部长及内政部长张志贤出席开幕式并发表主旨讲话。孟建柱就深入推进中新社会治理合作交流，特别是依法治理、建设法治社会提出四点建议：坚持交流互鉴、务实合作、突出重点和完善机制。张志贤介绍了新加坡在社会治理方面的理念和做法，表达了加强两国在社会治理领域交流合作的愿望②。

第三届中新社会治理高层论坛2016年5月17日在新加坡举行。中共中央政治局委员、中央政法委书记、中央综治委主任孟建柱与新加坡副总理兼国家安全统筹部长张志贤共同主持开幕式并致辞。孟建柱就提高多样化条件下社会治理水平提出三点建议：坚持开放、包容，为社会治理创新提供广阔空间；坚持合作、互通、共享，增强社会治理的系统性、整体性、协同性；坚持民主、自治，打造社会治理人人有责、人人尽责的命运共同体。张志贤在致辞中介绍了新加坡治理多元化社会的理念和做法，表达了加强两国在社会治理领域交流合作的愿望③。

---

① 资料来源：新华社新加坡2012年9月22日电

② 资料来源：中国政府网 http：//www.gov.cn

③ 资料来源：中国政府网 http：//www.gov.cn

2. 设施联通

根据《推动共建丝绸之路经济带和21世纪海上丝绸之路的愿景与行动》，基础设施互联互通是“一带一路”建设的优先领域。其中两个重要环节分别是交通基础设施的关键通道、关键节点、重点工程和跨境光缆等通信干线网络建设。

（1）交通基础设施

第一，公路。中国和新加坡的经济发展较好，沿线交通设施相对完善。中国–新加坡经济走廊目前有4条可行的公路通道。包括（1）南宁–河内–胡志明市–金边–曼谷–吉隆坡–新加坡。（2）南宁–河内–东河–沙湾拿吉–曼谷–吉隆坡–新加坡。（3）南宁–河内–荣市–他曲–那空帕农–曼谷–吉隆坡–新加坡。（4）南宁–河内–万象–曼谷–吉隆坡–新加坡（见表SG–7）[①]。

表SG–7 中国–新加坡主要公路通道路线表

单位：千米

通道路线	总里程	沿途路段和路况
南宁–河内–胡志明市–金边–波贝–曼谷–吉隆坡–新加坡	4850	河内–胡志明市1730千米，二级路；胡志明市–波贝600千米，二、三级路；波贝–曼谷260千米，一、二级公路
南宁–河内–东河–沙湾拿吉–曼谷–吉隆坡–新加坡	3880	河内–东河580千米，二级路；东河–老保口岸75千米，二级路；老保–沙湾那吉/穆达汉口岸235千米，二级路；穆达汉–曼谷700千米，一级公路。
南宁–河内–荣市–他曲–那空帕农–曼谷–吉隆坡–新加坡	3660	河内–荣市290千米，二级路；荣市–他曲330千米，三级路；他曲–曼谷750千米，高等级公路。
南宁–河内–万象–廊开–曼谷–吉隆坡–新加坡	3560	河内–万象约600千米，山区三、四级路；万象–曼谷625千米，一级和高速公路。线路最短，道路最差。

资料来源：林智荣、覃娟．中国–新加坡经济走廊交通基础设施建设探析［J］．东南亚纵横，2015（1）．

第三，铁路。泛亚铁路是连接中新两国的重要铁路网络。它从云南省昆明市出发，东线经玉溪、蒙西、河内、胡志明市、金边到曼谷；中线经景洪、磨憨、老挝首都万象，到达泰国首都曼谷；西线经大理、保山、瑞丽、缅甸仰光至曼谷。东中西三线最终在曼谷汇合，随后南向经过吉隆坡最终达到新加坡[②]。2006年11月10日，亚洲18个国家的代表在韩国釜山正式签署《亚洲铁路网政府间协定》。2015年，中国和泰国达成意向，将修建中泰铁路，规划中的中泰铁路全长867公里。2017年12

---

① 林智荣、覃娟．中国–新加坡经济走廊交通基础设施建设探析［J］．东南亚纵横，2015（1）．

② 资料来源：新华网 http：//sg.xinhuanet.com

月 21 日，中泰铁路合作项目一期工程正式开工。

第四，空运。新加坡是亚洲地区重要的航空运输枢纽。2016 年樟宜国际机场客运量 5870 万人次，为全球第六繁忙的机场[①]。根据《2017“一带一路”航线运力发展报告》，国内机场直飞新加坡的运力在 402.6 万座，在沿线国家中排名第二，比 2016 年同比增长 10.6%。2017 年国内机场新开新加坡直飞航线 1 条[②]。根据 2015 年的数据，中国 29 个城市已经开通直飞新加坡的航班。这些城市遍及东北、华北、华东、华中、华南、西南、西北等区域，包括沈阳、大连、北京、天津、青岛、济南、上海、杭州、南京、宁波、厦门、福州、无锡、武汉、长沙、郑州、广州、深圳、汕头、揭阳、海口、成都、重庆、昆明、南宁、西安、兰州和银川[③]。

第五，海运。由于地理位置优势和自由贸易政策，新加坡是世界上最重要的港口之一，连续 24 年被美国传统基金会《经济自由度指数》报告评为全球第二自由经济体。新加坡海事及港务管理局提供的 2006-2017 年的相关数据很好地证明了新加坡海运的发达程度（见表 SG-8）。一直以来，中国到新加坡的海运一般走西行线，即由中国沿海各大港口（如上海港、秦皇岛港、大连港、天津港、青岛港、连云港、广州港等）到新加坡。而随着 2017 年中国 – 新加坡南向通道的打通，从重庆出发，利用铁路运输，经贵阳、南宁到北部湾港，实现向南经海运至新加坡及全球的海铁联运通道[④]。

表 SG-8　新加坡海事相关数据（2006-2017 年）[⑤]

年份	入港船舶吨位（亿 GT）	集装箱吞吐量（万 TEU）	货运吞吐量（亿吨）	燃油销售量（万吨）	登记于新加坡的货轮吨位（万 GT）
2017 年	28	3370	6.262	5060	8880
2016 年	26.6	3090	5.933	4860	8880
2015 年	25	3090	5.758	4520	8630
2014 年	23.7	3390	5.813	4240	8220
2013 年	23.3	3260	5.609	4270	7360

① 资料来源：对外投资合作国别（地区）指南（2017 年版）

② 资料来源：2017“一带一路”航线运力发展报告

③ 资料来源：新加坡眼网站 http：//www.yan.sg

④ 资料来源：凤凰网 http：//news.ifeng.com

⑤ 资料来源：新浪网 http：//finance.sina.com.cn

续表

年份	入港船舶吨位（亿 GT）	集装箱吞吐量（万 TEU）	货运吞吐量（亿吨）	燃油销售量（万吨）	登记于新加坡的货轮吨位（万 GT）
2012 年	22.5	3160	5.38	4270	6500
2011 年	21.2	2990	5.312	4320	5740
2010 年	19.2	2840	5.033	4090	4880
2009 年	17.8	2590	4.723	3640	4560
2008 年	16.2	2990	5.154	3490	4370
2007 年	14.6	2790	4.836	3150	3960
2006 年	13.1	2480	4.485	2840	3480

1.GT：Gross Tons，船舶总吨；2、TEU：标准箱

（2）通信干线网络建设

我国于 1989 年就开始投入到全球海底光缆的投资与建设。其中，亚太 2 号海底光缆初期投资 14 亿美元，由中国电信、日本 KDDI、NNT、日本电信、韩国电信、中华电信、新加坡电信、马来西亚电信、澳大利亚电信、中国联通等 26 家亚洲、欧洲和美洲的国际通信公司发起投资建设。亚太 2 号海底光缆全长 1.9 万公里，采用 4 对纤芯，设计容量达 2.56Tbps/s，主要连接中国、日本、韩国、新加坡、马来西亚等地区，其中大陆地区的登陆站为上海和汕头。2001 年陆续开通电路，并继续进行扩容。同时，中国积极推动基础电信企业积极参与国际通信业务运营，为相关国家提供高质量的通信服务。2016 年中国的三家基础电信企业涉外投资规模约 50 亿元人民币，已经在新加坡等多个国家和地区实现了海外运营①。

3. 贸易畅通

（1）新加坡对中国货物贸易总览

自 2001 年中国加入世贸组织后，新加坡中国两国货物贸易量持续上升。从世界银行统计数据可知，2016 年，中国以 12.99% 的市场份额，成为新加坡第一大出口目的国；以 14.28% 的市场份额成为新加坡第一大进口来源国（图 SG-3）。

① 资料来源：新浪网 http：//news.sina.com.cn

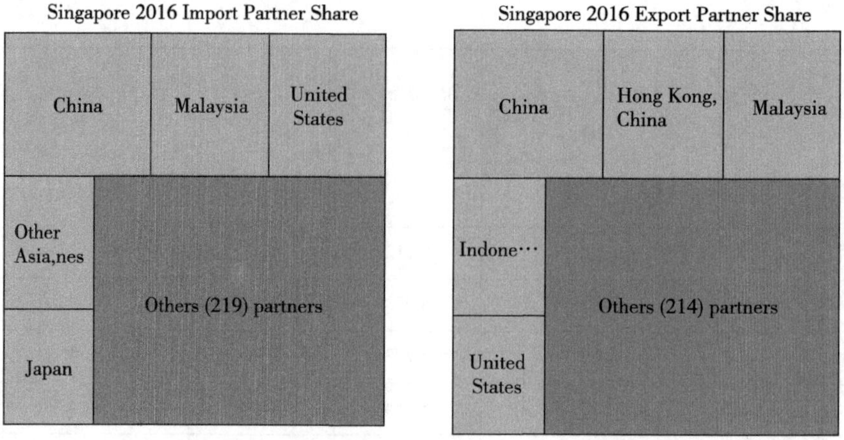

图 SG-3 2016 年新加坡进出口国前五位

来源：WITS 世界银行

由表 SG-9 可知，2011 年，新加坡对中国货物进出口总额为 806.77 亿美元，其中出口为 426.82 亿美元，进口为 379.95 亿美元，净出口为 46.87 亿美元。2016 年，新加坡对中国货物进出口总额为 832.72 亿美元，其中出口为 428.59 亿美元，进口为 404.14 亿美元，净出口约 24.45 亿美元。从贸易总量来看 2016 年新加坡对中国的货物进出口总额增加 25.96 亿美元，增长约 3.22%，其中出口增长 0.41%，进口增长 6.37%，贸易总量的增长主要来自进口量。从货物贸易的平衡状况来看，新加坡与中国整体上货物出口大于进口，长期处于贸易顺差，且贸易顺差呈现缓慢缩小趋势，2016 年贸易顺差比 2011 年缩小 22.42 亿美元。

表 SG-9 新加坡对中国货物进出口情况 2011-2016 年

单位：亿美元

年份	进口	出口	进出口总额	净出口
2011 年	379.95	426.82	806.77	46.87
2012 年	391.68	439.12	830.8	47.44
2013 年	436.89	483.70	920.59	46.81
2014 年	444.19	515.01	959.2	70.82
2015 年	421.35	477.08	898.43	55.73
2016 年	404.14	428.59	832.73	24.45

数据来源：联合国商品贸易统计数据库

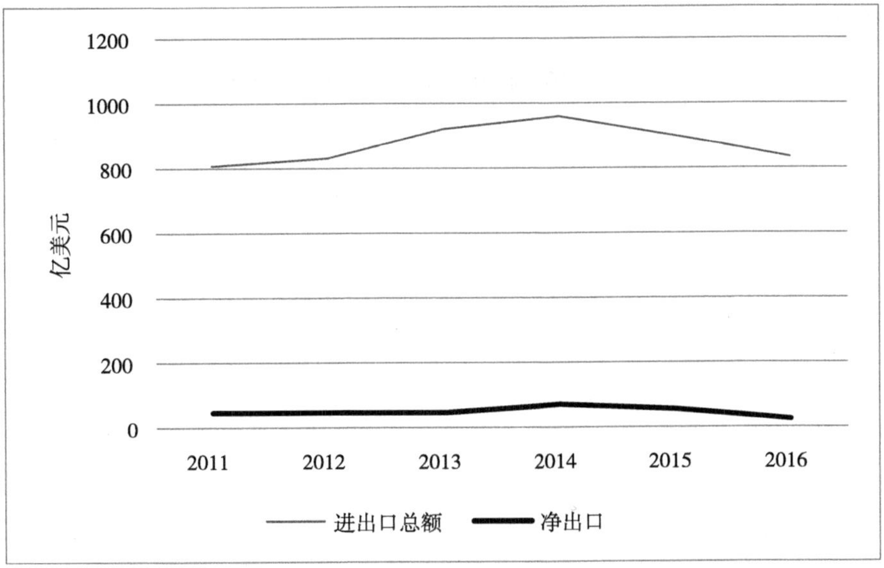

图 SG-4 新加坡对中国的进出口总额和净出口情况 2011-2016 年

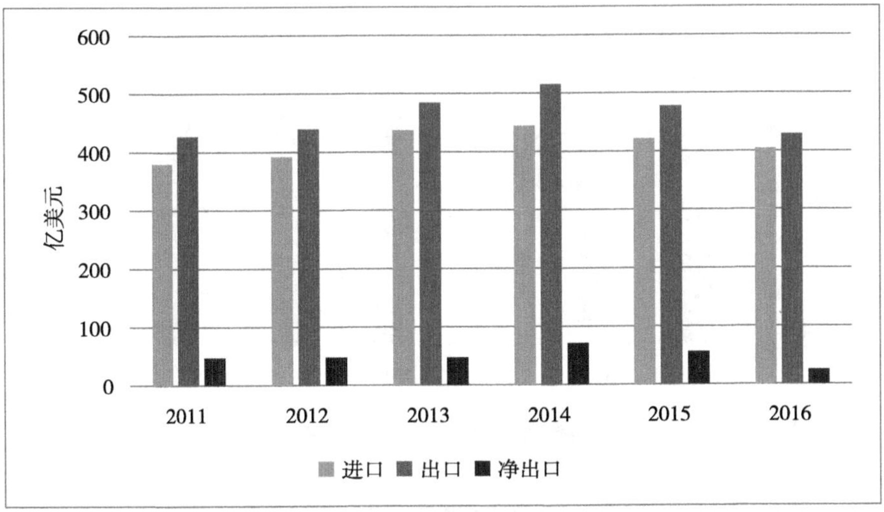

图 SG-5 新加坡对中国货物进出口情况 2011-2016 年

（2）新加坡对中国出口情况

根据表 SG-10 和图 SG-6，2011 年至 2016 年，新加坡对中国的货物出口总体上呈现先上升后下降的趋势。2011 年至 2014 年，新加坡对中国货物出口总额逐年上升，但增长速度比较缓慢，占新加坡全球出口市场份额均值保持在 11% 的水平。2014 年以后，新加坡对中国货物出口出现了缓慢下降，增长率也成负数。总体看来，2011 年至 2016 年，新加坡对中国货物出口额变化不大，占新加坡全球出口市场份额缓慢增加。

表 SG-10　新加坡对中国货物出口情况

单位：亿美元、%

年份	出口总额	增长率	占比
2011 年	426.82	2.88	10.42
2012 年	439.12	10.15	10.75
2013 年	483.70	6.47	11.79
2014 年	515.01	-7.36	12.57
2015 年	477.08	-10.16	13.76
2016 年	428.59	——	12.99

数据来源：WITS 世界银行

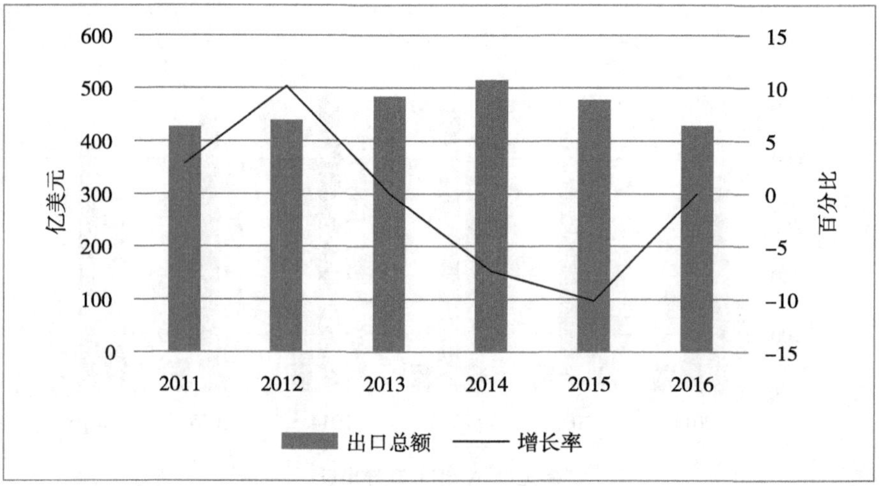

图 SG-6　新加坡对中国货物出口情况

2011 年，新加坡出口至中国的产品排前十位的是电子电气设备；矿物燃料、矿物油和沥青；机械设备及零件；塑料及制品；有机化学品；精密仪器及设备；杂项化学产品；以出顶进的新疆棉和内地棉；铜及其制品；航空器、航天器及其零件。其中，电子电气设备出口额最高，达到 164.69 亿美元，占新加坡对中国出口总额的 38.59%，紧随其后的是矿物燃料、矿物油和沥青，达到 76.69 亿美元，占新加坡对中国出口总额的 17.97%（见表 SG-11）。

表 SG-11　2011 年新加坡对中国货物出口产品前十位

单位：亿美元、%

商品代码	产品名称	出口额	占比	排名
85	电子电气设备	164.69	38.59	1
27	矿物燃料、矿物油、沥青	76.69	17.97	2
84	机械设备及零件	55.68	13.05	3
39	塑料及制品	34.74	8.14	4
29	有机化学品	29.27	6.86	5
90	精密仪器及设备	9.15	2.14	6
38	杂项化学产品	7.19	1.69	7
99	仅包括以出顶进的新疆棉和内地棉	5.94	1.39	8
74	铜及其制品	4.92	1.15	9
88	航空器、航天器及其零件	3.93	0.92	10

数据来源：联合国商品贸易统计数据库

2016 年，新加坡对中国出口商品的前十类是电子电气设备；机械设备及零件；塑料及制品；矿物燃料、矿物油及沥青；精密仪器及设备；有机化学品；杂项化学产品；航空器、航天器及其零件；铜及其制品；肥皂、洗涤剂、润滑剂、人造蜡、塑型膏等。其中，电子电气设备排在第一位，出口额高达 189.42 亿美元，占比 44.2%。机械设备及零件紧随其后，出口额为 48.1 亿美元，占比 11.22%（见表 SG-12）。

表 SG-12　2016 年新加坡对中国货物出口产品前十位

单位：亿美元、%

商品代码	产品名称	出口额	占比	排名
85	电子电气设备	189.42	44.20	1
84	机械设备及零件	48.10	11.22	2
39	塑料及制品	41.39	9.66	3
27	矿物燃料、矿物油、沥青	32.48	7.58	4
90	精密仪器及设备	24.03	5.61	5
29	有机化学品	20.31	4.74	6
38	杂项化学产品	11.58	2.70	7
88	航空器、航天器及其零件	8.82	2.01	8
74	铜及其制品	5.93	1.38	9
33	肥皂、洗涤剂、润滑剂、人造蜡、塑形膏等	5.78	1.35	10

数据来源：联合国商品贸易统计数据库

与2011年相比，2016年新加坡对中国出口无论是产品结构还是数量变动均不大。除以出顶进的新疆棉和内地棉这项在2016年跌出前十位外，电子电气设备；矿物燃料、矿物油、沥青；机械设备及零件；塑料及制品；有机化学品；精密仪器及设备；杂项化学产品；铜及其制品；航空器、航天器及其零件等九大类仍然出现在2016年的新加坡对华出口商品的前十位。与2011年的前十位相比，2016年增加的产品种类为肥皂、洗涤剂、润滑剂、人造蜡、塑型膏等。由此，可判断出2016年和2011年新加坡对华的出口商品结构高度相似。从数量上看，2011年排前十位的出口商品占比91.9%，2016年排前十位的出口商品占比90.45%，集中度有所下降。

（3）新加坡从中国进口情况

表 SG-13　新加坡从中国进口货物情况

单位：亿美元、%

年份	进口总额	增长率	占比
2011年	379.95	3.09	10.39
2012年	391.68	11.54	10.32
2013年	436.89	1.67	11.71
2014年	444.19	−5.14	12.13
2015年	421.35	−4.08	14.20
2016年	404.14	——	14.28

数据来源：WITS 世界银行

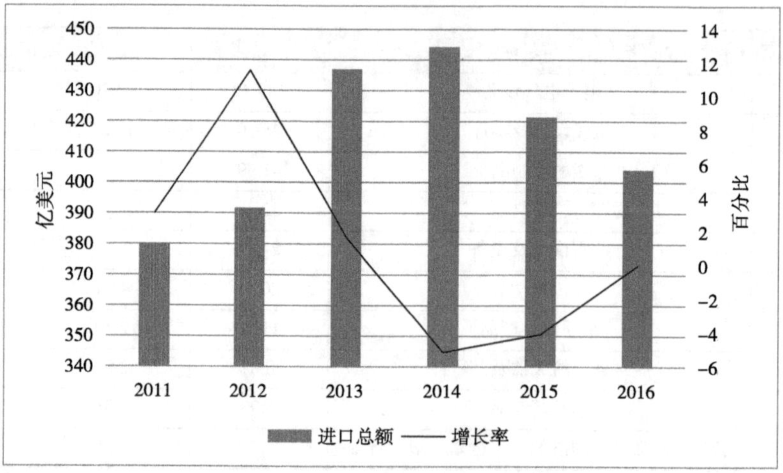

图 SG-7　新加坡从中国进口货物情况

根据表 SG-13 和图 SG-7，2011 年至 2016 年，新加坡从中国的进口货物总体上呈现先上升后下降的趋势。2011 年至 2014 年，新加坡对中国货物出口总额逐年上升，且增长较明显，占新加坡全球进口市场份额均值保持在 12% 的水平。2014 年以后，新加坡从中国进口货物出现了缓慢下降，增长率也成负数。总体看来，2011 年至 2016 年，新加坡从中国进口货物数额变化不大，占新加坡全球进口市场份额逐步增加。

2011 年，新加坡从中国进口货物排前十位的是电子电气设备；机械设备及零件；矿物燃料、矿物油和沥青；钢铁制品；钢铁；精密仪器及设备；有机化学品；塑料及制品；家具、寝具、灯具、活动房和非针织服装。其中，电子电气设备进口额最高，达到 137.80 亿美元，占新加坡从中国进口总额的 36.27%，紧随其后的是机械设备及零件，达到 94.89 亿美元，占新加坡从中国进口总额的 24.97%（见表 SG-14）。

表 SG-14　2011 年新加坡从中国进口货物前十位

单位：亿美元、%

商品代码	产品名称	进口额	占比	排名
85	电子电气设备	137.80	36.27	1
84	机械设备及零件	94.89	24.97	2
27	矿物燃料、矿物油、沥青	30.65	8.07	3
73	钢铁制品	10.57	2.78	4
72	钢铁	10.22	2.69	5
90	精密仪器及设备	7.94	2.09	6
29	有机化学品	6.19	1.63	7
39	塑料及制品	5.12	1.35	8
94	家具、寝具、灯具、活动房	3.99	1.05	9
62	非针织服装	3.77	0.99	10

数据来源：联合国商品贸易统计数据库

2016 年，新加坡从中国进口商品的前十类是电子电气设备；机械设备及零件；矿物燃料、矿物油及沥青；精密仪器及设备；钢铁；钢铁制品；仅包括以出顶进的新疆棉和内地棉；有机化学品；塑料及制品；家具、寝具、灯具、活动房。其中，电子电气设备排在第一位，进口额高达 157.86 亿美元，占比 39.06%。机械设备及零件紧随其后，进口额为86.55亿美元，占比21.42%（见表SG-15）。

表SG-15 2016年新加坡从中国进口货物前十位

单位：亿美元、%

商品代码	产品名称	进口额	占比	排名
85	电子电气设备	157.86	39.06	1
84	机械设备及零件	86.55	21.42	2
27	矿物燃料、矿物油、沥青	37.15	9.19	3
90	精密仪器及设备	14.07	3.48	4
72	钢铁	9.32	2.31	5
73	钢铁制品	7.73	1.91	6
99	仅包括以出顶进的新疆棉和内地棉	6.64	1.64	7
29	有机化学品	6.38	1.58	8
39	塑料及制品	5.89	1.46	9
94	家具、寝具、灯具、活动房	4.34	1.07	10

数据来源：联合国商品贸易统计数据库

与2011年相比，2016年新加坡对中国进口无论是产品结构还是数量变动均不大。除非针织服装这一项在2016年已经跌出前十位外，电子电气设备；机械设备及零件；矿物燃料、矿物油及沥青；精密仪器及设备；钢铁；钢铁制品；有机化学品；塑料及制品；家具、寝具、灯具、活动房等九大类仍然出现在2016年的新加坡从中国进口商品的前十位。与2011年的前十位相比，2016年增加的产品种类为：仅包括以出顶进的新疆棉和内地棉。由此，可判断出2016年和2011年新加坡对华的进口商品结构高度相似。从数量上看，2011年排前十位的进口商品占比81.89%，2016年排前十位的进口商品占比83.12%，集中度有所上升。

（4）中国与新加坡的贸易竞争互补关系

（1）中国与新加坡的贸易互补关系较强。2016年，以中国出口计算的贸易互补指数为0.3452，在中国与“一带一路”沿线国家贸易互补关系中排名第20。

（2）中国与新加坡贸易互补关系有一定程度增强。从以中国出口计算的贸易互补指数看，2012年，中国与新加坡贸易互补指数为0.3165；2016年为0.3452。与2012年相比，中国与新加坡贸易互补指数增长了9.07%，两国贸易互补关系进一步提高。

（3）2012年以中国出口计算的贸易互补指数为0.3165，大于以中国进口计算的贸易互补指数0.2563，表明有利于中国出口，同时也有利于新加坡进口；2016年以中国出口计算的贸易互补指数为0.3452，小于以中国进口计算的贸易互补指数0.4058，表明有利于中国进口和新加坡出口。

表SG-16　中国与新加坡贸易竞争互补指数

年份	竞争指数	互补指数	
		以中国出口计算	以中国进口计算
2012年	0.1018	0.3165	0.2563
2016年	0.2964	0.3452	0.4058

数据来源：重庆“一带一路”投资与贸易研究实验室

（4）中国与新加坡的贸易竞争关系大幅度增长。2012年，两国贸易竞争指数为0.1018，在中国与“一带一路”沿线国家贸易竞争关系中排名24。2016年，中国与新加坡的贸易竞争指数为0.2964，贸易竞争关系增强，在中国与“一带一路”沿线国家竞争关系中排名第11。较2012年贸易竞争指数增加了191.16%，两国贸易竞争逐渐增强，出口产品结构相似度呈变强的趋势。

4. 资金融通

（1）资金融通

资金融通是“一带一路”建设的重要支撑。从现实来看，中国与新加坡的资金融通主要依靠三大区域融资机制。第一，亚洲基础设施投资银行（以下简称亚投行）。亚投行是一个政府间性质的亚洲区域多边开发机构。它是首个由中国倡议设立的多边金融机构，总部设在北京，法定资本1000亿美元。截至2017年12月19日，亚投行有84个成员国。2015年12月25日新加坡正式加入亚投行，亚投行成为中新资金融通的重要机构。第二，丝路基金及其他专项基金。丝路基金是由中国外汇储备、中国投资有限责任公司、中国进出口银行、国家开发银行共同出资，按照市场化、国际化、专业化原则设立的中长期开发投资基金，重点是在“一带一路”发展进程中寻找投资机会并提供相应的融资服务。作为2017年“一带一路”高峰论坛的重要成果，丝路基金新增资金1000亿元人民币。同时，中国国家开发银行设立“一带一路”基础设施专项贷款（1000亿元等值人民币）、“一带一路”产能合作专项贷款（1000亿元等值人民币）、“一带一路”金融合作专项贷款（500亿元等值人民币。中国进出口银行设立“一带一路”专项贷款额度（1000亿元等值人民币）、“一带一路”基础设施专项贷款额度（300亿元等值人民币）[①]。第三，亚洲金融合作协会。亚洲金融合作协会主要由亚洲国家和地区的金融机构、金融行业组织、相关专业服务机构以及金融领域的有关个人自愿结成，是在中国民政部登记注册的区域性国际非政府、非营利性社会组织。其宗旨为“联通合作，共治共享”，所谓“联通合作”即是指搭建亚洲金融机构交流合作平台，加强区域金融机构交流和金融资源整合，共同维护区域金融稳定，避免再次发生大规模地区金融动荡，为区域实体经济发展提供更有力的支撑。

（2）金融合作

中央银行间的本币互换协议是指一国（或地区）的中央银行（或货币当局）与另一国（或地区）的中央银行（或货币当局）签订一个协议，约定在一定的条件下，任何一方可以一定数量的本币交换等值的对方货币，用于双边贸易投资结算或为金融市场提供短期流动性支持，到期后双方换回本币，资金使用方同时支付相应利息。两国之间签署货币互换协议意味着金融合作的进一步加深。2010年7月24日，中国人民银行和新加坡金融管理局在北京签署了双边本币互换协议，互换规模为1500亿人民币/约300亿新加坡元，协议实施有效期3年。2013年3月7日，中新续签双边本币互换协议，互换规模为3000亿元人民币/600亿新加坡元，协议实施有效期3年。2016年3月7日，中新再次续签双边本币互换协议，互换规模为3000亿元人民币/640亿新加坡元[②]。

根据中国银行业监督管理委员会网站，进入中国市场的新加坡银行主要有星展银行、华侨永亨银行和大华银行。星展银行（中国）有限公司（星展中国）是星展银行的子公司。星展银行前身为新加坡发展银行，于1993年在北京设立驻华办事处，并于2007年5月成为在中国本土注册外资法人银行，是新加坡银行中的第一家，也是外资银行中首批之一。星展中国目前共有12家分行和23家支行，员工人数上升至2300多人。2013年9月，星展中国是获批在中国（上海）自由贸易试验区筹建营业点的首批银行，同时也是首家外资行之一，并于12月31日成为首批获中国银监会上海监管局批准在自贸区开业的外资银行。2014年1月7日，星展中国上海自由贸易试验区支行正式开业。根据《星展中国2016年度报告》，2016年，星展中国营业收入为22.16亿元，净利润为1.13亿元[③]。

① 资料来源：观察者网站 http：//www.guancha.cn

② 资料来源：中国人民银行网站 http：//www.pbc.gov.cn/

③ 资料来源：星展中国：https：//www.dbs.com.cn/

华侨永亨银行（中国）是华侨银行在华全资子公司华侨银行（中国）有限公司和原永亨银行在中国的全资子公司永亨银行（中国）有限公司以吸收合并的方式于2016年7月18日正式成立。华侨永亨银行（中国）有限公司的直接股东是香港华侨永亨银行有限公司，也是新加坡华侨银行的全资附属机构。华侨永亨银行（中国）有限公司总部设在上海，注册资本为人民币50亿元（约合10亿元新币），聘有约1200名员工。包括总部在内，华侨永亨银行（中国）在北京、上海、厦门、天津、成都、广州、深圳、重庆、青岛、绍兴、苏州、珠海、佛山和惠州等十四个城市共设有27个网点，其中包括位于珠江三角洲的11家分支行。作为收购香港永亨银行的新加坡华侨银行，自1925年就在厦门设立了第一家分行，并于2007年8月1日成立全资子公司华侨银行（中国）有限公司，总部设在上海①。

大华银行（中国）有限公司〔大华银行（中国）〕是大华银行有限公司（大华银行）的在华全资子公司，拥有中国本地法人银行资格。大华银行（中国）于2007年12月18日注册成立，注册资本30亿元人民币，总部设在上海。大华银行（中国）于2008年1月2日正式对外开业，除总行外，在上海、北京、深圳、沈阳、天津、厦门、杭州、成都、广州、重庆、苏州和昆明均设有分行②。

同时，根据中国各商业银行的网站资料，中国银行新加坡分行成立于1936年，是新加坡目前持特准全面银行执照的10家外资银行之一，下辖有20多个金融服务网点③。中国工商银行新加坡分行成立于1993年，是中国工商银行第一家海外机构。2013年，中国人民银行任命中国工商银行新加坡分行为中国境外第一家人民币清算行，同时也是当时新加坡唯一的人民币清算行④。中国建设银行股份有限公司新加坡分行成立于1998年，并于2010年从离岸银行升格为批发银行牌照，是当地目前唯一一家提供商业银行业务与全面投资银行业务的中资银行⑤。中国农业银行股份有限公司新加坡分行成立于1995年，是农行第一家海外银行，并于2012年获得了新加坡金融管理局颁发的批发银行执照⑥。除此之外，交通银行、中信银行、招商银行、浦发银行等在新加坡均设有分行（见表SG-17）。

---

① 资料来源：华侨永亨银行（中国）http：//www.ocbc.com.cn

② 资料来源：大华银行：http：//www.uobchina.com.cn

③ 资料来源：中国银行新加坡分行：http：//www.boc.cn/sg

④ 资料来源：中国工商银行新加坡分行：http：//www.icbc.com.cn

⑤ 资料来源：中国建设银行新加坡分行：http：//sg.ccb.com

⑥ 资料来源：中国农业银行新加坡分行：http：//www.sg.abchina.com

表 SG-17 中国——新加坡互设分行的主要银行

银行名称	成为外资法人银行时间	国别
星展银行（中国）有限公司	1993 北京设立驻华办事处，2007 年 5 月成为在中国本土注册外资法人银行	新加坡
华侨永亨银行（中国）	2016 年 7 月 18 日正式成立。华侨银行自 1925 年就在厦门设立了第一家分行，并于 2007 年 8 月 1 日成立全资子公司华侨银行（中国）有限公司。	新加坡
大华银行（中国）有限公司	2007 年 12 月 18 日注册成立，2008 年 1 月 2 日正式对外开业	新加坡
中国银行新加坡分行	成立于 1936 年，新加坡持特准全面银行执照的 10 家外资银行之一	中国
中国工商银行新加坡分行	成立于 1993 年，2013 年中国人民银行任命中国工商银行新加坡分行为中国境外第一家人民币清算行	中国
中国建设银行新加坡分行	成立于 1998 年，于 2010 年从离岸银行升格为批发银行牌照	中国
中国农业银行新加坡分行	成立于 1995 年，于 2012 年获得批发银行执照	中国
交通银行新加坡分行、中信银行新加坡分行、招商银行新加坡分行、浦发银行新加坡分行等		中国

数据来源：各个商业银行网站

（3）直接投资

根据《中国对外直接投资统计公报 2016》，中国对新加坡当年的直接投资流量为 31.7 亿美元，占中国当年对外直接投资流量的 1.6%，居第六位，较上年（104.52 亿美元）下降 69.7%（见表 SG-18）。2016 年中国对新加坡的投资流量主要集中于租赁和商务服务业、批发和零售业、房地产业、农 / 林 / 牧 / 渔业。类似地，2016 年末中国对新加坡的直接投资存量为 334.46 亿美元，占中国当年对外直接投资存量的 2.5%，居第五位（见表 SG-19）。2016 年中国对新加坡的投资存量主要集中于租赁和商务服务业、金融业、采矿业、批发和零售业、制造业（20.49 亿美元）、电力 / 热力 / 燃气及水的生产供应业、建筑业、房地产业、农 / 林 / 牧 / 渔业、交通运输 / 仓储和邮政业等①。另外，在新加坡的主要中资企业有 35 家，其中大部分是世界 500 强企业，涉及金融、制造、海运、航空、能源、钢铁、IT 等多个领域。如中远控股（新加坡）有限公司、中国国际航空公司新加坡营业部、中国航油（新加坡）股份有限公司、南洋五矿实业有限公司、中国太平洋保险（新加坡）有限公司、中国石油化工集团公司东南亚代表处、上海隧道工程股份有限公司新加坡分公司、中国石油国家事业（新加坡）有限公司、中国建筑（南洋）发展有限公司、中国电信（新加

① 资料来源：中国对外直接投资统计公报 2016

坡）有限公司、中兴通讯股份有限公司新加坡分公司、华为技术有限公司等[①]。

表 SG-18　2016 年中国对外直接投资流量前 10 位的国家（地区）

单位：亿美元、%

序号	国家（地区）	流量	占总额比重
1	中国香港	1142.3	58.2
2	美国	169.8	8.7
3	开曼群岛	135.2	6.9
4	英属维尔京群岛	122.9	6.3
5	澳大利亚	41.9	2.1
6	新加坡	31.7	1.6
7	加拿大	28.7	1.5
8	德国	23.8	1.2
9	以色列	18.4	0.9
10	马来西亚	18.3	0.9

数据来源：中国对外直接投资统计公报 2016

表 SG-19　2016 年中国对外直接投资存量前 10 位的国家（地区）

单位：亿美元、%

序号	国家（地区）	流量	占总额比重
1	中国香港	7807.45	57.5
2	开曼群岛	1042.09	7.7
3	英属维京群岛	887.66	6.5
4	美国	605.80	4.4
5	新加坡	334.46	2.5
6	澳大利亚	333.51	2.5
7	荷兰	205.88	1.5
8	英国	176.12	1.3
9	俄罗斯联邦	129.80	1.0
10	加拿大	127.26	0.9

数据来源：中国对外直接投资统计公报 2016

① 资料来源：对外投资合作国别（地区）指南：新加坡（2017 年版）.

截至2015年末，新加坡累计对外直接投资6368.4亿新元，比上年末增长2.5%。其中，中国占比18.7%，成为新加坡第一大对外投资目的国。据中方统计，2016年新加坡在华直接投资684项，同比下降10.2%，实际投资60.47亿美元，同比下降12.4%，新加坡为中国第二大外资来源地，仅次于中国香港。截至2016年年底，新加坡累计在华直接投资23165项，实际投资额累计852.68亿美元。新加坡对华投资主要集中在江苏、上海、广东等东部沿海省市，但对中西部投资增长较快。表SG-20反映了2012年至2016年中国吸收新加坡直接投资波动不大，平均在64.6亿美元。新加坡对外直接投资主要集中于金融保险业、制造业、批发零售业、房地产业、信息通讯业和运输仓储业①。

表SG-20　2012-2016年中国吸收新加坡直接投资统计

单位：亿美元

年份	实际利用新加坡投资金额	比重（%）
2012年	63.05	4.63
2013年	72.29	6.15
2014年	58.27	4.87
2015年	69.04	5.47
2016年	60.47	4.80

资料来源：对外投资合作国别（地区）指南：新加坡（2017年版）

5. 民心相通

民心相通是“一带一路”建设的社会根基。近年来，中新两国不断加强在文化、科技、人才、立法、教育、医疗以及环境领域的合作交流。

（1）文化交流

第一，签订政策性文件，推进两国文化交流。1996年10月15日，中新两国在北京签订了《中华人民共和国文化部和新加坡共和国新闻及艺术部文化合作谅解备忘录》（以下称备忘录）。备忘录旨在加强两国在文化、艺术、文物、展览、图书馆和出版等领域的合作。2006年8月25日，在备忘录的基础上，中新两国在北京签订了《中华人民共和国政府和新加坡共和国政府文化合作协定》（以下简称协定）。协定鼓励和支持两国在文化政策、文化产业、文化艺术和教育等方面的交流②。2009年

① 资料来源：对外投资合作国别（地区）指南：新加坡（2017年版）.

② 资料来源：外交部网站 http：//www.fmprc.gov.cn

11 月 12 日，正在新加坡访问的中国国家主席胡锦涛和新加坡总理李显龙共同见证了《中华人民共和国和新加坡共和国政府关于在新加坡共和国设立中国文化中心的谅解备忘录》的签署。2010 年 11 月 15 日，时任中国国家副主席习近平和新加坡内阁资政吴作栋共同为新加坡中国文化中心奠基①。2015 年 10 月 13 日，在中国国务院副总理张高丽与新加坡副总理张志贤的见证下，文化部副部长项兆伦与新加坡文化、社区和青年部常任秘书杨紫燕共同签署《中华人民共和国政府与新加坡共和国政府关于在新加坡共和国设立中国文化中心的协定》②。

第二，打造两国文化交流的重要平台 – 新加坡中国文化中心。2015 年 11 月 7 日上午，中国国家主席习近平与新加坡荣誉国务资政吴作栋一道，为新加坡中国文化中心揭幕。中国文化中心的设立是中新文化交流迈出的重要一步，将为中华文化在新加坡的传播提供良好的平台窗口③。

该中心通过文化活动、教学培训、思想交流、信息服务等职能，为新加坡人民提供了解中国、体验中国文化的窗口。中国文化中心的品牌活动包括：欢乐春节、文化系列活动、中新儿童艺术节、发现中国讲堂、天涯共此时、中华文化精品展、中国儿艺马兰花艺校。

以文化系列活动为例，2016 年是“中国山东文化年”，中国驻新加坡大使陈晓东及夫人山东省文化厅厅长徐向红、新加坡美术总会会长梁振康、狮城书法篆刻协会曾广纬，以及新加坡文化、经贸届嘉宾共 300 余人出席。开幕活动由“齐风鲁韵 – 山东当代名家书画展”“中、新两国名家书画交流笔会”以及“孔子故乡、美丽山东”文艺演出三部分组成④。

2017 年 1 月 24 日，“中国重庆文化年”启动仪式暨“欢乐春节”文艺演出在新加坡中国文化中心盛大举行。中国驻新加坡大使陈晓东及夫人张斌，文化参赞肖江华，中国文化中心主任马红英，重庆市文化委员会副巡视员李朝卫，新加坡南洋艺术学院董事会主席刘心玲，新加坡文化部文化遗产司助理司长王群慧，新加坡前国会议员、政务部长曾士生，新加坡艺术总会会长陈声桂，新加坡美术总会会长梁振康，以及新加坡文化、教育、旅游、新闻等领域的近 300 位来宾参加了当天的活动。除体现巴渝文化的“山水之都美丽重庆”文艺晚会之外，文化年还包括重庆“民族服饰绣”、重庆交响乐团“江山多娇”音乐会、“二胡故事”讲座式音乐会、“汉字之

① 资料来源：中国政府网 http：//www.gov.cn

② 资料来源：中国政府网 http：//www.gov.cn

③ 资料来源：外交部网站 http：//www.fmprc.gov.cn

④ 资料来源：新加坡中国文化中心网站 http：//www.cccsingapore.org

美”诗书画印讲座、中医养身讲座和重庆电影节＋旅游推展会等内容[①]。

2018年2月11日，“欢乐春节”暨“美好安徽・皖如仙境”新加坡・中国安徽文化年开幕式在新加坡中国文化中心举行。中国文化部副部长杨志今、驻新加坡大使馆临时代办房新文、中国文化部外联局局长助理王晨、驻新加坡大使馆文化参赞阙小华、新加坡中国文化中心主任马红英、新加坡中国文化中心执行理事会理事、新加坡国家艺术理事会主席陈庆珠、新加坡中国文化中心执行理事会理事、南洋艺术学院董事会主席刘心玲、中国安徽省文化厅副厅长、安徽文化代表团团长周明洁等中外来宾近300人出席了开幕仪式。文艺演出中，来自安徽的艺术家们展示了热烈欢快的安徽花鼓灯舞蹈、喜庆悠扬的安徽民歌、唱腔委婉的安徽黄梅戏、婉转优美的凤阳花鼓，以及再现“生旦净丑”四个行当的传统戏曲服饰秀。在安徽文化年中，安徽省文化厅将举办艺术演出、展览展示、文化讲座、人员培训等多批次文化交流活动[②]。

除此之外，由中国驻新加坡使馆、中新友好协会和新加坡国立大学联合举办的新加坡“中国电影节”至2017年9月已举办六届，电影节让更多新加坡观众了解中国的国情、历史、文化，促进两国人民之间的了解和友谊，推进两国的文化合作交流[③]。

同样发展迅速的，还有两国之间的旅游市场。根据新加坡旅游局公布的数据，2017年中国游客首次冲破300万人次，比2015年增加13%，达322.7万人次，位居榜首[④]。根据中国旅游研究院发布的《中国入境旅游发展年度报告2017》，新加坡是排名第十位的旅华客源国，占比3.27%，约452万人次[⑤]。

（2）科技合作

中新两国的科技合作交流最早可以追溯到1987年，当时的中国国家科技委员会（现科技部）和新加坡贸工部下属经发局签订了《关于中国新加坡两国开展科技合作的会谈纪要》；1998年签署了《关于进一步开展科技合作的会谈纪要》。1992年，中国国务委员兼国家科委主任宋健与新加坡副总理兼贸工部长李显龙签署了《中新政府间科技合作协定》，协定明确规定，中方执行机构为国家科委，新方执行单位为贸工部下属的科研局。1993年，国家科委和科研局成立了“中新科技合作联委

① 资料来源：中国文化联谊会网站 http：//www.ccfacn.org

② 资料来源：新加坡中国文化中心网站 http：//www.cccsingapore.org

③ 资料来源：外交部网站 http：//www.fmprc.gov.cn

④ 资料来源：网易网站 http：//news.163.com

⑤ 资料来源：中国入境旅游发展年度报告 2017

会”，并在北京举行了第一次会议。1998 年，在新加坡召开的第四次双边科技合作联委会上双方建立了长期合作研究机制，即确定了“联合研究计划”①。2008年3月2日，科技部曹健林副部长访问新加坡，并于 3 日上午与新加坡新闻、通讯及艺术部陈英杰常秘（副部级）签署了关于开展媒体技术合作研发谅解备忘录。2008 年 5 月 5 日，新加坡中华总商会会长蔡天宝一行访华并与中华人民共和国国家外国专家局在北京签署了“合作备忘录”和“中国专才赴新加坡交流计划合作协议”。2009 年 5 月 18 日至 26 日，新加坡 – 中国科学技术促进会会长吕力博士率领 20 位专家、学者，参加了“江苏 – 新加坡技术合作洽谈暨苏州工业园十五周年庆典活动”。江苏省跨国技术转移中心、无锡外国专家创业园以及苏州工业园与中新科促会签署了长期合作协议。2009 年 8 月，中国科技部曹健林副部长与新加坡贸工部李奕贤政务部长签署了《关于科技合作项目知识产权指导原则的谅解备忘录》，为更密切的科研合作及知识产权的保护制定了框架。2010 年 1 月 15 日，“新加坡 – 中国科学技术交流促进会”（以下简称新中科促会）正式成立。新中科促会是两国科技合作深入发展的成果，同时也为两国科技合作与交流提供了新平台②。2014年，在中新合作联委会上，曹健林副部长和新加坡贸工部高级政务部长李奕贤共同为中新（苏州）创新中心揭牌。2015 年 6 月，落户湖南的亚欧水资源研究和利用中心与新加坡公用事业局签订合作协议。2016 年 10 月 27 日，新加坡标新局代表团访问中国科协，探讨了在新型技术开发利用、传统行业技术改造、国际科技组织内部合作、全球创新联盟建设与人才技术服务转型等方面开展合作的意向③。2017 年 11 月 24 日，由新加坡国际企业发展局和凯德集团联合主办的“中新科技创新大会”在北京举行。大会旨在进一步推动中新两国的协同创新，建设两国创新创业共享平台，聚焦互联网、大数据、人工智能领域，加强科技与实体经济深度融合④。

（3）人才交流合作

第一，中新中高级官员交流项目的框架协议。1996 年 4 月，中华人民共和国外交部与新加坡共和国外交部启动中国中高级官员在“新加坡合作项目”的培训计划，并于 2001 年 4 月 2 日签订了《中华人民共和国外交部与新加坡共和国外交部关于中国中、高级官员赴新加坡学习培训项目的框架协议（2001–2005）》。2003 年 11 月 18 日签订了《中华人民共和国外交部与新加坡外交部关于新加坡高级官员访华项

---

① 资料来源：外交部网站 http：//www.fmprc.gov.cn

② 资料来源：外交部网站 http：//www.fmprc.gov.cn

③ 资料来源：中国国际科技合作网 http：//www.cistc.gov.cn

④ 资料来源：中国国际科技合作网［EB/OL］http：//www.cistc.gov.cn

目的谅解备忘录》；2004 年 5 月 14 日签订《中华人民共和国外交部与新加坡共和国外交部关于中国西部和东北等地区官员参加公共政策培训项目的谅解备忘录》；2004 年 5 月 14 日签订《中华人民共和国外交部与新加坡共和国外交部关于中国中央国家机关官员赴新加坡培训考察的谅解备忘录》；2005 年 9 月 20 日签订的《中华人民共和国外交部与新加坡共和国外交部关于中国中、高级官员赴新加坡学习培训项目的框架协议（2006–2010 年）》。

2009 年 11 月 12 日，在新加坡签订《中华人民共和国外交部与新加坡共和国外交部关于中新两国中、高级官员交流培训项目的框架协议（2010–2014 年）》（以下简称框架协议）。根据 2010–2014 年的框架协议，包括中国中高级官员赴新加坡学习培训项目、新加坡高级官员访华项目和中新交流项目等三方面内容。中国中高级官员赴新加坡学习培训项目包括四个要点：第一，中方将于 2010 年至 2014 年间，选派中、高级官员赴新加坡学习访问，就新加坡公共管理、社会经济政策及在项目进展中提出的其他领域进行考察并交换意见。第二，每年安排六期短期学习培训项目。第三，继续开展中长期管理培训项目。第四，新方负担以上学习培训和管理培训项目中所有中高级官员的培训费、在新加坡当地的交通、住院期间的医疗保险和百分之九十的住宿费。新加坡高级官员访华项目是指，新方可选派常任秘书、副常任秘书或局长级别的政府高级官员赴中国考察访问，其中包括“常任秘书访华计划”与“高级官员赴华学习考察计划”等。中新交流项目则是指两国有关部门将轮流举办中新领导人才选拔与培养论坛。双方还将探索互派官员到有关部门实习。双方也愿意探索在中国浦东干部学院和新方有关机构间建立合作办学关系[①]。

第二，中新领导力论坛。举行中新领导力论坛是 2008 年新加坡国务资政吴作栋在访华时向中国领导人提议的。论坛是中新两国政治领导人和高级官员对彼此所面对的共同挑战交换看法和交流经验的战略性平台。迄今为止，中新领导力论坛已经成功举办了六届。首届“中国－新加坡领导人才选拔与培养”论坛于 2009 年 4 月 3–4 日在上海浦东干部学院举办。论坛由中央组织部和新加坡总理公署共同举办。中共中央政治局委员、中央书记处书记、中组部部长李源潮和新加坡副总理张志贤出席论坛开幕式并分别致辞。论坛围绕领导人才选拔与培养为主题，对领导人才选拔与培养的做法和经验，领导人才选拔、考核、培养面临的挑战和问题，以及进一步改进领导人才选拔与培养工作的建议等，进行了深入探讨[②]。第二届“中国－新加

① 资料来源：商务部网站 http：//policy.mofcom.gov.cn

② 周志平 . 首届中国－新加坡领导人才选拔与培养论坛综述［J］. 中国浦东干部学院学报，2009（3）.

坡领导力论坛”于2010年4月在新加坡举行，中共中央政治局委员、中央书记处书记、中组部部长李源潮和新加坡副总理张志贤共同主持会议，两国官员针对领导力与政民互信的课题深入交流。2012年第三届中新领导力论坛在中国举行。2013年11月，第四届中国－新加坡领导力论坛26日在新加坡举办，论坛以“干部队伍德的建设”为主题。中共中央政治局委员、中央组织部部长赵乐际，新加坡副总理张志贤出席论坛开幕式并分别致辞①。2015年4月10日，第五届中国－新加坡领导力论坛在井冈山举行，论坛以“密切联系群众、凝聚社会共识”为主题。中共中央政治局委员、中央组织部部长赵乐际，新加坡副总理张志贤出席论坛开幕式并分别致辞②。2017年5月，第六届中新领导力论坛在新加坡举行，中共中央政治局委员、中央书记处书记、中央组织部部长赵乐际与新加坡副总理张志贤共同出席论坛开幕式。论坛的主题是“国家全面创新中的领导力创新”。

（4）司法协助

1997年4月28日，中国外交部副部长唐家璇和新加坡外交部政务部长欧进福博士在北京签订了《中华人民共和国和新加坡共和国关于民事和商事司法协助的条约》。该条约于1999年6月27日生效，条约包括总则、司法文书的送达、调查取证、仲裁裁决的承认与执行、其他条款和最后条款。在“司法保护”中明确规定：缔约一方公民在缔约另一方境内，在民事和商事方面享有与缔约另一方公民同等的司法保护并且有权在与缔约另一方公民相同的条件下诉诸缔约另一方法院。除缔约一方法律有明文规定外，该方法院不得以非本国公民为由要求缔约另一方公民提高诉讼费用保证金。“民事和商事方面相互提供的司法协助”包括送达司法文书、调查取证、承认与执行仲裁裁决和相互提供缔约双方有关民事和商事的法律及民事和商事诉讼方面司法实践的资料③。

（5）教育交流

第一，建立孔子学院和孔子学校。南洋理工大学孔子学院是中国国家汉语推广领导小组办公室（以下简称中国国家汉办）与南洋理工大学于2006年合作建设的高层次中华语言与文化机构，也是新加坡唯一经中国国家汉办正式批准设立的孔子学院。在中国国家汉办与山东大学国际教育学院的支持下，南洋理工大学孔子学院陆续聘请中国大专院校著名学府的教授学者，根据东南亚各国实际情况，编写适用的

---

① 资料来源：第四届中新领导力论坛举办［N］. 人民日报，2013-11-27（2）.

② 资料来源：第五届中国新加坡领导力论坛在中国井冈山干部学院举行［J］. 中国井冈山干部学院学报，2015（3）.

③ 资料来源：外交部网站 http：//www.fmprc.gov.cn

教学大纲，提供广泛的中华语言文化课程，协助促进汉语、中华文化、中国研究及商用中文在新加坡及本区域的整体发展。除此之外，新加坡还有新加坡孔子学校和新加坡科思达孔子课堂。

第二，中国－新加坡青少年交流项目。自 2002 年起，教育部与新加坡教育部每年互换 50 名大学生，50 名中学生到对方国家进行为期 15 天的交流访问[①]。以 2017 年，第 14 个交流年，中方代表团由南京大学、南京农业大学、云南大学和云南农业大学的师生构成，访问了新加坡国立大学、南洋理工、新加坡管理大学和新加坡科技设计大学四所高校。

第三，中国－东盟教育交流周。自 2008 年起，为进一步促进中国与东盟国家的教育交流与合作，中华人民共和国教育部联合外交部、贵州省人民政府在贵州联系举办“中国－东盟教育交流周”（每年一届）。作为首个中国－东盟教育交流合作平台，作为中国和东盟国家教育交流的特色品牌，中国－东盟教育交流周深化了中国与东盟国家的教育合作[②]。

第四，中国新加坡双边合作联委会。作为副总理政府间合作机制，2017 年中新双边合作联委会第十三次会议再次提出“同意以高水平大学合作、高层次人才联合培养为重要抓手，积极开展两国青少年交流等传统项目，不断探索教育合作新领域和新模式[③]。”

（6）医疗交流合作

第一，依托世界卫生组织的各项会议进行交流。如 2013 年 10 月，世界卫生组织第 64 届西太平洋区域委员会会议在菲律宾马尼拉召开。国家卫生计生委国际合作司司长任明辉应邀参加 2013 年《世界卫生报告》地区发布仪式，介绍我国全民健康覆盖研究方面的经验和体会，并与新加坡代表进行了双边会谈。2014 年 1 月，世界卫生组织执行委员会第 134 届会议在瑞士日内瓦举行。国家卫生计生委相关司局，以及外交部、国家食品药品监督管理总局、国家中医药管理局和常驻日内瓦代表团有关人员组团参会。期间，中国代表团与新加坡代表团进了会谈。2015 年 5 月，中国代表团团长、国家卫生和计划生育委员会主任李斌在瑞士日内瓦出席第 69 届世界卫生大会期间，会见新加坡卫生部部长颜金勇时表示中新两国卫生领域一直保持密切交流，互学互鉴。双方就健康老龄化和糖尿病防控等方面的合作交换了意见。如

① 资料来源：南京大学网站 http：//stuex.nju.edu.cn

② 资料来源：教育部网站 http：//www.moe.gov.cn

③ 资料来源：中华人民共和国驻新加坡大使馆教育处［EB/OL］. http：//www.edusg.org.cn

2015 年 2 月，在世卫组织和世界银行联合主办的全民健康覆盖部长级会议期间，我国卫生计生委副主任马晓伟访问了新加坡保健服务集团和新加坡中央医院，就医疗保险、医院管理等方面与新方进行了交流①。

第二，凭借中国－东盟的区域性机制，加强中新卫生人力资源交流与合作。比较典型的机制有始于 2004 年的中日韩－东盟卫生部长会议、始于 2006 年的中国－东盟卫生部长会议②。有代表性的实施项目有“中国－东盟公共卫生高级行政管理人员培训班”。2015 年 6 月，第一届中国－东盟公共卫生高级行政管理人员培训班在北京开班。来自东盟成员国柬埔寨、印度尼西亚、老挝、马来西亚、缅甸、新加坡、泰国和越南 8 个国家共 16 名卫生高级行政管理人员参加培训。培训以授课、学院讨论、实地参观等多种形式进行，为东盟各国公共卫生高级行政管理人员搭建了学习交流的平台。培训学员还赴首都医科大学附属北京妇产医院、中国中医科学院西苑医院和国家流感中心进行实地参观③。除此之外，还有“中国－东盟公共卫生人才培养百人计划”等卫生人才交流合作项目，培养公共卫生管理和疾病防控人员、医学人才和卫生行政管理人员④。

（7）环境领域合作

第一，依靠中国－东盟的区域性机制，加强中新两国环境领域合作。2002 年，在东盟倡议下启动东盟－中日韩环境部长（10+3）会议机制，该会议机制是东盟－中日韩领导人会议机制的重要组成部分，是区域环境合作的高层平台。在 2002 年以来，环境保护部组团出席了历次东盟－中日韩环境部长会议。2002 年在老挝举行的第一届（10+3）环境部长会议上，部长们同意了在 10 个优先领域探讨合作的可能性。最近的第十五次东盟－中日韩环境部长会议于 2017 年 9 月在文莱首都斯里巴加湾召开⑤。

第二，中新两国之间的双边环境领域合作。代表性文件有中新签署的部门间环境合作和水处理合作谅解备忘录。中国和新加坡于 2014 年签署了中新部门间环境合作和水处理合作谅解备忘录，重点开展环境执法、城市水环境管理、水处理和环保企业协作、绿色发展以及绿色金融等领域的合作⑥。而常规机制是依托每年召开的中

① 资料来源：国家卫生健康委员会网站 http：//www.nhfpc.gov.cn
② 资料来源：国务院新闻办公室 http：//www.scio.gov.cn
③ 资料来源：国家卫生健康委员会网站 http：//www.nhfpc.gov.cn
④ 资料来源：央视网站 http：//news.cctv.com
⑤ 资料来源：中华人民共和国自然资源部网站 http：//www.mlr.gov.cn
⑥ 资料来源：新华网 http：//www.xinhuanet.com

新双边合作联合委员会会议。如2015年10月在新加坡召开的中新双边合作联合委员会第十二次会议和天津生态联合协调理事会第八次会议，中方就强调重点开展绿色发展（尤其是绿色金融）、环境执法、城市水环境管理、环保产业、技术与咨询服务，以及生态工业示范园区共建和焚烧飞灰管理处置等领域合作①。

6. 总结

（1）中国与新加坡的“五通”情况

从历史上看，中国和新加坡两国人民自古就有着深厚的传统友谊。自1965年新加坡成立新加坡共和国，受李光耀大国平衡外交政策的影响，中新关系大致经历了纯经济接触阶段、迅速接近阶段和正式化阶段。基于新加坡以华人为主体的特殊性，为获取邻国信任，新加坡早期采取了政治上疏远的对华政策，并尽力稀释和消除中国对新加坡华人的影响。20世纪70年代，伴随中美关系的正常化，新加坡和中国关系明显改善，两国高层频繁接触。在印度尼西亚与中国正式复交之后，1990年中华人民共和国同新加坡正式建交，两国关系翻开新篇章，两国关系开始向更加健康稳定的方向发展。从1990年至2000年，两国领导人的访问会见十分频繁。除1992年和1998年，每一年都有两国领导人的会见，1993年、1994年、1995年和1997年这四年间，出现同一年实现两国互访的良好局面。十年间，两国的贸易量迅猛增长，新加坡对中国的出口额增长了5.73倍，新加坡对华投资额升至前5名。被称为新加坡对华投资最大个体项目的苏州工业园区也在此时开建。

随着2013年国家主席习近平提出建设“21世纪海上丝绸之路”的合作倡议以及2015年《推动共建丝绸之路经济带和21世纪海上丝绸之路的愿景与行动》的发布，中国与新加坡在政策沟通、设施联通、贸易畅通、资金融通和民心相通等方面的合作进一步加强。

政策沟通方面，两国积极展开高层互访，加强政策沟通、战略对接。2004年5月，副总理政府间合作机制－中新双边合作联合委员会正式启动。作为政策沟通的常态机制，中新双边合作联合委员会每年一次，轮流在中国和新加坡举行，极大推进了两国在各领域的沟通合作。2012年首次在新加坡举行的中新社会治理高层论坛则致力于推动中新在社会管理方面的互学互鉴。

设施联通方面，积极推进中泰铁路和中国－新加坡南向通道的建设，打造公路、铁路、海运、航空一体化的大通道。同时，加强两国在通信干线网络建设的合作，建成跨境路缆。

---

① 资料来源：环保部国际合作司 http：//gjs.mep.gov.cn

贸易畅通方面，2016 年，中国以 12.99% 的市场份额，成为新加坡第一大出口目的国；以 14.28% 的市场份额成为新加坡第一大进口来源国。从 2011 年至 2016 年的新加坡对中国的货物出口来看，出口总额变化不大，占新加坡全球出口市场份额缓慢增加。出口产品集中于电子电气设备；机械设备及零件；塑料及制品；矿物燃料、矿物油、沥青；精密仪器及设备；有机化学品；杂项化学产品；航空器、航天器及其零件；铜及其制品。2016 年排前十位的出口商品占比 90.45%，集中度比 2011 年略有下降。2011 年至 2016 年间，新加坡从中国的货物进口总额变化不大，占新加坡全球进口市场份额逐步增加。进口产品集中于电子电气设备；机械设备及零件；矿物燃料、矿物油、沥青；精密仪器及设备；钢铁；钢铁制品；有机化学品；塑料及制品；家具、寝具、灯具、活动房等。2016 年排前十位的出口商品占比 83.12%，集中度有所上升。同时，中国新加坡的贸易互补关系进一步增强，贸易竞争关系大幅度增强。

资金融通方面，主要依靠亚洲基础设施投资银行、丝路基金、亚洲金融合作协会等三大区域融资机制。两国广泛开展金融合作，包括中国人民银行和新加坡金融管理局签署双边本币互换协议、本国商业银行积极进入对方市场。《中国对外直接投资统计公布 2016》显示，中国对新加坡的直接投资流量和直接投资存量分列总额的第六位和第五位，主要集中于租赁和商务服务业、批发和零售业、房地产业、农 / 林 / 牧 / 渔业。新加坡在华直接投资 684 项，实际投资 60.47 亿美元，成为中国第二大外资来源国。新加坡对华直接投资主要集中于金融保险业、制造业、批发零售业、房地产业、信息通讯业和运输仓储业。

民心沟通方面，中新两国不断加强在文化、科技、人才、立法、教育、医疗以及环境领域的合作。文化交流上，通过签订政策性文件、打造新加坡中国文化中心、举办新加坡“中国电影节”、发展两国间旅游市场。科技合作上，签订政策性文件、利用中新科技合作联委会、搭建新加坡 – 中国科学技术交流促进会、中新科技创新大会等交流平台。在人才交流合作上，签订中新中高级官员交流项目的框架协议、举行中新领导力论坛。司法协助上，签订中新关于民事和商事司法协助的条约。教育交流上，中国在新加坡建立了孔子学院和孔子学校、坚持推进中国 – 新加坡青少年交流项目、设立中国 – 东盟教育交流周。医疗交流合作上，依托世界卫生组织的各项会议、凭借中日韩 – 东盟卫生部长会议，加强中新卫生人力资源交流与合作。环境合作上，依靠东盟 – 中日韩环境部长（10+3）会议机制、签署了中新部门间环境合作和水处理合作谅解备忘录。

总体来讲，中国与新加坡呈现政策沟通总体向好、设施联通空间广阔、贸易畅通发展迅猛、资金融通较为顺畅、民心相通逐步深化的特点。根据《2017 年中国——东盟“五通指数”报告》显示，新加坡以 79.19 分位列东盟国家第一名①。

（2）中国在新加坡投资的政治风险

一般认为，新加坡政治稳定、政府廉洁，市场化程度高，适合中国企业投资。但国内企业赴新投资时一定要注意以下几点：第一，政府违约风险。李光耀的去世一定程度上影响着新加坡政局的发展。未来新加坡可能出现的政权交错更替、政党轮流执政、政府政策的变化增加了政府违约风险。第二，区别性政府干预的风险。新加坡对通讯、新闻、电力、交通等公共事业的外国投资审批严格，其《制造业限制投资法》对限制投资者进入的行业进行了规定。而中国投资集中于这些行业，潜在政策风险大。第三，资金转移风险。新加坡实行新元非国际化政策，对非居民持有新元的规模及个人携带现金出入境存在一定限制，一定程度上给中国对新投资带来不便甚至是外汇兑换、资金转移等风险。第四，政治暴力风险。新加坡与马来西亚、文莱、印度尼西亚、越南、菲律宾等国家在海域上存在争端，暗藏引发武装冲突甚至局部战争的潜在风险，这必然会影响中国在新加坡的投资②。

尽管中国对新加坡投资存在潜藏的政治风险，但是中新两国进一步推进“五通”，加强经贸合作是主旋律。中国和新加坡一衣带水，友好交往源远流长。新加坡自由港开放、高效、低税负，是“一带一路”战略中的重要伙伴。因此，在管控风险的基础上如何发展中新经贸关系，是中国经济的长期课题。

---

① 资料来源：中国新闻网 http：//www.chinanews.com

② 资料来源：中国网 http：//www.china.com.cn

二、中国与老挝历史渊源与“五通”状况研究

老挝人民民主共和国（LAO，简称老挝）是中南半岛北部唯一的内陆国家，地理位置特殊，北邻中国，南接柬埔寨，东接越南，西北达缅甸，西南毗邻泰国；国土面积 23.68 万平方公里，人口总数约 650 万；矿产资源丰富，水电资源充沛，土地资源丰厚。近年来，老挝政治稳定，经济快速发展；2016 年，老挝经济总量 133.5 亿美元，经济增长率达 6.9%，人均国内生产总值约 2027 美元，属中下等收入水平经济体，老挝虽属于世界上经济最不发达国家之一，但与中国经济互补性强。中老两国是山水相连的友好邻邦，两国人民自古以来和睦相处。进入 21 世纪以来，两国关系在“长期稳定、和睦友好、彼此信赖、全面合作”的方针指导下一直保持着健康稳定的发展；1961 年 4 月，中老正式建立外交关系，2009 年，两国关系提升为全面战略合作关系，中老关系进入加速发展新时期，在经贸、政治、人文、国际和地区事务中的合作不断深化。

（一）中国与老挝的历史渊源

1. 历史渊源

中国和老挝山水相连，关系源远流长，自古以来两国人民便和睦相处，有着深远的历史渊源。中老两国交往的起始年代定在公元2世纪初叶[①]。《三国志・吴志・吕岱传》中提到，三国时吴黄武 6 年（227 年）堂明国王遣使访问来贡东吴朝廷。这是中老两国第一次正式的官方往来。此后，中老关系发展主要集中在三个时期，即老挝的文单国（今万象）、澜沧王国、琅勃拉邦王国与中国的唐朝、明朝、清朝之间的政府往来[②]。在唐代，当时被称为文单国的老挝曾 4 次向唐朝遣使，唐朝每次都给

① 申旭 . 关于中老关系史中的几个问题［J］. 史学月刊，1988（4）：96–99.

② 苏提 . 论中国—东盟自由贸易区合作框架下的老中经济关系［D］. 吉林大学，2009.

予隆重热情的接待，并施厚礼，赐封号，以上历史事件说明了双方都非常重视两国的交往。14 世纪以后，中老两国交往出现了一个新的高潮。在明王朝存在的 200 多年中，中老之间的交往达 40 多次，其中老挝向中国遣使 30 多次，中国向老挝遣使 9 次，平均 5 年一次，可见交往之频繁。到了清代，中老两国关系仍然十分密切，虽然互遣使节的次数比明代有所减少，但朝贡贸易的数额远远超过明代。

上述中老关系集中发展时期，两国政府间的正常交往曾一度中断。但在老挝人民反对法国殖民主义者与后来的日本侵略者的斗争中，当时已沦为一个半殖民地、半封建国家的中国，无论是晚清政府、还是民国政府，都始终站在老挝人民一边，并且给予了巨大的支持[①]。同时，在1954年的日内瓦会议上，中国为实现老挝和平与独立做出了举世公认的贡献。老中传统友谊在近代得到进一步巩固。

2. 文化共性

中老两国不仅在官方往来上历史悠久，民间往来及文化交流亦是源远流长。由于两国间密切的地缘关系，两国人民间的交往自古就保持着紧密的联系，概括起来大致分为以下几种：以地缘条件为基础的跨国经济关系；以民族文化为主的婚姻关系；以血缘婚姻关系为纽带的亲情关系。这些关系都极大地促进了两国民间往来[②]，使得民间有相似的宗教、文化习俗，直到现在有的地方的家庭还互相通婚结亲[③]。随着华人迁居老挝的人数逐渐增多，通过兴办学校、传授技术等方式使老挝传入了大量中国文化，极大地促进了中国与老挝的交往。今天老挝土地上的老龙族、老听族、老松族三大族系中，除了部分是当地的土著居民以外，大部分都是由我国迁去的，促进了两国文化与经济的交流。据统计，老挝的华侨多来自云南、广东，他们主要居住在湄公河沿岸的城镇，如万象、琅勃拉邦、巴色等地，90% 的人从事商业，在老挝的经济生活中占有重要的地位，加上中老边民自古以来频繁的边境贸易，直至 18 至 19 世纪，中老之间的经济合作在老挝经济上已有相当大的影响力。古代中国商人定期组成马帮商队，翻山越岭，不辞劳苦，为沟通两国的经济文化交流做出了可贵的贡献。老挝的边民也经常到我国来进行经商活动，他们带来的物品深受中国人民的欢迎和喜爱。在明代，靠近老挝边界地区的云南人以贝壳作货币，同样，当时老挝也以贝为通行货币[④]。

综上所述，老挝与中国的历史源远流长，不论从政治交往、民间往来还是经济

---

① 罗希 . 21 世纪初老挝对华政策研究［D］. 吉林大学，2015.

② 张良民 . 源远流长的中老文化交流［J］. 东南亚纵横，1992（2）：30-35.

③ 张良民 . 老中建交 45 年来的合作成果［J］. 东南亚纵横，2006（8）：42-45.

④ 张良民 . 源远流长的中老文化交流［J］. 东南亚纵横，1992（2）：30-35.

层面上讲，两国都是睦邻友好，彼此尊重、互惠互利，同时彼此间文化交流形成的相同的文化价值观念为中老后续经贸合作及文化交流奠定了基础，且起到了积极的推动作用。

（二）中国与老挝的现实往来

1. 建交情况

1961 年 4 月，中国和老挝正式建立外交关系。20 世纪 70 年代末至 80 年代中，两国关系曾出现曲折。1989 年中老关系正常化以来，双边关系得到全面恢复和发展，两国领导人频繁互访，在政治、经济、军事、文化、教育等领域的友好交流与合作不断深化，双方在国际和地区事务中保持着密切协调与合作。2006 年 6 月，老挝人民革命党中央总书记、国家主席朱马里对中国进行国事访问。同年 11 月，中共中央总书记、国家主席胡锦涛对老挝进行国事访问。双方发表《联合声明》，推动中老关系进入新的发展阶段。2009 年 9 月，朱马里成功访华，两国元首一致同意将中老关系提升为全面战略合作关系，为两国各领域合作开辟了更加广阔的前景[①]。

2. 高层互访

近几年来，中老两党两国领导人互访频繁。据统计，2014 年中国共有 29 次副部级（含副部级以上）官员到访老挝。2015 年 4 月 20 日至 23 日，中央军委副主席许其亮访问老挝。2015 年 5 月 25 日，中国援助老挝国家文化宫更新维修项目在万象举行交接仪式。2015 年 5 月 28 日，中老经贸合委会第七次会议在老挝万象举行。2015 年 6 月 12 日，老挝总理通邢·塔马冯出席第 3 届中国－南亚博览会，暨第 23 届中国昆明进出口商品交易会开幕式。2015 年 6 月 15 日，中国外交部副部长刘振民会见来华访问交流的老挝外交部办公厅主任坎葆·因塔万。2015 年 7 月 1 日，全国政协主席俞正声会见老挝建国阵线中央常务副主席董叶陶。2015 年 8 月 31 日，老挝人民革党总书记、国家主席朱马里访华。2016 年 3 月，国务院总理李克强在三亚会见来华出席澜沧江－湄公河合作首次领导人会议及博鳌亚洲论坛 2016 年年会的老挝总理通邢。2016 年 4 月，中国外交部部长王毅对老挝进行正式访问。2016 年 5 月，老挝人民革命党中央总书记、国家主席本扬·沃拉吉访华，国家主席习近平、国务院总理李克强、人大常委会委员长张德江、政治局常委刘云山等分别会见老挝人民革命党中央总书记、国家主席本扬·沃拉吉。2016 年 6 月，国务院副总理汪洋在云南昆

---

① 资料来源：中华人民共和国商务部，走出去公共服务平台：http：//fec.mofcom.gov.cn.

明会见来华出席第四届中国－南亚博览会开幕式的老挝副总理宋赛。2016年7月，国务院总理李克强在蒙古出席亚欧首脑会议期间会见老挝总理通伦；中国外长王毅在参加中国－东盟（10+1）外长会议期间，在老挝万象会见老挝外长沙伦赛。2016年8月，老挝外长沙伦赛访华。2016年9月，国务院总理李克强出席在老挝万象举行的第19次中国－东盟（10+1）领导人会议暨中国－东盟建立对话关系25周年纪念峰会、第19次东盟与中日韩（10+3）领导人会议和第11届东亚峰会，并对老挝进行正式访问。2017年5月，老挝国家主席本杨·沃拉吉出席在北京召开的“一带一路”国际合作高峰论坛。老挝外交部部长沙伦赛称本杨主席率高级别代表团出席此次峰会①。

中老建交57年来，在两党两国高层引领和双方共同努力下，务实合作取得丰硕成果，在地区和国际事务中保持密切配合，给两国人民带来了实实在在的利益。中老两国都坚持社会主义道路，具有共同的理想信念和奋斗目标。面对当前复杂多变的地区和国际形势，双方坚持“长期稳定、睦邻友好、彼此信赖、全面合作”的十六字方针和“好邻居、好朋友、好同志、好伙伴”的四好精神，巩固政治互信、扩大互利合作、深化人文交流、加强多边协调，使中老关系不断推向新高度②。

3. 外交往来关系分析

根据中华人民共和国外交部官网显示的新闻统计，2005年至2017年共有210余篇新闻报道涉及中老两国交往情况。本文通过NVivo软件（NVivo11）对汇总后的所有新闻进行分析并统计高频词汇，双方高度关注“合作”“发展”“东盟”“友好”“伙伴”“建设”“经济”“交流”“稳定”“湄公河”等。“合作”一词出现次数最多，共1590次，占所统计词频的加权百分比为3.42%，这表明中老两国的核心关注点为双边合作。2009年9月中老将两国关系提升为全面战略合作伙伴关系。“合作”内容主要包括：产能合作、经济技术合作、产能与投资合作、“一带一路”建设合作、文化合作、“数字（网上）丝绸之路”建设合作、产业合作、基础设施合作、电力合作、科技合作等。

其次，中老尤为重视双边友好伙伴关系及传统友谊。“友好”“伙伴”“交流”“朋友”“访问”等词分别出现251次、245次、215次、118次、110次。自古以来，中老两国便是山水相连的友好邻邦，两国关系历久弥坚，两国人民和睦相处，取得长足发展，是名副其实的“好邻居、好朋友、好同志、好伙伴”。且进入21世

① 资料来源：中华人民共和国商务部走出去公共服务平台：http：//fec.mofcom.gov.cn

② 资料来源：新华社万象2017年11月12日电

纪以来，两国间交流不断，高层访问愈加频繁，各方面的合作不断深化，因而中老关系加速发展，两国关系在“长期稳定、睦邻友好、彼此信赖、全面合作”的方针指导下一直保持着健康稳定的发展。

再者，中老双方合作方式更趋多样化。“东盟”“湄公河”“共同体”等合作方式进一步提升中老双方合作强度。在近年来中老双边往来新闻报道中，“东盟”出现509次，“湄公河”出现153次，“共同体”出现103次。中老双方在中国－东盟合作的基础上，又搭借澜湄合作（澜沧江－湄公河合作）机制这一新型次区域合作机制，进一步共同确立了澜湄国家命运共同体的共同目标，搭建了“3+5合作框架”（三大支柱，五大优先领域），为中老合作发展创建另一平台。此外，中老双方合作机制还包括亚欧会议、东亚合作等多边框架。

同时，和平、稳定发展是中老双方合作的基础条件。“稳定”“和平”“共识”“安全”“协调”作为高频词汇，分别出现177次、150次、121次、89次、87次。两国在国际和地区事务上紧密合作，共同维护地区和平、稳定与发展做出了积极贡献。在南海问题上，老方支持各方全面有效落实《南海各方行为宣言》，推动“南海行为准则”磋商，维护地区和平稳定，同时，中老双方达成南沙部分岛礁存在的争议不是中国和东盟之间的问题，不应该影响中国－东盟关系发展的共识，且都赞成通过友好磋商、谈判，和平解决领土和海洋争议问题，维护南海和平与稳定。

经济贸易是双方合作重点。“经济”“经贸”出现的频次分别为234次、117次。中老经贸关系发展顺利，目前，中国是老挝最大的投资国，中国企业自20世纪90年代开始便赴老挝投资。据统计，2016年，中老双边贸易额为23.4亿美元，其中，中国向老挝出口9.86亿美元，自老挝进口13.5亿美元。中老双方一致赞同充分发挥中老经济贸易和技术合作委员会、产能与投资合作等合作机制作用，加强对双边经贸合作的统筹规划，进一步提升经贸合作规模和水平，进一步增强两国经济优势互补。

基础设施建设亦受到双方高度关注，老挝积极参与“一带一路”建设。“建设”作为高频词汇，共出现246次。中老铁路作为泛亚铁路网的重要组成部分，双方共同努力致力于推进中老铁路建设，对接中国“一带一路”倡议和老挝变“陆锁国”为“陆联国”战略，让老挝这一连接中国和东盟的交通枢纽发挥其最大的作用。此外，“一带一路”国际合作高峰论坛成果清单中显示，中国国家开发银行与老挝有关机构签署港口、电力、工业园区等领域基础设施融资合作协议[①]。

---

① 资料来源：“一带一路”国际合作高峰论坛成果清单

此外，科技、教育、文化、卫生也是双方交流合作的重点领域。1989 年以来，中老双方先后签订了文化、新闻合作协定及教育、卫生和广播影视合作备忘录。两国文艺团体、作家和新闻记者往来不断。

表 KH-1 中国与老挝外交往来部分词频列表

序号	单词	计数	加权百分比（%）	序号	单词	计数	加权百分比（%）
1	合作	1590	3.42	11	和平	150	0.32
2	发展	885	1.91	12	共识	121	0.26
3	东盟	509	1.10	13	友谊	118	0.25
4	友好	251	0.54	14	双边	118	0.25
5	伙伴	245	0.53	15	经贸	117	0.25
6	建设	246	0.53	16	访问	110	0.24
7	经济	234	0.50	17	共同体	103	0.22
8	交流	215	0.46	18	协调	87	0.19
9	稳定	177	0.38	19	安全	89	0.19
10	湄公河	153	0.33	20	人文	85	0.18

数据来源：中华人民共和国外交部官网新闻

（三）中国与老挝的“五通”状况

1. 政策沟通

中老于 1961 年 4 月 25 日建交。老挝政府奉行一个中国政策，支持中国和平统一大业[①]。老挝分别于 1992 年、1999 年在昆明、香港设总领事馆。2009 年在南宁增设总领馆。2010 年在云南景洪增设领事办公室。2013 年 12 月，我国驻琅勃拉邦总领馆开馆。2014 年 1 月，老挝驻上海总领馆开馆，同年 7 月，老挝驻广州总领馆开馆。

（1）签署文件

两国签署的重要双边文件主要有：2000 年 11 月《中华人民共和国和老挝人民民主共和国关于双边合作的联合声明》、2006 年《中老联合申明》、2013 年 9 月《落实中老全面战略合作伙伴关系行动计划》《中老两国政府经济技术合作协定》及多项经济合作文件、2016 年 3 月《澜沧江 – 湄公河国家产能合作联合声明》、2016 年 5

① 资料来源：中华人民共和国外交部官网：http：//www.fmprc.gov.cn/web

月《中国共产党和老挝人民革命党合作计划（2016–2020年）》《中老两国政府经济技术合作协定》《中老关于促进产能与投资合作的谅解备忘录》等十项文件、2016年9月《关于编制共同推进“一带一路”建设合作规划纲要的谅解备忘录》《关于确认并共同推动产能与投资合作重点项目的协议》《关于共同编制老挝电力、中老铁路沿线综合开发、旅游等重点领域经济发展专项规划合作框架协议》《经济和技术合作规划补充协议》《关于开展国内安全执法领域情报信息交流合作的谅解备忘录》《关于修缮和保护在老中国烈士陵园的协定》《2016年至2018年文化合作执行计划》《关于通关便利化合作的安排》《双边银行监管合作谅解备忘录》等合作文件、2017年11月《中老两国外交部关于加强新形势下合作的协议》《关于共同推进中老经济走廊建设的谅解备忘录》《关于加强“数字（网上）丝绸之路”建设合作的谅解备忘录》《中老政府间科技合作协定》《关于联合开展老挝国家水资源信息数据中心示范建设项目和老挝南乌河、南屯河流域综合规划项目合作的谅解备忘录》《关于共同建设中老现代化农业产业合作示范园区的谅解备忘录》《关于加强基础设施领域合作的谅解备忘录》《关于开展未来三年援助合作的谅解备忘录》《关于人力资源开发合作的谅解备忘录》《援老挝工贸部信息系统项目立项换文》《关于实施怀博莱水电站项目的优惠贷款框架协议》《关于建立电力合作战略伙伴关系的谅解备忘录》《关于金融支持老挝中小企业发展合作的协议》《怀博莱水电站项目优惠贷款协议》《老挝115千伏输变电线路扩建与综合改造项目贷款协议》《关于万象至万荣高速公路项目合资协议》《老挝500/230KV万象环网项目贷款协议》等合作文件、2017年12月《澜湄合作五年行动计划（2018—2022）》①。这些文件是两国政策沟通的重要成果。此外还与老挝政府签署《共建“一带一路”政府间双边合作规划》。

（2）合作关系

过去几年，中老关系发展顺利，成果丰硕，两国关系处于历史最好时期。如果用三句话概括两国关系，那就是，政治上高度互信，经济上全面合作，人文上广泛交融。2013年以来，中老关系最大的特点是，两党关系引领两国关系。近几年来，两党总书记频繁会晤，为两国关系做好顶层设计，指明前进方向。2013年，习近平总书记与朱马里总书记一致同意，要建设高度互信互助互惠的中老全面战略合作伙伴关系。2016年，习近平总书记与本扬总书记达成一致，中老携手打造具有战略意义的、牢不可破的命运共同体②。1997年7月老挝加入东盟，目前亦是中国–东盟自

① 资料来源：中华人民共和国外交部官网：http：//www.fmprc.gov.cn/web

② 资料来源：新华社万象2017年11月12日电

贸区成员（10+1）及大湄公河次区域（GMS）合作成员。

2. 设施联通

老挝素有“中南半岛的十字路口”之称，是陆路连接中国与东盟各国路程最短的国家，位于大湄公河区域的中心位置，地理位置十分重要[①]。老挝是内陆国，基础设施比较落后[②]，其缺乏基础设施和交通设施已成为经济发展的瓶颈，因而加大对基础设施的投入成为老挝政府的工作重心。随着“一带一路”建设不断深入，中国倡导的亚洲基础设施投资银行和丝路基金为其他领域的投资提供资金，不但提供资金技术，还为老挝带来了基础设施建设经验[③]，中老设施联通取得显著成果。

（1）空运联通

首先，老挝与中国的空运联通较为紧密，老挝全国有 8 个机场，20 多条航线，其中与中国相连的航线有：万象 – 昆明、万象 – 南宁、万象 – 广州、万象 – 常州、万象 – 仁州、琅勃拉邦 – 景洪、琅勃拉邦 – 成都[④]。

（2）公路联通

其次，老挝 98% 的旅客周转量和 86% 的货物周转量是由公路运输承担的[⑤]。中老两国都非常重视基础交通建设，但两国之间政治经济文化的不断交流使得两国之间交通运输瓶颈问题日趋凸显出来。中国边境口岸从磨憨、江城、曼庄、苗寨进入老挝的公路只有 4 条，其中除了磨憨 – 磨丁（国家级口岸公路）能全年通车外，其余三条公路受气候和路况影响很难实现全年通车，都需要时时进行维护才能确保畅通[⑥]。

（3）铁路联通

再次，老挝作为东南亚地区唯一的内陆国家，一直饱受交通不便、招商引资不力、经济发展后续乏力等问题的困扰，是该地区经济最为落后的国家之一。老挝铁路运输目前仍处于早期的发展阶段，尚需得到开发和建设[⑦]。截至目前，老挝只有一条 3.5 公里的铁路，坐落在老挝首都万象南部的塔纳廊火车站。这条铁路的一端，其规模仅相当于中国一个偏远小镇的火车站[⑧]。2014 年 12 月，中老启动铁路合作，中

---

① 何阳宇 . 论“一带一路”与老挝社会经济的发展［J］. 语文学刊，2016（1）：87-89.

② 资料来源：对外投资合作国别（地区）指南——老挝（2017 版）

③ 康生 .“一带一路”战略下中老关系问题研究［D］. 吉林大学，2017.

④ 资料来源：对外投资合作国别（地区）指南——老挝（2017 版）

⑤ 王浩斌 . 中国对老挝基础设施投资的影响因素分析［D］. 山东大学，2017.

⑥ 宋达拉（Sodala Mongkhoun）. 老中经济关系发展研究［D］. 华中师范大学，2013.

⑦ 王浩斌 . 中国对老挝基础设施投资的影响因素分析［D］. 山东大学，2017.

⑧ 资料来源：高铁网：http：//news.gaotie.cn/pinglun/2016-09-01/344234.html

老铁路全长约414km，设计时速160km，为客货共线的单线电气化铁路。按照规划，其向北接中国云南省新建的玉溪－磨憨铁路，向南，未来将连接泰国，乃至马来西亚等国铁路①。中老铁路是“一带一路”倡议提出后，首条以中方为主投资建设、与中国铁路网直接联通的国际铁路。2015年底中老铁路举行开工奠基仪式，2016年12月正式举行全面开工仪式，中老铁路计划于2021年12月正式通车，将带动磨丁－磨憨跨境经济合作区的发展②。中老铁路将成为连接中老经贸合作的大动脉，提升两国的人流和物流水平，带动铁路沿线的产业开发，中老铁路建成通车将为打造中老经济走廊创造有利条件③。同时，老挝政府的《老挝铁路网规划》中提出“三纵六横”的铁路建设规划，开展了他曲－沟木崖、沙湾拿吉省连接越泰、万象－娘勃拉邦－中国边境、万象－巴色、巴色－沙拉湾－越南边境铁路修建可行性的勘测研究④。

（4）水路联通

最后，从水路运输来看，虽借助湄公河可以实现两国之间的河运，但由于运输能力受气候影响，旱季水位低，很难实现大宗商品运输，加之河道建设存在环境与河堤保护等环保问题，导致河运发展空间受到巨大限制。河道途经金三角地区，该地区的贩毒、走私、武装打劫等跨国犯罪问题，也抑制了水路运输的发展⑤。2015年5月，老挝、缅甸两国间第一座跨湄公河友谊大桥正式通车⑥。

（5）其余设施联通

此外，老挝有史以来的第一颗卫星“老挝一号”通信卫星项目于2012年底正式启动，由中国航天科技集团公司下属的中国亚太移动通信卫星有限责任公司总承包。2015年11月21日，“老挝一号”卫星在中国西昌卫星发射中心由长征三号乙运载火箭送上太空。2016年5月，中老两国签署《中老联合声明》，中国“一带一路”建设的推进契合了老挝变“陆锁国”为“陆联国”的战略⑦。

与此同时，南方电网公司授权南方电网云南国际有限责任公司，与老挝国家电力公司、老挝彭萨塔瑞集团、越南河内－万象电力公司在昆明共同签署了《中国经老挝向越南特高压送电项目谅解备忘录》。三国四方初步达成2021年至2025年期

---

① 中老铁路全线动工 预计2021年底通车［J］. 铁路采购与物流，2017，12（11）：67

② 宋达拉（Sodala Mongkhoun）. 老中经济关系发展研究［D］. 华中师范大学，2013.

③ 国际在线新闻网：http：//news.cri.cn/20171107/9efd5e94-8c12-4b72-8aaa-e332549ef521.html

④ 宋达拉（Sodala Mongkhoun）. 老中经济关系发展研究［D］. 华中师范大学，2013.

⑤ 宋达拉（Sodala Mongkhoun）. 老中经济关系发展研究［D］. 华中师范大学，2013.

⑥ 资料来源：对外投资合作国别（地区）指南——老挝（2017版）

⑦ 资料来源：凤凰网资讯：http：//news.ifeng.com/a/20171113/53201423_0.shtml

间，中国经老挝向越南送电500万千瓦至600万千瓦。这是我国第一个跨境第三国电网互联互通项目。该项目的启动，标志着中老越电网互联互通取得实质性进展①。2016年4月，由中国水利电力对外公司投资建设的老挝第一个火力发电项目——华潘煤电一体化项目特许经营协议正式签约，项目第一期计划总投资约10亿美元，将于2020年底并网发电并进入商业运营。

近年来，两国间公路更宽阔，运输更可靠；澜沧江－湄公河水运更安全、更频繁；两国间的空中航线一年比一年多，现在每周约70个航班往返；中资公司越来越多地参与到老挝公路、机场和码头等设施的建设中②。自老挝实行革新开放、老中恢复邦交以来的十几年里，老挝致力于发展国内的交通基础设施，并且在中国的帮助与支持下，在这一方面取得了一定的成绩，交通状况有了较大改善。但目前的交通承载量还是不足以满足老中之间的经济往来③。

3. 资金融通

（1）融资渠道

2013年10月亚洲基础设施投资银行（简称“亚投行”）倡议提出；2014年10月24日，中华人民共和国、柬埔寨、老挝、马来西亚和越南等21国在北京正式签署《筹建亚投行备忘录》；直至2017年12月，亚投行成员数已扩围至88位。2015年11月，中国提出将出资400亿美元成立丝路基金，为“一带一路”沿线国家基础设施、资源开发、产业合作等与互联互通有关项目提供投融资支持；目前，丝路基金新增资金1000亿元人民币。中国国家开发银行、中国进出口银行都分别设立“一带一路”专项贷款。中国出口信用保险公司与老挝财政部、柬埔寨财政部等有关国家政府部门签署框架合作协议④。同时，中方将继续推动落实“东亚减贫合作倡议”，并优先使用南南合作援助基金，帮助澜湄地区五国落实联合国2030年可持续发展议程所设定的各项目标；设立澜湄合作专项基金，今后五年提供3亿美元支持六国提出的中小型合作项目⑤。

（2）货币互换

中国和老挝尚未签署货币互换协议。自亚洲基础设施投资银行、丝路基金等平台建立以来，一直积极支持澜湄地区基础设施等领域合作开发，并进一步扩大与湄

① 经济参考：http：//jjckb.xinhuanet.com/2017-09/18/c_136617115.htm

② 资料来源：凤凰网资讯：http：//news.ifeng.com/a/20171113/53201423_0.shtml

③ 宋达拉（Sodala Mongkhoun）. 老中经济关系发展研究［D］. 华中师范大学，2013.

④ 资料来源：“一带一路”国际合作高峰论坛成果清单

⑤ 资料来源：凤凰财经：http：//finance.ifeng.com/a/20160323/14286272_0.shtml

公河国家贸易和投资本币结算，完善跨境人民币清算安排。近年来，中国工商银行和中国银行先后在老挝设立分行，促进了中国与老挝及东盟地区的经贸往来与金融合作。2014 年，由中国云南的富滇银行与老挝外贸大众银行合资成立的老中银行在万象挂牌开业，成为老挝首家中老合资银行，为丰富老挝金融市场、促进两国经贸往来提供支持①。主要业务包括吸收公众存款、发放贷款、提供投资和融资咨询服务等②。2017 年 8 月，老中银行首家分支机构——磨丁分行 4 日在老中边境的老挝南塔省磨丁开业，助益磨丁经济发展并推动两国金融合作。据悉，磨丁分行规范合作区汇兑结算业务，还将推动合作区多领域合作，从金融层面推动老中两国合作③。截至 2017 年 9 月末，中国进出口银行在老挝贷款项目近 140 个，签约金额超过 550 亿元人民币④。2017 年 5 月 16 日，在中国国家主席习近平与老挝国家主席本扬的共同见证下，进出口银行董事长胡晓炼和老挝财政部副部长本忠·乌本巴色签署班哈至色空输变电项目援外优惠贷款协议⑤。此外，中国的太平洋证券也已经在老挝成立了合资证券公司，同时，国家开发银行亦在老挝设立了办事处⑥。

（3）双边投资

“一带一路”倡议提出以来，中老经贸合作成绩显著，中老全面战略合作的广度和深度也在不断拓展。同时，中国政府与老挝政府还签署了经贸合作协议。近年来，随着两国经济快速发展，中资企业对老挝投资迈出可喜步伐，一批有实力的中资企业进入老挝市场，投资领域不断扩大，投资方式呈现多样化。主要投资领域包括矿产、水电、农林、房地产、园区开发、酒店等。据中国商务部统计，2016 年中国对老挝直接投资流量 3.28 亿美元。截至 2016 年末，中国对老挝直接投资存量 55 亿美元⑦，排名中国对外投资存量前 16 位（截至 2016 年末）⑧。中国目前是老挝最大投资国⑨。

根据老挝计划与投资部的年度报告，2016 年中国超越了越南，成为在老挝最大的外国直接投资来源国，中国在老挝的投资额从 2015 年的 8890 万美元飙升至 10

---

① 资料来源：人民网：http：//yn.people.com.cn/n2/2016/0508/c372459-28292413.html
② 资料来源：“一带一路”热点：http：//www.bhi.com.cn/ydyl/zjrt/41858.html
③ 资料来源：“一带一路”热点：http：//www.bhi.com.cn/ydyl/zjrt/41858.html
④ 资料来源：“一带一路”热点：http：//www.bhi.com.cn/ydyl/zjrt/44934.html
⑤ 资料来源：“一带一路”热点：http：//www.bhi.com.cn/ydyl/gwdt/39251.html
⑥ 资料来源：对外投资合作国别（地区）指南——老挝（2017 版）
⑦ 资料来源：走出去公共服务平台：http：//fec.mofcom.gov.cn
⑧ 资料来源：对外投资合作国别（地区）指南——老挝（2017 版）
⑨ 资料来源：中华人民共和国外交部官网：http：//www.fmprc.gov.cn

亿美元以上。截至 2016 年 11 月，中国投资者在老挝投资有约 764 个项目，投资总额为 56.9 亿美元，主要投资领域有：矿产项目 99 个，投资额 27.6 亿美元；电力项目 11 个，投资额 10.8 亿美元；农业项目 187 个，投资额 6.1 亿美元；工业和手工业项目 193 个，投资额 5.3 亿美元。其中 552 个项目为 100% 中国独资，212 个项目为中老合资。根据中国商务部统计，2017 年，老挝已成为中国在全球第八大投资目的地①。

4. 民心相通

“一带一路”的民心相通可大致归纳为教育、文化、旅游、卫生、科技、就业、非国家行为体交流等。翟崑、王丽娜（2016）从旅游活动、科教人文交流、民间往来三个层面来衡量民心相通的程度，经测算，中国与老挝的民心相通建设良好但不均衡②。

（1）旅游合作

旅游活动与民心相通息息相关，是促进两国交流增进彼此了解的直接方式。2004 年 11 月，中老双方共同签署了《中国公民组团赴老挝旅游实施方案的谅解备忘录》。2013 年 5 月，老挝被欧盟理事会评为“全球最佳旅游目的地”③。2015 年，老挝接待外国游客共 437 万人次，同比增长 13%，其中中国游客人数为 51 万人次。2016 年，中国境内赴老挝游客超过 54 万人次④。

（2）科教文化合作

两国在文化、教育、卫生等领域交流与合作发展迅速。1989 年以来，中老双方先后签订了文化、新闻合作协定及教育、卫生和广播影视合作备忘录。两国文艺团体、作家和新闻记者往来不断。双方于 1990 年开始互派留学生和进修生。老挝是我国对外提供奖学金人数最多的国家之一，在华公费留学生人数每年超过 300 名。两国青年团交往密切，2002 年至 2008 年，我国共向老挝派遣 7 批 76 名青年志愿者。2016 年，我国向老挝派遣第八批中国（上海）青年志愿者赴老挝服务队⑤。

在人文交流方面，李克强表示，中方愿同湄公河国家加强人力资源培训合作，在教育、科技、文化、旅游、青年等领域开展形式多样的人文交流。未来 3 年将提

---

① 资料来源：对外投资合作国别（地区）指南——老挝（2017 版）

② 翟崑．王丽娜．一带一路背景下的中国—东盟民心相通现状实证研究［J］．云南师范大学学报（哲学社会科学版），2016（6）．

③ 资料来源：中华人民共和国外交部：http：//www.fmprc.gov.cn

④ 资料来源：对外投资合作国别（地区）指南——老挝（2017 版）

⑤ 资料来源：中华人民共和国外交部：http：//www.fmprc.gov.cn

供1.8万人年政府奖学金和5000名来华培训名额，并探讨设立职业教育培训中心。同时，设立澜湄流域综合执法安全合作中心，开展联合执法、人员培训等活动，为澜湄国家发展和人民幸福生活营造和平安宁的环境①。

（3）孔子学院

孔子学院作为推广汉语和传播中国文化与国学的机构，可间接反映老挝民众对中国文化的认可程度。目前，老挝有1所孔子学院（老挝国立大学孔子学院），1个孔子课堂（老挝国家广播电台广播孔子课堂）②。老挝国立大学孔子学院设于老挝万象，于2010年3月启动运行。孔子学院的对象多为青少年学生，说明老挝民众尤其是青少年对中国及中国文化的接受程度高，两国教育文化交流顺畅。

（4）民间往来

两国网民的关注度在一定程度上也可反应中老两国民心想通的程度。根据百度指数显示，2011年1月至2017年12月，中国网民对老挝的百度搜索指数一直在2200左右波动，说明中国网民对老挝的关注度较低。但于2017年11月12日至2017年11月18日，中国网民对老挝的百度搜索指数达到今年来最高值，周平均指数为20012。主要是由于当时习近平主席受老挝人民革命党中央委员会总书记、老挝人民民主共和国主席本扬邀请，对老挝进行国事访问，当时老挝各界人士表示，习近平的来访，对两党、两国合作关系具有重要的历史性意义，将促使两党、两国进一步加强双边合作关系。

友好城市数量可直观地反映两国民众民心相通的程度。据统计，老挝7个省州、7个城市与我国建立了友好城市关系③。其中，具体结好的城市为：琅勃拉邦省－西双版纳州、丰沙里省－普洱市、占巴塞省－玉溪市、占巴塞省－南宁市、万象市－昆明市、琅勃拉邦县－晋中市、琅勃拉邦省－普洱市思茅区、丰沙里县－普洱市思茅区、巴色市－龙州县、万象市－广东省、他曲市－崇左市、川圹省－梧州市、琅勃拉邦省－海南省。这表明中马两国人民民众好感度和民心相通现状良好。

5. 贸易畅通

老挝于1997年正式加入东盟，成为东盟新四国之一；是中国－东盟自贸区成员（10+1）及大湄公河次区域（GMS）合作成员。2013年老挝正式加入世界贸易组织

① 资料来源：凤凰网财经：http：//finance.ifeng.com/a/20160323/14286272_0.shtml

② 资料来源：孔子学院总部官方网站 http：//www.hanban.edu.cn

③ 资料来源：中国国际友好城市联合会 http：//www.cifca.org.cn/web/index.aspx

（WTO）。作为联合国认定的最不发达国家之一，老挝享受联合国给予的优惠市场准入和商品贸易优惠等特许权。中国给予老挝特殊优惠关税待遇，对459种老挝商品免除其进口关税。目前，中老两国贸易畅通，中国是老挝三大贸易伙伴之一。

（1）中老贸易总额

2005年，中国对老挝货物进出口总额约1.29亿美元，其中出口约1.03亿美元，进口约2555万美元，净出口约7783万美元（见表LA–2）。2016年，中国对老挝货物进出口总额约23.47亿美元，其中出口约9.87亿美元，进口约13.60亿美元，净出口约–3.73亿美元。与2005年相比，2016年中国对老挝货物进出口总额增加约22.18亿美元，其中出口增加8.84亿美元，进口增加13.34亿美元。虽然中老双边贸易基数小，但增长迅速。

表LA–2　中国对老挝货物进出口贸易情况

单位：百万美元

年份	出口总额	进口总额	净出口	进出口总额
2005年	103.38	25.55	77.83	128.92
2016年	986.97	1359.61	–372.64	2346.58

数据来源：联合国商品贸易统计数据库

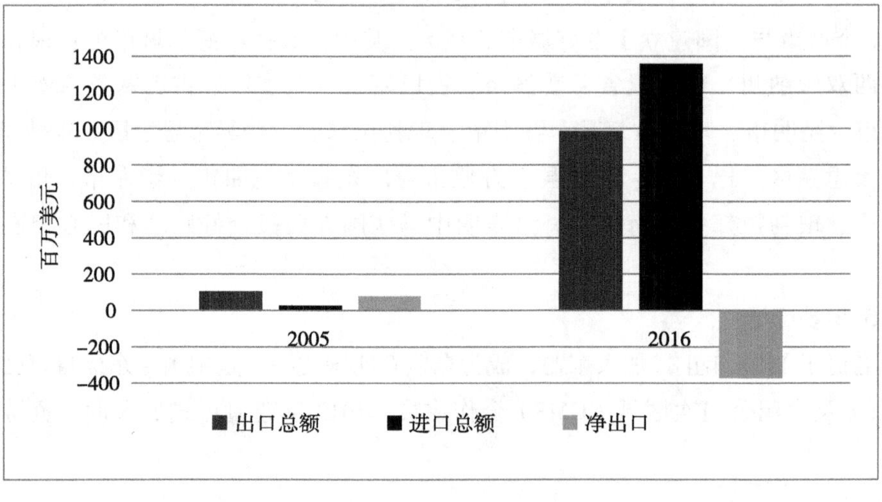

图LA–1　中国对老挝货物进出口贸易情况

（2）中国出口老挝

2005 年至 2016 年，中国对老挝货物出口大幅波动。2005 年至 2010 年，货物出口总额逐年增加。其中，2010 年中国对老挝出口约 4.84 亿美元，同比增长 28.40%，占中国出口全球市场份额的 0.03%，排名第 116 位。2011 年，中国对老挝出口出现负增长，货物出口总额同比下跌 1.52%，虽然市场份额未发生明显变化，但排名跌至 126 位。2012 年至 2014 年，中国对老挝货物出口急速攀升，2012 年和 2013 年增速高达 96.76% 和 83.82%。2014 年，中国对老挝货物出口总额约 18.39 亿美元，为近年来最高水平。2015 年至 2016 年，世界经济增长乏力，中老双边贸易也受此影响逐年下跌。2016 年，中国对老挝出口约 9.87 亿美元，同比下跌 19.48%；占中国出口全球市场份额的 0.05%，排名第 111 位。

表 LA-3　中国对老挝货物出口情况

单位：百万美元、%

年份	出口总额	增长率	排名	占比
2005 年	103.38	——	126	0.01
2006 年	168.72	63.21	120	0.02
2007 年	177.94	5.46	131	0.01
2008 年	268.11	50.68	128	0.02
2009 年	376.65	40.48	115	0.03
2010 年	483.62	28.40	116	0.03
2011 年	476.26	–1.52	126	0.03
2012 年	937.09	96.76	112	0.05
2013 年	1722.58	83.82	91	0.08
2014 年	1839.48	6.79	94	0.08
2015 年	1225.76	–33.36	107	0.05
2016 年	986.97	–19.48	111	0.05

数据来源：联合国商品贸易统计数据库

2005 年，中国出口至老挝的产品主要有机械设备及零件；电子电气设备，车辆及零件（轨道除外）；钢铁；钢铁制品；化学纤维长丝；玩具、游戏、运动用品；针织服装；精密仪器及设备；杂项制品等。其中，机械设备及零件类产品出口额最高，约 2778 万美元，占中国出口至老挝市场总额的 26.87%（见表 LA-4 和图 LA-3）。

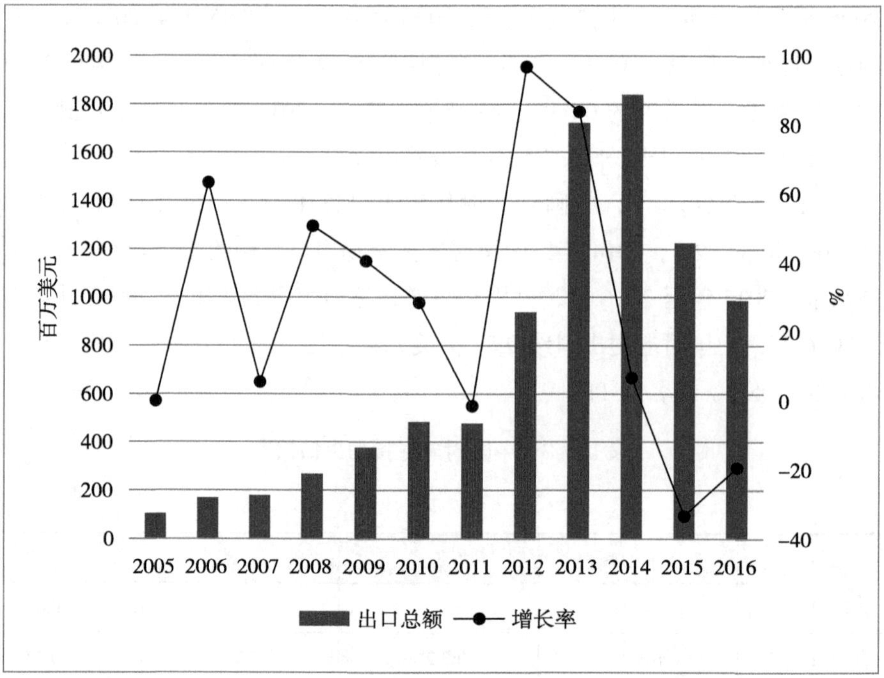

图 LA-2　中国对老挝货物出口情况

表 LA-4　2005 年中国对老挝货物出口产品结构

单位：百万美元、%

商品代码	产品名称	出口额	占比	排名
84	机械设备及零件	27.78	26.87	1
85	电子电气设备	27.15	26.26	2
87	车辆及零件（轨道除外）	19.10	18.48	3
72	钢铁	3.82	3.69	4
73	钢铁制品	3.43	3.32	5
54	化学纤维长丝	2.75	2.66	6
95	玩具、游戏、运动用品	2.34	2.26	7
61	针织服装	1.75	1.70	8
90	精密仪器及设备	1.70	1.65	9
96	杂项制品	1.33	1.29	10

数据来源：联合国商品贸易统计数据库

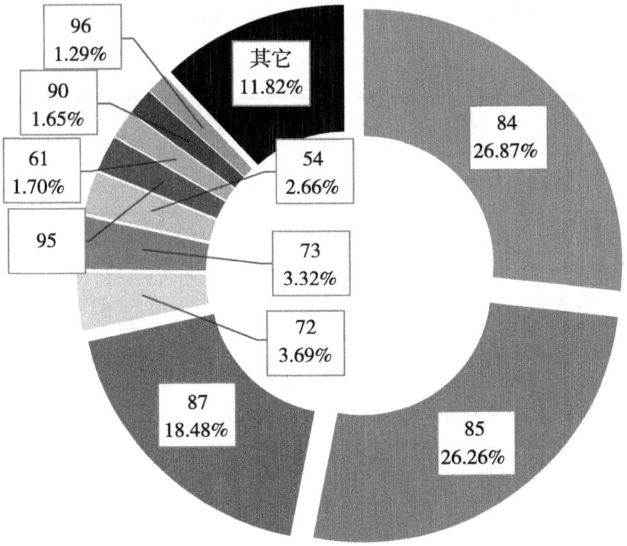

图 LA-3　2005 年中国对老挝货物出口产品结构

2016 年，中国出口至老挝的产品主要有电子电气设备；机械设备及零件；车辆及零件（轨道除外）；钢铁制品；以出顶进的新疆棉和内地棉；铝及其制品；钢铁；纸或纸板制品；精密仪器及设备；烟草及烟草代用品的制品等。其中，电机电气设备类产品出口额最高，约 2.45 亿美元，占中国出口至老挝市场总额的 24.83%（见表 LA-5 和图 LA-4）。

与 2005 年相比，2016 年中国出口至老挝的主要产品出口额明显增加。其中，电子电气设备出口额增加 2.18 亿美元，市场份额减少 1.43 个百分点，排名提升 1 位；钢铁制品出口额增加约 9742 万美元，增长约 28 倍，市场份额增加 6.90 个百分点，排名提升 1 位；机械设备及零件、钢铁类产品出口额分别增长 615.44% 和 736.14%，市场份额分别减少 6.73 和 0.46 个百分点，排名分别下跌 1 位和 3 位；车辆及零件（轨道除外）类产品出口额增长 555.04%，市场份额减少 5.80 个百分点，排名未发生变化；精密仪器及设备出口额增长 980.55%，市场份额增加 0.22 个百分点，排名未发生变化；以出顶进的新疆棉和内地棉；铝及其制品；钢铁；纸或纸板制品出口额明显增加，排名纷纷挤进前十。

表 LA-5　2016 年中国对老挝货物出口产品结构

单位：百万美元、%

商品代码	产品名称	出口额	占比	排名
85	电子电气设备	245.10	24.83	1
84	机械设备及零件	198.71	20.13	2
87	车辆及零件（轨道除外）	125.13	12.68	3
73	钢铁制品	100.86	10.22	4
99	以出顶进的新疆棉和内地棉	56.01	5.67	5
76	铝及其制品	51.25	5.19	6
72	钢铁	31.92	3.23	7
48	纸或纸板制品	21.41	2.17	8
90	精密仪器及设备	18.39	1.86	9
24	烟草及烟草代用品的制品	18.21	1.85	10

数据来源：联合国商品贸易统计数据库

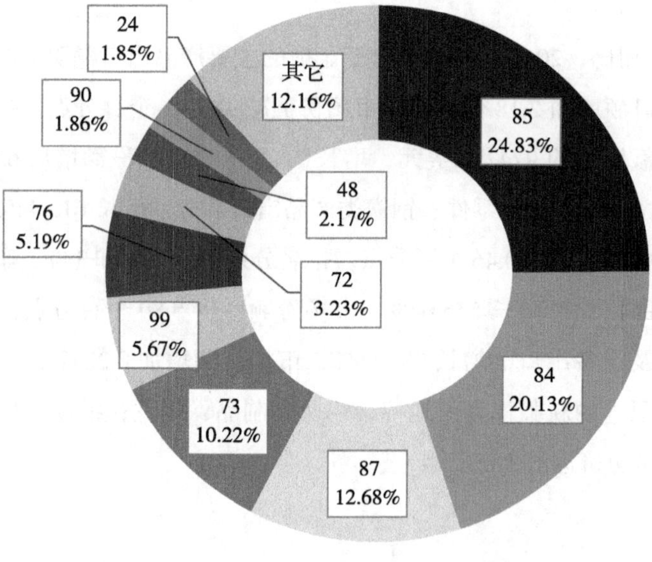

图 LA-4　2016 年中国对老挝货物出口产品结构

（3）中国从老挝进口

2005 年至 2016 年，中国从老挝进口呈先增后跌的趋势。2005 年至 2011 年中国从老挝进口总量持续攀升。特别是 2009 年国际金融危机发生，中国与老挝货物贸易并未受其影响，进出口总量不降反增，进口增速高达 173.59%，占中国全球进口市场份额的 0.04%，排名提升至 82 位。2012 年，略受欧债危机影响，中国从老挝进口总量下跌 4.81%。2013 年呈恢复性增长，同比增长 28.22%。2014 年，中国从老挝进口约 17.78 亿美元，为近年来最高水平，同比增长 76.01%。然而，2015 年至 2016 年，全球经济增长乏力，中国从老挝进口总额连续下跌，2016 年进口总量约 13.60 亿美元，同比下跌 12.13%，市场份额为 0.09%，排名第 71 位。从整体上看，老挝在中国全球进口市场中占据的份额和排名均呈上升趋势（见表 LA–6 和图 LA–5）。

表 LA–6 中国从老挝货物进口情况

单位：百万美元、%

年份	进口总额	增长率	排名	占比
2005 年	25.55	——	121	0.00
2006 年	49.65	94.35	116	0.01
2007 年	85.92	73.06	105	0.01
2008 年	134.26	56.26	94	0.01
2009 年	367.32	173.59	82	0.04
2010 年	601.49	63.75	81	0.04
2011 年	827.59	37.59	79	0.05
2012 年	787.76	–4.81	82	0.04
2013 年	1010.08	28.22	81	0.05
2014 年	1777.88	76.01	70	0.09
2015 年	1547.34	–12.97	67	0.09
2016 年	1359.61	–12.13	71	0.09

数据来源：联合国商品贸易统计数据库

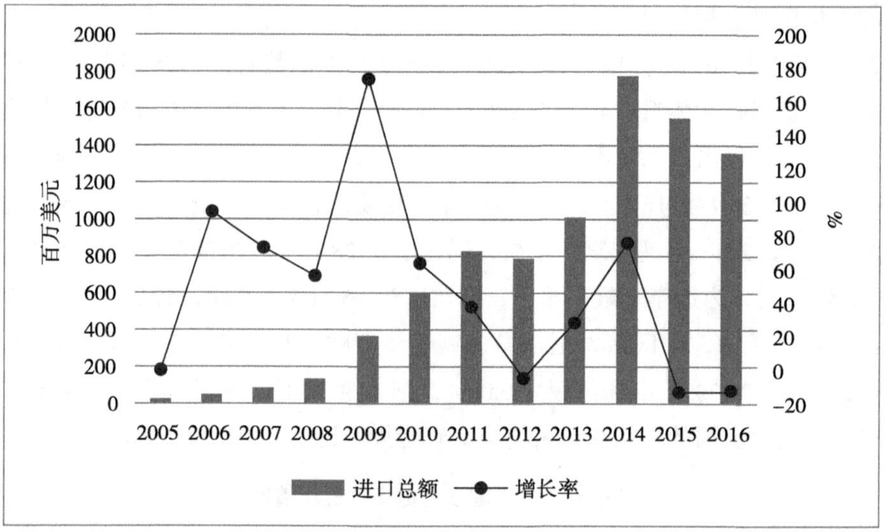

图 LA-5 中国从老挝货物进口情况

2005 年，中国从老挝进口的产品主要有木及木制品、木炭；铜及其制品、橡胶及制品、含油籽仁、药用植物、秸秆及饲料；矿砂、矿渣及矿灰；家具、寝具、灯具；以出顶进的新疆棉和内地棉；谷物；针织服装；编结用植物材料和其他植物产品等。其中，木及木制品、木炭类进口额最高，约 1124 万美元，占中国从老挝进口市场总额的 43.99%（见表 LA-7 和图 LA-6）。

表 LA-7 2005 年中国从老挝货物进口产品结构

单位：百万美元、%

商品代码	产品名称	进口额	占比	排名
44	木及木制品、木炭	11.24	43.99	1
74	铜及其制品	6.23	24.37	2
40	橡胶及制品	4.19	16.38	3
12	含油籽仁、药用植物、秸秆及饲料	1.31	5.11	4
26	矿砂、矿渣及矿灰	0.63	2.46	5
94	家具、寝具、灯具	0.59	2.31	6
99	以出顶进的新疆棉和内地棉	0.53	2.08	7
10	谷物	0.44	1.71	8
61	针织服装	0.18	0.70	9
14	编结用植物材料和其他植物产品	0.06	0.22	10

数据来源：联合国商品贸易统计数据库

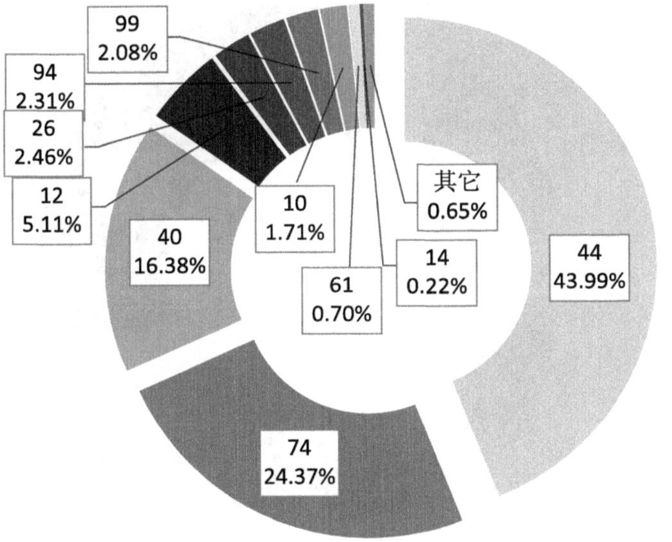

图 LA-6　2005 年中国从老挝货物进口产品结构

2016 年，中国从老挝进口的产品主要有矿砂、矿渣及矿灰；以出顶进的新疆棉和内地棉；木及木制品、木炭；铜及其制品；橡胶及制品；谷物肥料；制粉工业产品；含油籽仁、药用植物、秸秆及饲料；活动物等。其中，矿砂、矿渣及矿灰类产品进口额最高，约 4.27 亿美元，占中国从老挝进口市场总额的 31.40%（见表 LA-8 和图 LA-7）。

表 LA-8　2016 年中国从老挝货物进口产品结构

单位：百万美元、%

商品代码	产品名称	进口额	占比	排名
26	矿砂、矿渣及矿灰	426.93	31.40	1
99	以出顶进的新疆棉和内地棉	298.52	21.96	2
44	木及木制品、木炭	235.77	17.34	3
74	铜及其制品	124.12	9.13	4
40	橡胶及制品	107.49	7.91	5
10	谷物	69.48	5.11	6
31	肥料	37.14	2.73	7
11	制粉工业产品，麦芽、淀粉等	17.26	1.27	8
12	含油籽仁、药用植物、秸秆及饲料	13.51	0.99	9
01	活动物	9.18	0.68	10

数据来源：联合国商品贸易统计数据库

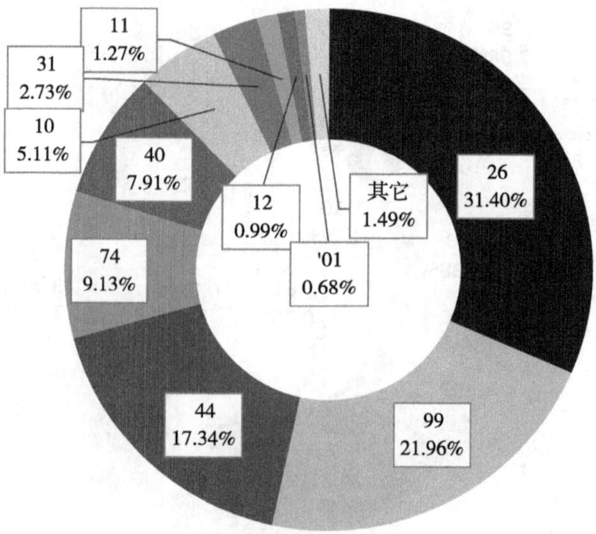

图 LA-7 2016 年中国从老挝货物进口产品结构

与 2005 年相比，2016 年中国从老挝进口的主要产品进口额明显增加。其中，矿砂、矿渣及矿灰进口额增加最明显，总额增加约 4.26 亿美元，市场份额增加约 28.94 个百分点，排名提升 4 位；以出顶进的新疆棉和内地棉、谷物类产品进口额分别增加 2.98 亿美元和 6904 万美元，市场份额分别增加 19.87 和 3.40 个百分点，排名分别提升 5 位和 2 位；木及木制品、木炭；铜及其制品；橡胶及制品；含油籽仁类产品虽然进口额大幅增长，但市场份额却分别减少 26.65、15.24、8.48 和 4.12 个百分点，排名也分别下跌 2 位、2 位、2 位和 5 位；肥料、制粉工业产品以及活动物类产品市场份额明显增加，排名纷纷跻身前十。

（4）中国与老挝的贸易竞争互补关系

中国与老挝的贸易互补关系较弱。2016 年，以中国出口计算的贸易互补指数为 0.1848，在中国与“一带一路”国家贸易互补关系中排名第 47 位。

以中国出口计算的贸易互补指数大于以中国进口计算的贸易互补指数，表明有利于中国产品出口，同时有利于老挝进口。如表 LA-9 所示，2016 年，以中国出口计算的贸易互补指数为 0.1848；以中国进口计算的贸易互补指数为 0.0699。

表 LA-9 中国与老挝贸易竞争、互补指数

年份	竞争指数	互补指数	
		以中国出口计算	以中国进口计算
2016 年	0.0671	0.1848	0.0699

数据来源：重庆“一带一路”投资与贸易研究实验室

中国与老挝的贸易竞争关系很弱，两国出口产品结构差异化明显。2016年，中国与老挝的贸易竞争指数为0.0671，在中国与“一带一路”国家竞争关系中排名第39位。中老两国贸易竞争不激烈，老挝整体有利于中国产品出口。

6. 总结

（1）中国与老挝的“五通”情况

老挝虽属世界上经济最不发达国家之一，但与中国经济互补性强，合作潜力大。双方在“五通”合作共建方面取得显著成果。首先，中国和老挝政策沟通顺畅，两国高层来往频繁。近几年来，两党总书记频繁会晤，为两国关系做好顶层设计，指明前进方向。2009年9月中老两国建立全面战略合作伙伴关系，2016年，习近平总书记与本扬总书记达成一致，中老携手打造具有战略意义的、牢不可破的命运共同体。其次，两国基础设施联通还有较大的提升空间。老挝为内陆国，基础设施比较落后，因而其基础设施建设成为其发展重点，亦是中国与老挝投资合作的重点领域。第三，“亚投行”、丝路基金、“一带一路”专项贷款等为中老提供多种资金融通渠道。2016年，中国对老挝直接投资流量3.28亿美元，超越了越南成为老挝最大的外国直接投资来源国，同时，老挝为中国在全球第八大投资目的地。第四，在民心相通方面，中老双方共同签署了《中国公民组团赴老挝旅游实施方案的谅解备忘录》，合作建有1所孔子学院及2个孔子课堂。此外，老挝是我国对外提供奖学金人数最多的国家之一，在华公费留学生人数每年超过300名。第五，中老两国贸易畅通，中国是老挝三大贸易伙伴之一。中国与老挝的贸易竞争关系很弱，两国出口产品结构差异化明显。

（2）中国在老挝投资的政治风险

老挝是世界上重要的社会主义国家，是中国的“全面战略合作伙伴”，也是“一路一带”重要相关方。虽然经济发展基础差，底子薄，但是近年来，老挝注重吸收外资，促进对外开放和贸易，GDP每年以超过7%的速度快速增长。中老是山水相连的友好邻居，目前，双边关系稳步发展，政治互信不断加深，经贸合作的迅速发展，文化交流深入人心。尽管如此，一些潜在的政治风险仍然不容忽视。一是越南因素。老挝政治体制的建立受越南影响最大，若未来南海中越矛盾激化，老挝何去何从，令人担忧。二是在涉及湄公河航道管理问题上，老挝担心中方主导湄公河区域，影响到自身利益。三是在双边贸易中，老方常年贸易逆差，尤其是自中国—东盟贸易区启动后，中国商品在东盟更是畅通无阻，老方担心被中方经济上殖民。四是中国台湾因素。老挝一方面宣称坚持“一个中国”政策，一方面又与中国台湾当局走近，长期来看，应当引起重视[①]。

总之，老挝社会和谐稳定，经济蓬勃发展，国家日新月异。中老两国关系在“长期稳定、和睦友好、彼此信赖、全面合作”的方针指导下一直保持着健康稳定的发展。且随着两国全面战略伙伴关系的推进及“一带一路”建设加快，中老关系进入加速发展新时期，合作方式趋于多样化，合作领域持续扩大，且在经贸、政治、人文、国际和地区事务中的合作不断深化。在中老关系发展新时期，双方应抓好战略引领，深化战略对接、拓展务实合作、扩大人文交流，做好民生工作，打造全方位命运共同体，与老挝携手合作，开创两国更加灿烂的发展前景。

① 资料来源：中国网（观点中国）：http：//opinion.china.com.cn/opinion_62_144762.html

三、中国与柬埔寨历史渊源与“五通”状况研究

柬埔寨（Cambodia）位于中南半岛南部，与越南、泰国和老挝毗邻。面积约 18 万平方公里，首都为金边。柬埔寨人口约 1500 万，高棉族占总人口 80%，华人华侨约 100 万，贫困人口约占总人口 14%。柬埔寨是传统农业国，工业基础薄弱，依赖外援外资。经济上，柬埔寨实行对外开放和自由市场经济政策。本届政府执行以增长、就业、公平、效率为核心的国家发展“四角战略”（指农业、基础设施建设、私人经济、人力资源开发）的第三阶段。2015 年，柬埔寨人均 GDP 为 1300 美元，属中下等收入水平经济体。外交上，柬埔寨奉行独立、和平、永久中立和不结盟的外交政策，迄今已经同 107 个国家建交，柬埔寨政府加强同周边国家的睦邻友好合作①。2016年10月，中柬签署《中华人民共和国和柬埔寨王国关于编制共同推进“一带一路”建设合作规划纲要的谅解备忘录》，双方同意加快两国发展战略对接，制定并实施好共同推进“一带一路”建设合作规划纲要，采取措施扩大双边贸易规模，加强在产能、投资、农业、水利、基础设施建设、能源、通信、工业、海洋等领域合作，共同促进两国经济发展与一带一路合作倡议的推进②。

（一）中国与柬埔寨的历史渊源

柬埔寨和中国自古以来就是亲密的友好邻邦，两国人民友好相处已经有将近两千年的历史。在漫长的岁月里，两国之间使者往来不断，文化交流频繁，商业贸易不绝③。

---

① 资料来源：中华人民共和国外交部官网：http：//www.fmprc.gov.cn

② 资料来源：中国发展网 http：//www.chinadevelopment.com.cn/2016/10/1088928.shtml

③ 郑伟安 . 柬中国际贸易的发展与瞻望［D］. 上海：复旦大学，2010.

1. 历史渊源

在我国古籍中，留下不少关于中柬两国友好往来的记录，根据足以稽征的史料，最早可追溯至汉末三国时代。据《古今图书集成·食货典》所引《吴历》的记载：公元 225 年，扶南以名贵的琉璃为礼品来赠吴国，扶南便是我国以前对柬埔寨的称呼。公元 226—231 年，水吴的孙权派遣专使康秦、未应两人前往扶南，这是见于史籍的中国官员正式访问柬埔寨的开端①。

公元 6 世纪中期扶南衰落以后，柬埔寨历史上的历代王朝继续通过海上丝绸之路，向东与中国、向西和印度保持着密切的政治、经济、文化关系。例如，在中国宋朝建立之时，也正是柬埔寨进入其历史上最为辉煌的吴哥王朝时期，社会经济得到空前规模的发展，两国之间通过海上丝绸之路进行的各方面往来也进入了一个新阶段。不但以“朝贡贸易”形式开展的官方贸易持续发展，而且民间经贸交流也愈发频繁，除广州外，杭州、泉州和明州等商港也都有关于柬埔寨商人前往贸易的记载。

正是因为海上丝绸之路同时也是一条文化交流之路，中国与柬埔寨自古就通过这条海路进行着精神文化的交流。例如，在扶南时期，就有许多在柬埔寨的佛僧乘坐商船到中国翻译《阿育王经》《文殊师利般若波罗蜜经》等经典佛经，为佛教在中国的弘扬和传播做出了卓越贡献。由于双方的频繁往来，在中国古籍中保存的大量有关古代柬埔寨的珍贵记录，填补了柬埔寨本国历史记载的空白。

2. 文化共性

海上丝绸之路的畅通与便捷，也促进了中柬两国民众之间的来往，许多华人很早就定居柬埔寨，并与当地妇女通婚，形成华人社区。华人移民的到来，不仅使中柬贸易关系更为密切，也促进了两国间的文化交流。即使在明清两朝实行“海禁”期间，柬埔寨仍然与中国保持着密切的贸易关系，仍然有许多中国商人和水手漂洋过海，到柬埔寨居住，使当地的华侨队伍不断扩大②。元代温州人周达观随使团访问真腊后，便撰写了《真腊风土记》这一随笔。对中国移民而言，柬埔寨历史上一直是一个“米粮易求、妇女易得、屋室易办、器用易足、买卖易为”的世外桃源。近代以来，华人人口在柬埔寨总人口中一直占有一定的比例③。

近代，中柬两国都受到殖民主义和帝国主义的侵略和统治。这个过程，在中国

① 史祖瑞．源远流长——从历史上看中国和柬埔寨的友好贸易关系［J］．国际贸易问题，1977（02）：63-65.
② 杨保筠，21 世纪海上丝绸之路与柬埔寨［J］．中国海洋报，2014（3）.
③ 何涵妃．华侨华人在中柬关系中的角色研究［D］．广西：广西民族大学，2015.

延续一百多年。在柬埔寨，从1863年沦为法国保国到1953年取得独立，前后九十年由于殖民者和侵略者的障碍，两国之间的正式关系完全断绝。但是民间贸易仍然发展，更多的华侨也在这个时期移居柬埔寨①。

总的来说，中柬关系史有两个鲜明特点：从内容来说，两国互相尊重，平等互助，充满着友谊的佳话和动人篇章，从来没有不友好的记录；从形式来说，恰如源远流长的大河，奔腾不息而又波涛起伏②。

（二）中国与柬埔寨的现实往来

1. 建交情况

中柬两国有着悠久的传统友谊，1958年7月19日两国正式建交。长期以来，中国几代领导人与柬太皇西哈努克建立了深厚的友谊，为两国关系的长期稳定发展奠定了坚实的基础。1955年4月，周恩来总理与柬时任政府首脑西哈努克，在万隆亚非会议上结识。1950年至1960年，周恩来总理、刘少奇主席曾多次率团访柬。西哈努克曾6次访华。1970年至1980年西哈努克两次在华长期逗留，领导柬埔寨人民反抗外来侵略、维护国家独立和主权的斗争，得到中国政府和人民的大力支持。2010年12月，两国建立全面战略合作伙伴关系，双边关系进入新的发展阶段③。

2. 高层互访

近年来，随着中国－东盟关系的不断深化，以及“一带一路”合作倡议建设的推进，双方高层互访频繁。2016年2月，柬埔寨副首相兼外交国际合作部大臣贺南洪来华同国务委员杨洁篪共同主持中柬政府间协调委员会第三次会议。同年3月，柬埔寨首相洪森来华出席澜湄合作首次领导人会议及博鳌亚洲论坛2016年年会。同年4月，国务委员、公安部部长郭声琨在北京会见柬埔寨副首相兼内政部大臣韶肯。同年6月，柬埔寨国王西哈莫尼对华进行国事访问；中共中央政治局常委、中央纪委书记王岐山在北京会见柬埔寨国务大臣兼反腐败委员会主席翁仁典；国务院副总理汪洋在出席第四届中国－南亚博览会期间会见柬埔寨副首相贺南洪。同年7月，国务院总理李克强在蒙古国出席第十一届亚欧首脑会议期间会见柬埔寨首相洪森；柬埔寨国王西哈莫尼和太后莫尼列来华查体休养；柬埔寨参议院主席赛冲访华；柬埔寨国会主席韩桑林访华；国务院副总理刘延东在出席第八届中国－东盟教育交流

---

① 周中坚. 历史上中柬交往的港口［J］. 东南亚，1988.

② 周中坚. 中柬友好关系史上的第三次高潮—明代中柬关系略述［J］. 印支研究，1982.

③ 资料来源：中华人民共和国外交部官网：http: //www.fmprc.gov.cn

周期间会见柬埔寨副首相兼内阁办公厅大臣索安。同年8月，柬埔寨国王西哈莫尼访问陕西。同年9月，国务院总理李克强在老挝出席东亚合作领导人系列会议期间会见柬埔寨首相洪森；国务院副总理张高丽在出席第十三届中国－东盟博览会期间会见柬埔寨首相洪森；国务院副总理刘延东在出席首届丝绸之路（敦煌）国际文化博览会期间会见柬埔寨副首相尹财利。同年10月，国家主席习近平对柬埔寨进行国事访问；同年11月，中共中央政治局常委、中央书记处书记刘云山在乌镇出席第三届世界互联网大会期间会见柬埔寨副首相贺南洪。同年12月，柬埔寨副首相贺南洪访华。2017年5月16日上午，国务院总理李克强在人民大会堂同来华进行正式访问并出席“一带一路”国际合作高峰论坛的柬埔寨首相洪森举行会谈。2017年5月17日，国家主席习近平在钓鱼台国宾馆会见柬埔寨首相洪森[①]。

3. 外交往来关系分析

根据中华人民共和国外交部官网显示的新闻统计，2005年至2017年共有210余篇新闻报道涉及中柬两国交往情况。本文通过NVivo软件对汇总后的相关报道进行分析并选择了114个高频词汇，双方高度关注“合作”“发展”“友好”“东盟”“伙伴”“建设”“湄公河”“稳定”“和平”“文化”“互信”“经贸”“投资”“产能”等。其中，“合作”一词出现次数最多，共1179次，占所统计词频的加权百分比为6.04%，表明中柬高度重视两国合作，合作主要内容包括：文化教育合作、文物保护合作、旅游合作、农业合作、港口合作、科技合作、基础设施合作、经贸合作、能源合作、执法安全合作等。

中柬重视邻里伙伴关系和友好往来。“友好”“伙伴”“友谊”“朋友”“邻居”等词分别出现了295次、177次、176次、89次、28次。中国与柬埔寨的友好关系既有历史基础又有民众基础，中柬友谊历久弥坚，已经成为高度互信的好朋友、肝胆相照的好伙伴、和睦友爱的好邻居。中柬是具有战略意义的命运共同体，两国一贯相互尊重、平等相待、相互帮助，致力于谱写中柬全面战略合作伙伴关系的新篇章，以造福两国人民，实现共同发展。

中柬双方区域合作不断增强。“东盟”“湄公河”“澜沧江”等多边合作机制是中柬合作的主要平台。在近年来双边往来新闻报道中出现的词频分别为207次、111次、60次。中国支持柬埔寨通过中国—东盟、联合国、亚欧会议、东亚合作、澜沧江—湄公河合作等多边框架，加强与中国的协调和配合。双方共同努力，聚焦合作，共谋发展，维护本地区和平稳定，打造共享繁荣的命运共同体。

---

① 资料来源：中华人民共和国外交部官网：http：//www.fmprc.gov.cn

中柬双方注重基础设施建设。“建设”“基础”“项目”“设施”作为高频词汇，分别出现 122 次、66 次、66 次、36 次。柬埔寨基础设施建设相对落后，因此需要加强与周边国家的紧密联系，依托东盟经济共同体契机，把握投资机会。同时，中国也可通过“10+1”“10+3”、丝路基金等平台参与到柬埔寨的基础设施投资和建设中。通过项目援助和优惠贷款等手段，加大对柬埔寨交通、通讯、水利、医疗等基础设施的支持力度，深化双边合作，助力柬埔寨经济社会发展和民生改善，更好实现互利双赢。

和平是中柬双方倡导的主题。“稳定”“和平”“沟通”“南海”“安全”出现的频次分别为 95 次、68 次、43 次、33 次、32 次。2018 年是中柬建交 60 周年，多年以来中柬双方始终坚持和平共处五项原则，合作成果丰硕，两国正处于全面稳定发展的新时期，同时中方也高度支持柬埔寨维护国内和平与政治稳定。在双方共同关注的国际事务和问题上，如南海问题、跨国犯罪问题等，中柬两国始终相互理解和支持，注重协调沟通，务实合作，以和平的方式共同解决争议，为地区和平与发展做出了积极贡献。

科技、教育、文化、卫生也受到双方高度关注。中柬非常重视双方在科技、教育、文化、文物、卫生、旅游等领域交流合作，特别强调要加强青少年友好交往，培养中柬友好事业接班人，夯实两国友好的民意基础。两国积极推进科技协作、密切人文交流，推动中柬睦邻友好合作不断迈向新台阶。

此外，中柬积极推进产能、能源、产业、水资源、海洋经济、港口建设等领域合作，以助力柬埔寨经济社会发展和民生改善，不断丰富中柬全面战略合作伙伴关系内涵。“互联互通”“丝绸之路”等词也多次出现，这表明中柬两国致力于构建命运共同体，通过多边合作机制，不断深化两国各领域务实合作，提高区域互联互通水平，实现区域一体化。

表 KH–1　中国与柬埔寨外交往来部分词频列表

单位：%

序号	单词	计数	加权百分比	序号	单词	计数	加权百分比
1	合作	1179	6.04	11	和平	68	0.35
2	发展	623	3.19	12	共同体	58	0.30
3	友好	295	1.51	13	互利	52	0.27
4	东盟	207	1.06	14	文化	49	0.25
5	伙伴	177	0.91	15	南海	33	0.17

续表

序号	单词	计数	加权百分比	序号	单词	计数	加权百分比
6	友谊	176	0.90	16	安全	32	0.16
7	经济	155	0.79	17	产能	30	0.15
8	建设	122	0.63	18	丝绸之路	8	0.04
9	湄公河	111	0.57	19	科技	8	0.04
10	稳定	95	0.49	20	产业	3	0.02

数据来源：中华人民共和国外交部官网新闻

（三）中国与柬埔寨的“五通”状况

1. 政策沟通

近年来，中柬政治互信不断加深，双边各领域合作深入推进。据中国外交部官方网站的消息，在推进战略对接，密切政策沟通方面，中国政府、柬埔寨和老挝政府等签署了共建“一带一路”政府间双边合作规划。中华人民共和国主席习近平于 2016 年 10 月 13 日至 14 日对柬埔寨王国进行国事访问，就新形势下进一步深化中柬全面战略合作伙伴关系及共同关心的国际地区问题深入交换意见，达成广泛共识。

（1）签署文件

访问期间，双方签署了《中柬两国政府经济技术合作协定》《免除柬埔寨政府到期债务的协议》《关于实施中柬友谊医院大楼项目的立项换文》《关于编制共同推进“一带一路”建设合作规划纲要的谅解备忘录》《关于加强合作预防和打击拐卖人口的协定》《对所得避免双重征税和防止逃避税的协定》，两国外交部《关于加强新形势下合作的协议》《关于确认并共同推动产能与投资合作重点项目的协议》《关于开展国内安全执法领域情报信息交流合作的谅解备忘录》《关于监察领域合作的谅解备忘录》《关于开展中柬青年科学家交流计划的谅解备忘录》《关于联合开展水利项目合作谅解备忘录》《海洋领域合作谅解备忘录》《广播电视合作协议》等 31 份合作文件①。

柬埔寨王国首相洪森于 2017 年 5 月 13 日至 17 日对中国进行正式访问。访问期间，国家主席习近平会见了洪森首相，国务院总理李克强同洪森首相举行会谈，全国人大常委会委员长张德江、全国政协主席俞正声分别会见了洪森首相。访问期

① 资料来源：新华网金边 2016 年 10 月 13 日电

间，双方签署了《共同推进“一带一路”建设合作规划纲要》《关于加强基础设施领域合作的谅解备忘录》《关于交通运输领域能力建设合作谅解备忘录》《关于旅游合作的谅解备忘录实施方案（2017 — 2020）》《关于共建中柬联合海洋观测站的议定书》等 13 份合作文件[①]。

国务院总理李克强于 2018 年 1 月 10 日至 11 日对柬埔寨王国进行正式访问。访问期间，两国领导人就双边关系及共同关心的国际和地区问题深入交换了意见，达成广泛共识。两国领导人见证签署了《关于进一步推进中柬技术转移中心建设的谅解备忘录》《关于质量提升合作谅解备忘录》《中柬两国政府经济技术合作协定》《关于实施吴哥古迹王宫遗址修复项目的立项换文》《关于开展“爱心行”项目的谅解备忘录》《关于合作编制柬埔寨现代农业发展规划的谅解备忘录》《关于水稻研究合作的谅解备忘录》《关于在柬埔寨建设珍贵树种繁育中心的协议》等 19 份合作文件[②]。

此外，中柬在东南亚区域合作中还共同签署了《南海各方行为宣言》《中国 - 东盟全面经济合作框架协议之服务贸易协议》《三亚宣言》《澜湄合作五年行动计划（2018—2022）》等文件。

（2）合作机制

1999 年，柬埔寨加入东盟，根据东盟第 31 次经济部长会议的决定，柬、老、缅、越 4 个新成员国按步骤实现自贸区的降税目的，已于 2015 年前把进口关税降到零。根据中国 - 东盟自贸区协议，中柬双方于 2009 年 10 月 1 日起正式启动降税程序。中国于 2010 年 1 月 1 日率先对柬埔寨绝大部分产品实现零关税，柬埔寨 2011 年实行降税，并于 2013 年、2015 年进一步实施降税安排。近年来，在众多发达国家给予普惠制（GSP）和配额优惠的条件下，柬埔寨积极吸引外商投资，努力扩大对外贸易[③]。

2. 设施联通

消息称，在深化项目合作，促进设施联通方面，中国商务部与柬埔寨公共工程与运输部签署关于加强基础设施领域合作的谅解备忘录。中国交通运输部与柬埔寨、巴基斯坦、缅甸等国有关部门签署“一带一路”交通运输领域合作文件。中国国家海洋局与柬埔寨环境部签署关于建立中柬联合海洋观测站的议定书。中国进出口银行与柬埔寨经济财政部、埃塞俄比亚财政部、哈萨克斯坦国家公路公司签署公路项目贷款协议[④]。

① 资料来源：新华社北京 2017 年 5 月 17 日电

② 资料来源：中华人民共和国政府和柬埔寨王国政府联合公报［N］. 人民日报，2018-1-12（3）.

③ 资料来源：对外投资合作国别（地区）指南——柬埔寨（2017 版）

④ 资料来源：中华人民共和国商务部：http：//www.mofcom.gov.cn

（1）空运联通

2016年6月，柬埔寨国会通过了《中国－东盟航空运输协议》，其中批准了第五航权，旨在吸引更多国际航空公司在柬埔寨机场途中经停，上下旅客和装卸货物，吸引更多游客来柬埔寨旅游。对柬埔寨民航事业发展具有重要的意义，使柬埔寨同国际和地区更好实现互联互通。2017年，柬埔寨计划继续加大吸引中国游客力度，中国直飞柬埔寨航班快速增加。截至目前，共有12家中国航空公司直飞柬埔寨，每周约有155个航班，其中直飞金边70趟、暹粒82趟、西哈努克港3趟。中国至柬埔寨的主要航线包括：北京－广州－金边、昆明－南宁－金边、香港－金边、上海－金边、台北－金边、济南－重庆－金边/暹粒、上海－昆明－暹粒[①]。

（2）水路联通

柬埔寨水运分为海运与河运。西哈努克港是柬埔寨唯一的深水海港，也是柬埔寨最大的海港，有21个泊位，码头长度分别为240米和160米，前沿水深9米，该港海运线路可抵达中国以及中国香港多个港口；柬埔寨内陆水系为1750公里，旱季缩减为580公里。全国有7个主要河运港口，包括金边港、磅湛码头、桔井码头、上汀码头、奈良码头、磅清扬码头和重涅码头。2013年1月22日，由中国提供优惠出口买方信贷支持的金边港新建集装箱码头项目竣工。金边港新建集装箱码头距离位于金边以南湄公河畔，距金边市约21公里，码头长300米，宽22米，有两个500吨级货轮泊位，设计年集装箱吞吐量12万个标准箱[②]。

（3）通讯设施联通

此外，2017年4月，《中国－柬埔寨国家海上紧急救助热线建设合作协议》在北京正式签署，并于同年10月31日正式举行了开通仪式，中国－东盟国家海上搜救信息平台也同时上线。该紧急救助热线的开通也意味着，两国海上搜救部门实现了24小时语音、视频和即时信息互联互通，为海上搜救和应急反应提供可靠的通信保障[③]。

3. 资金融通

（1）融资渠道

2013年10月亚洲基础设施投资银行（简称“亚投行”）倡议提出；2014年10月24日，中华人民共和国、柬埔寨、老挝、马来西亚和越南等21国在北京正式签署《筹建亚投行备忘录》；直至2017年12月，亚投行成员数已扩围至88位。2015年11月，中国提出将出资400亿美元成立丝路基金，为“一带一路”沿线国家基础

---

① 资料来源：对外投资合作国别（地区）指南——柬埔寨（2017版）

② 资料来源：对外投资合作国别（地区）指南——柬埔寨（2017版）

③ 资料来源：新华网：http：//www.xinhuanet.com/2017-10/31/c_1121885864.htm

设施、资源开发、产业合作等与互联互通有关项目提供投融资支持；目前，丝路基金新增资金 1000 亿元人民币。中国国家开发银行、中国进出口银行都分别设立“一带一路”专项贷款。

（2）货币互换

目前，中国与柬埔寨尚未签署货币互换协议。柬埔寨政府实施的宽松外汇政策，使外资商业银行获得了较快的发展。中国银行、中国工商银行都已在柬埔寨设立分行，中国发行的银联卡可在当地大型商场、银行使用。总体来说柬埔寨商业银行业务范围相对较窄，尽管能够提供海外资本划拨、信用证开立及外汇服务，但是提供不动产抵押、贷款等服务仍很困难，且借款期限较短，利率较高。柬埔寨货币为瑞尔。1993 年，柬埔寨政府通过并实施《外汇法》，规定汇率由市场调节，近 5 年来，汇率基本稳定在 4000 瑞尔兑 1 美元。美元被允许在市场上流通。近十多年来，美元成为柬埔寨社会的主要交换媒介，流通量占市场货币流通总量的 85% 以上，人民币与瑞尔不可直接兑换，与瑞尔进行结算需以美元搭桥[①]。目前人民币在柬埔寨不能自由流通，中资企业不能使用人民币在柬埔寨开展跨境贸易和投资合作[②]。在加强金融合作，促进资金融通方面，中国国家开发银行与柬埔寨加华银行、马来西亚马来亚银行开展融资、债券承销等领域务实合作[③]。

此外，中国出口信用保险公司柬埔寨财政部等有关国家政府部门及沙特阿拉伯发展基金、土耳其实业银行、土耳其担保银行、巴基斯坦联合银行等有关国家金融机构签署框架合作协议[④]。

（3）双边投资

柬埔寨企业基本没有对华投资，但是中国是柬埔寨排名前列的投资来源地。据统计，2016 年当年中国对柬埔寨直接投资流量 6.26 亿美元，截至 2016 年末，中国对柬埔寨直接投资存量 43.69 亿美元。投资产业主要分布在水电站、电网、通讯、服务业、纺织业、农业、烟草、医药、能源矿产等行业[⑤]。

4. 民心相通

“一带一路”的民心相通可大致归纳为教育、文化、旅游、卫生、科技、就业、非国家行为体交流等。中柬两国政党、议会、军事、文化、教育等交往与合作密

① 资料来源：对外投资合作国别（地区）指南——柬埔寨（2017 版）：23-26

② 资料来源：商务部国际贸易经济合作研究院，商务部对外投资和经济合作司

③ 资料来源：中华人民共和国商务部：：http：//www.mofcom.gov.cn

④ 资料来源：“一带一路”国际合作高峰论坛成果清单

⑤ 资料来源：对外投资合作国别（地区）指南——柬埔寨（2017 版）：23-26

切。翟崑、王丽娜（2016）从旅游活动、科教人文交流、民间往来三个层面来衡量民心相通的程度，经测算，中国与柬埔寨的民心相通建设良好但不均衡①。双方迄今已签署《中柬引渡条约》《中柬文化合作协定》《中柬互免持外交、公务护照人员签证协定》以及文物保护、旅游、警务、体育、农业、水利、建设、国土资源管理等领域的合作谅解备忘录②。

（1）旅游合作

旅游活动与民心相通息息相关，是促进两国交流增进彼此了解的直接方式。旅游人数的增加可反映两国国民之间的好感度、文化的认同度、观念的融合度以及民众交往的密集度③。2017 年 5 月，中国国家旅游局与柬埔寨旅游部签署了《旅游合作备忘录实施方案》。柬埔寨 – 中国签署《2017–2020 年旅游合作备忘录实施方案》的主要内容包括：发展举世闻名吴哥窟所在地区柬埔寨暹粒省旅游区、中方帮助柬方培训中文旅游工作者、组织召开“柬埔寨 – 中国旅游峰会”等④。通过签署上述的备忘录，中柬双方将督促和组织有关旅游大学之间进行互访的活动。中柬双方将于本年（2017）内共同主办“柬 – 中旅游峰会”，将会根据双方的必要情况轮流举办此峰会。柬埔寨旅游部报告显示，2017 年柬埔寨接待中国游客突破百万人次，同比增长 45%，成为柬埔寨客源“大户”，2017 年柬埔寨接待外国游客共 560 万人次，主要集中于柬暹粒省吴哥窟、西港省和东北生态旅游区，中国是柬埔寨最大的客源国，为柬创造了 62 万个直接就业机会。柬旅游表示，柬埔寨把中国视为最重要的国际游客来源市场，希望 2020 年至少接待 200 万人次中国游客。

（2）文化交流

两国文化交流顺畅。2016 年 10 月，位于柬埔寨首都金边的金边中国文化中心正式揭牌。2014 年在国家文化部、云南省委宣传部的支持和中国驻柬大使馆帮助下，新知集团依托该集团的柬埔寨（金边）华文书局建立起了金边中国文化之家。运行两年后，经文化部报请国务院批准从中国文化之家升格为中国文化中心，这是国务院批准的全球第一个从中国文化之家升格为中国文化中心的文化传播机构⑤。2017 年，柬埔寨中华文化交流协会在柬埔寨首都金边成立。柬埔寨中华文化交流协会是

---

① 翟崑，王丽娜．一带一路背景下的中国—东盟民心相通现状实证研究［J］．云南师范大学学报（哲学社会科学版），2016（6）．

② 资料来源：中华人民共和国外交部：http：//www.fmprc.gov.cn

③ 翟崑，王丽娜．一带一路背景下的中国—东盟民心相通现状实证研究［J］．云南师范大学学报（哲学社会科学版），2016（6）．

④ 资料来源：中华人民共和国商务部：：http：//www.mofcom.gov.cn

⑤ 资料来源：新华网：http：//www.xinhuanet.com/politics/2016–10/25/c_129335822.htm

经柬埔寨内政部批准、正式成立的非政府组织。协会会员由旅居在柬埔寨的华人及华侨组成。柬埔寨中华文化交流协会提出，要在遵守柬埔寨法律法规的前提下，努力把自己打造成一个高端的文化交流平台，构建两国传统文化相互联系的重要纽带，并开展非官方的柬中文化领域的交流与合作①。

孔子学院作为推广汉语和传播中国文化与国学的机构，可间接反映柬埔寨民众对中国文化的认可程度。目前，柬埔寨有一所孔子学院：柬埔寨皇家科学院孔子学院；有三个孔子课堂：暹粒省吴哥高中孔子课堂、金边警备旅孔子课堂、警察学院孔子课堂②。

（3）民间往来

两国网民的关注度也可反应中柬两国民心相通的程度。根据百度指数显示，2011 年 1 月至 2017 年 12 月，中国网民对柬埔寨的百度搜索指数在从 2000 持续波动上升至 5000，表明中国网民对柬埔寨保持稳定上升的关注度。2012 年 10 月 15 日，柬埔寨王国前国王诺罗敦·西哈努克去世，中国网民对柬埔寨的关注度飙升至近年最高值，2012 年 10 月 14 日至 10 月 20 日之间，周平均指数为 23331。

友好城市数量可直观地反映两国民众民心相通的程度。柬埔寨与我国 13 个省州，7 个城市建立了友好城市，在亚洲位列第 9 位③。这表明中柬两国人民民众好感度和民心相通现状良好。

总之，中柬双方同意进一步扩大农业、海洋、科技、教育、文化、卫生、旅游、民间交往等领域交流与合作，夯实两国友好的民意基础。同意加强两国青少年友好交往，培养中柬友好接班人，使两国永做好邻居、好朋友、好兄弟、好伙伴。

5. 贸易畅通

柬埔寨自成为东盟成员国和加入 WTO 之后，经济发展较快，进出口贸易连年增长。中国和柬埔寨两国贸易合作也不断升温。目前，中国已成为柬埔寨第一大贸易伙伴、第一大进口来源地和第一大投资来源地。

（1）中柬贸易总额

近年来，中国对柬埔寨货物贸易呈顺差状态，货物出口大于进口。2005 年，中国对柬埔寨货物进出口总额约 5.63 亿美元，其中出口约 5.36 亿美元，进口约 2731 万美元，净出口约 5.09 亿美元（见表 KH–2 和图 KH–1）。2016 年，中国对柬埔寨货物进出口总额约 47.59 亿美元，其中出口约 39.29 亿美元，进口约 8.31 亿美元，净

① 资料来源：中国财经：http：//finance.china.com.cn/roll/20170811/4347509.shtml

② 孔子学院官网：http：//www.hanban.edu.cn/confuciousinstitutes/node_10961.htm

③ 资料来源：中国国际友好城市联合会：http：//www.cifca.org.cn/web/WordGuanXiBiao.aspx

出口约 30.98 亿美元。与 2005 年相比，2016 年中国对柬埔寨货物进出口总额增加约 41.96 亿美元，增长约 744.82%，其中出口增长 632.92%，进口额增长近 30 倍。

表 KH-2 中国对柬埔寨货物进出口贸易情况

单位：百万美元

年份	出口总额	进口总额	净出口	进出口总额
2005 年	536.03	27.31	508.73	563.34
2016 年	3928.69	830.51	3098.17	4759.20

数据来源：联合国商品贸易统计数据库

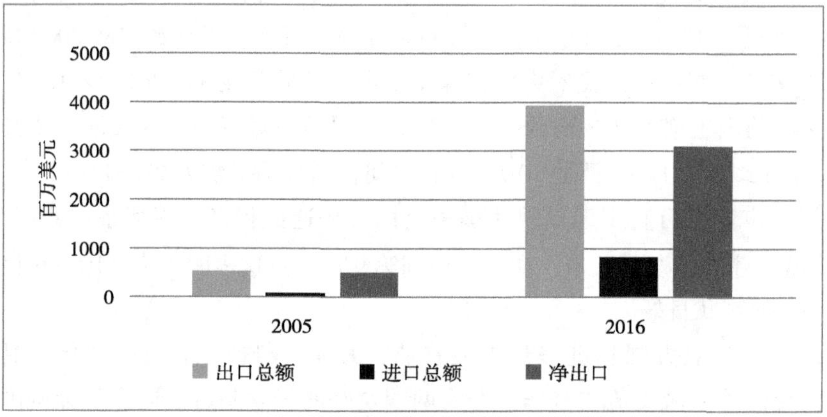

图 KH-1 中国对柬埔寨货物进出口贸易情况

（2）中国出口柬埔寨

2005 年至 2014 年，中国对柬埔寨货物出口呈波动性增长。2005 年至 2008 年，中国对柬埔寨货物出口稳步增长，其中，2008 年中国对柬埔寨出口约 10.96 亿美元，同比增长 23.99%，占中国出口全球市场份额的 0.08%，排名第 87 位。2009 年，受国际金融危机影响，中国货物出口柬埔寨出现负增长，货物出口总额同比下跌 17.20%，排名跌至 92 位。2010 年至 2013 年，中国对柬埔寨货物出口快速增长，其中，2011 年增速高达 71.81%。2014 年，中国对柬埔寨货物出口再次出现负增长，同比下跌 3.95%。2015 年至 2016 年，在世界经济增长持续乏力的背景下，中国对柬埔寨货物出口不降反增。2016 年，中国对柬埔寨出口约 39.29 亿美元，同比增长 4.39%；占中国出口全球市场份额的 0.19%，排名第 58 位。从中国出口全球市场份额和排名来看，柬埔寨在中国出口市场中占据越来越重要的地位，不仅市场份额不断增加，排名也逐步提升（见表 KH-3 和图 KH-2)。

表 KH-3　中国对柬埔寨货物出口情况

单位：百万美元、%

年份	出口总额	增长率	排名	占比
2005 年	536.03	——	75	0.07
2006 年	697.77	30.17	79	0.07
2007 年	883.60	26.63	79	0.07
2008 年	1095.54	23.99	87	0.08
2009 年	907.06	-17.20	92	0.08
2010 年	1347.34	48.54	84	0.09
2011 年	2314.81	71.81	73	0.12
2012 年	2708.10	16.99	68	0.13
2013 年	3409.51	25.90	60	0.15
2014 年	3274.74	-3.95	65	0.14
2015 年	3763.39	14.92	58	0.17
2016 年	3928.69	4.39	58	0.19

数据来源：联合国商品贸易统计数据库

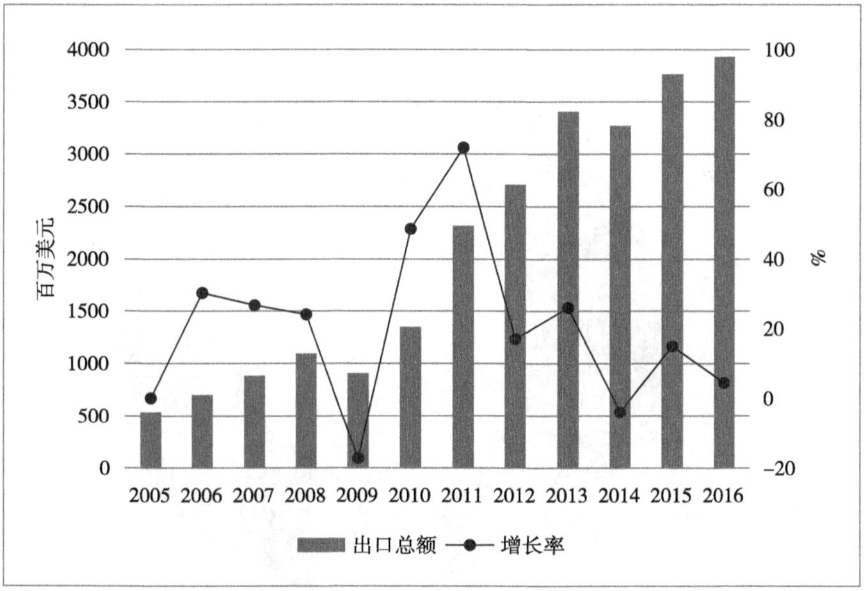

图 KH-2　中国对柬埔寨货物出口情况

2005 年，中国出口至柬埔寨的产品主要有棉花；针织物及钩编织物；化学纤维短纤；机械设备及零件；化学纤维长丝；陶瓷产品；针织服装；特种机织物及刺绣品；

电子电气设备以及肉、鱼、甲壳动物、软体动物制品等。其中，棉花出口额最高，约1.27亿美元，占中国出口至柬埔寨市场总额的23.74%（见表KH–4和图KH–3）。

表 KH–4　2005 年中国对柬埔寨货物出口产品结构

单位：百万美元、%

商品代码	产品名称	出口额	占比	排名
52	棉花	127.23	23.74	1
60	针织物及钩编织物	123.55	23.05	2
55	化学纤维短纤	38.52	7.19	3
84	机械设备及零件	34.28	6.39	4
54	化学纤维长丝	24.51	4.57	5
69	陶瓷产品	22.53	4.20	6
61	针织服装	20.80	3.88	7
58	特种机织物、簇绒织物、花边、装饰带、刺绣品	20.17	3.76	8
85	电子电气设备	18.23	3.40	9
16	肉、鱼、甲壳动物、软体动物及其他水生无脊椎动物的制品	14.31	2.67	10

数据来源：联合国商品贸易统计数据库

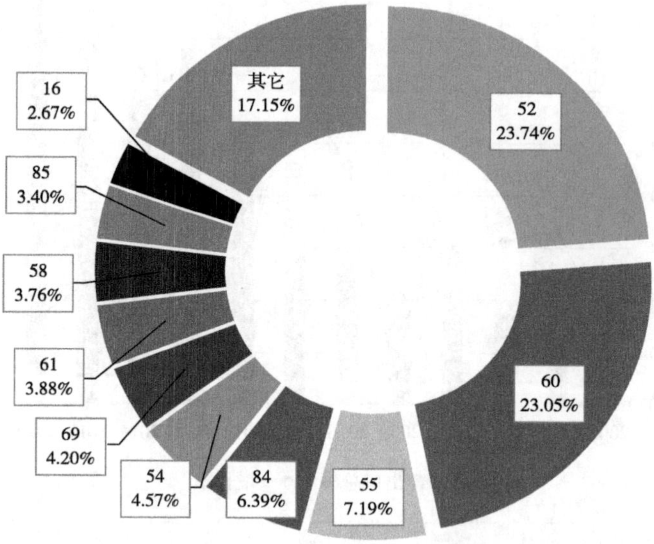

图 KH–3　2005 年中国对柬埔寨货物出口产品结构

2016年，中国出口至柬埔寨的产品主要有针织物及钩编织物；棉花；机械设备及零件；电子电气设备；化学纤维短纤；化学纤维长丝；陶瓷产品；车辆及零件（轨道除外）；针织服装；钢铁制品等。其中，针织物及钩编织物类产品出口额最高，约10.65亿美元，占中国出口至柬埔寨市场总额的27.10%（见表KH-5和图KH-4）。

表 KH-5　2016 年中国对柬埔寨货物出口产品结构

单位：百万美元、%

商品代码	产品名称	出口额	占比	排名
60	针织物及钩编织物	1064.67	27.10	1
52	棉花	397.40	10.12	2
84	机械设备及零件	365.35	9.30	3
85	电子电气设备	281.34	7.16	4
55	化学纤维短纤	157.73	4.01	5
54	化学纤维长丝	150.26	3.82	6
69	陶瓷产品	144.40	3.68	7
87	车辆及零件（轨道除外）	108.53	2.76	8
61	针织服装	103.34	2.63	9
73	钢铁制品	101.00	2.57	10

数据来源：联合国商品贸易统计数据库

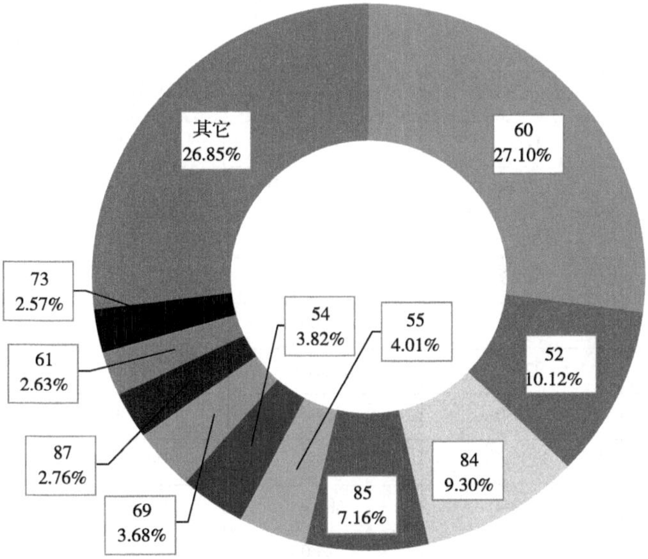

图 KH-4　2016 年中国对柬埔寨货物出口产品结构

与2005年相比，2016年中国出口至柬埔寨的主要产品出口额大幅增长。其中，针织物及钩编织物；机械设备及零件；电子电气设备出口增长最明显，出口额分别增加

9.41、3.31 和 2.63 亿美元，市场份额分别增加 4.05 和 2.90 和 3.76 个百分点，排名分别提升 1 位、1 位和 5 位；棉花；化学纤维短纤；化学纤维长丝；陶瓷产品；针织服装等产品虽然出口额分别增长 212.34%、309.51%、513.05%、541.00%、396.74%，但市场份额却分别减少 13.62、3.17、0.75、0.53 和 1.25 个百分点，排名也纷纷下跌 1 位、2 位、1 位、1 位和 2 位；车辆及零件（轨道除外）以及钢铁制品出口额大幅增加，排名纷纷挤进前十。

（3）中国从柬埔寨进口

2005 年至 2016 年，中国从柬埔寨货物进口大幅增长。其中，2005 年至 2009 年，中国从柬埔寨货物进口总量整体较低，仅 2007 年进口额超过 5000 万美元，约占中国出口市场份额的 0.01%，排名第 113 位。自 2010 年起，中国从柬埔寨进口增速一路攀升，其中 2010 年和 2011 年增速高达 153.79% 和 96.84%。2016 年，中国从柬埔寨进口约 8.31 亿美元，同比增长 24.59%，占中国全球进口市场份额的 0.05%，排名第 76 位，即柬埔寨成为中国第 76 大进口来源国。近年来，中国向柬埔寨进口总量不断增长，市场份额不断增加，排名也不断提升。柬埔寨在中国全球进口市场中占据越来越重要的位置（见表 KH–6 和图 KH–5）。

表 KH–6　中国从柬埔寨货物进口情况

单位：百万美元、%

年份	进口总额	增长率	排名	占比
2005 年	27.31	——	120	0.00
2006 年	35.09	28.51	120	0.00
2007 年	51.07	45.52	113	0.01
2008 年	38.83	–23.97	120	0.00
2009 年	36.89	–4.99	126	0.00
2010 年	93.63	153.79	115	0.01
2011 年	184.30	96.84	109	0.01
2012 年	215.31	16.83	113	0.01
2013 年	363.64	68.89	98	0.02
2014 年	482.92	32.80	95	0.02
2015 年	666.60	38.04	89	0.04
2016 年	830.51	24.59	76	0.05

数据来源：联合国商品贸易统计数据库

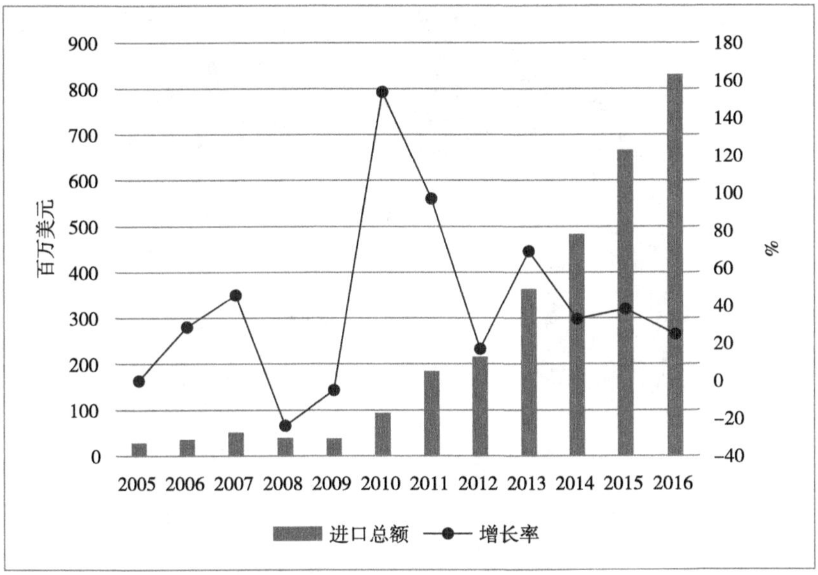

图 KH-5　中国从柬埔寨货物进口情况

2005 年，中国从柬埔寨进口的产品主要有木及木制品、木炭；棉花；橡胶及制品；非针织服装；精油及芳香料制品；鱼、甲壳动物、软体动物、水生无脊椎动物；针织服装；活动物；其他纺织制成品等。其中，木及木制品、木炭进口额最高，约 1110 万美元，占中国从柬埔寨进口市场总额的 40.66%（见表 KH-7 和图 KH-6）。

表 KH-7　2005 年中国从柬埔寨货物进口产品结构

单位：百万美元、%

商品代码	产品名称	进口额	占比	排名
44	木及木制品、木炭	11.10	40.66	1
52	棉花	7.56	27.68	2
40	橡胶及制品	3.13	11.47	3
62	非针织服装	1.79	6.55	4
33	精油及香膏、芳香料制品及化妆盥洗品	1.08	3.97	5
03	鱼、甲壳动物、软体动物、水生无脊椎动物	0.73	2.68	6
61	针织服装	0.28	1.03	7
01	活动物	0.24	0.89	8
63	其他纺织制成品、成套物品、旧纺织品、碎织物	0.22	0.80	9
12	含油籽仁、药用植物、秸秆及饲料	0.16	0.59	10

数据来源：联合国商品贸易统计数据库

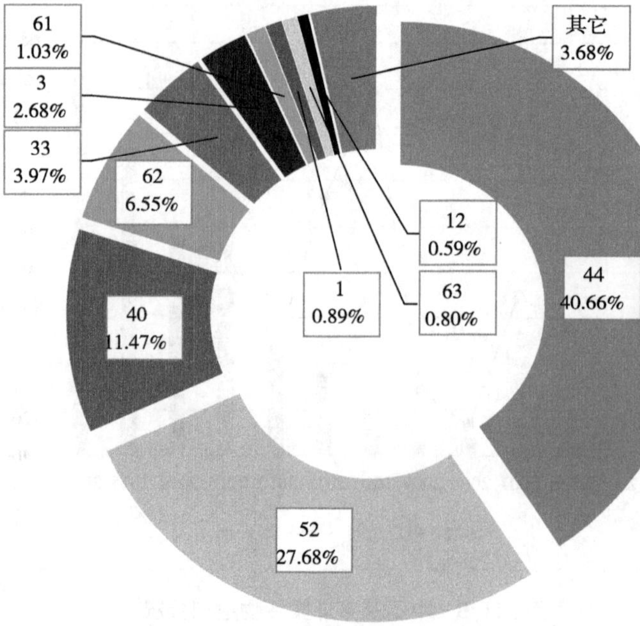

图 KH-6　2005 年中国从柬埔寨货物进口产品结构

2016 年，中国从柬埔寨进口的产品主要有针织服装；毛皮及其制品；精密仪器及设备；电子电气设备；谷物；蛋白类物质；非针织服装；鞋靴类；木及木制品、木炭；食用蔬菜等。其中，针织服装类产品进口额最高，约 1.71 亿美元，占中国从柬埔寨进口市场总额的 20.62%（见表 KH-8 和图 KH-7）。

与 2005 年相比，2016 年中国从柬埔寨进口的主要产品进口额明显增加，结构明显变化。其中，针织服装进口额增加约 1.71 亿美元（2005 年仅 28 万美元），市场份额增加 19.59 个百分点，排名提升 6 位；非针织服装进口额增加 4423 万美元，增长约 25 倍，市场份额却减少 1.01 个百分点，排名下跌 3 位；虽然木及木制品、木炭进口总额增加 602 万美元，但市场份额却大幅减少（减少 38.60 个百分点），排名下跌 8 位。毛皮、人造毛皮及其制品；精密仪器及设备；电子电气设备；谷物；蛋白类物质、改性淀粉、胶、酶；非针织服装；鞋靴；木及木制品、木炭；食用蔬菜等产品进口额明显增加，排名纷纷跻身前十。

表 KH-8　2016 年中国从柬埔寨货物进口产品结构

单位：百万美元、%

商品代码	产品名称	进口额	占比	排名
61	针织服装	171.24	20.62	1

续表

商品代码	产品名称	进口额	占比	排名
43	毛皮、人造毛皮及其制品	145.65	17.54	2
90	精密仪器及设备	109.04	13.13	3
85	电子电气设备	86.47	10.41	4
10	谷物	73.82	8.89	5
35	蛋白类物质、改性淀粉、胶、酶	50.77	6.11	6
62	非针织服装	46.02	5.54	7
64	鞋靴类	39.07	4.70	8
44	木及木制品、木炭	17.12	2.06	9
07	食用蔬菜	15.48	1.86	10

数据来源：联合国商品贸易统计数据库

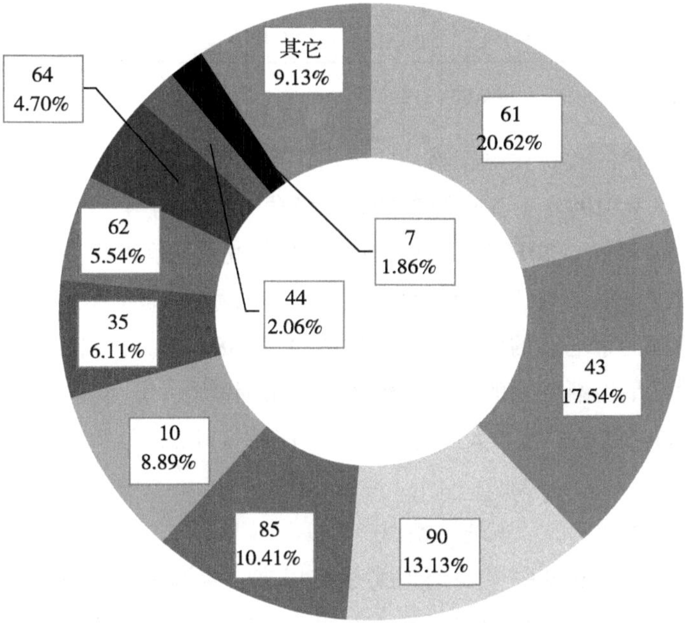

图 KH–7　2016 年中国从柬埔寨货物进口产品结构

（4）中国与柬埔寨的贸易竞争互补关系

中国与柬埔寨的贸易互补关系较弱。2016 年，以中国出口计算的贸易互补指数为 0.1830，在中国与“一带一路”国家贸易互补关系中排名第 48 位。

中国与柬埔寨贸易互补关系呈逐渐增强的趋势。从以中国出口计算的贸易互补指数看，2005 年，中国与柬埔寨贸易互补指数为 0.1264；2016 年为 0.1830。与 2005 年相比，中国与柬埔寨贸易互补指数增长了 44.78%，两国贸易互补关系得到一定提升和改善。

以中国出口计算的贸易互补指数大于以中国进口计算的贸易互补指数，表明有利于中国产品出口，同时有利于柬埔寨产品进口。如表 KH-10 所示，2016 年，以中国出口计算的贸易互补指数为 0.1830，以中国进口计算的贸易互补指数为 0.0658。2005 年，以中国出口计算的贸易互补指数为 0.1264，以中国进口计算的贸易互补指数为 0.0112。

表 KH-9 中国与柬埔寨贸易竞争、互补指数

年份	竞争指数	互补指数	
		以中国出口计算	以中国进口计算
2005 年	0.0198	0.1264	0.0112
2016 年	0.1166	0.1830	0.0658

数据来源：重庆“一带一路”投资与贸易研究实验室

中国与柬埔寨的贸易竞争较弱，两国出口产品结构相似度较低。2005 年，两国贸易竞争指数为 0.0198，不存在激烈的贸易竞争，在中国与“一带一路”国家贸易竞争关系中排第 42 位。2016 年，中国与柬埔寨的贸易竞争指数为 0.1166，贸易竞争关系仍然较弱，在中国与“一带一路”国家竞争关系中排名第 30 位。与 2005 年相比，2016 年中国与柬埔寨的贸易竞争指数增加了 488.89%，排名提升 12 位，表明两国贸易竞争关系呈逐渐变强的趋势。整体上，柬埔寨与中国不具有激烈的贸易竞争关系，两国出口产品结构差异大，有利于中国产品出口。

6. 总结

（1）中国与柬埔寨的“五通”情况

自 1958 年 7 月 19 日中柬两国正式建交以来，两国关系不断深化，于 2010 年 12 月，提升至全面战略合作伙伴关系，双边关系进入新的发展阶段。基于“一带一路”倡议这一发展机遇，中柬两国在“五通”合作共建方面更是取得累累硕果。首先，中柬政治互信不断加深，双边各领域合作深入推进。双方先后通过《关于编制共同推进“一带一路”建设合作规划纲要的谅解备忘录》《共同推进“一带一路”建设合作规划纲要》等合作文件，为以后两国各领域深入合作打下坚实基础。其次，两国基础设施的相互联通状况较为良好，且中国是柬埔寨发展基础设施的重要伙伴。柬方政府迫切希望加强与中方在路桥、水利、电网、港口、码头、机场等基础设施建设领域的合作。第三，在资金融通方面，“亚投行”、丝路基金、“一带一路”专项贷款等为双边资金融通提供更多便利。中国是柬埔寨第一大投资来源地，且中国对柬埔寨投资力度不断提升，投资领域持续扩大。第四，民心相同方面，中国与柬埔寨的民心相通建设良好但不均衡。柬埔寨与我国 13 个省州，7 个城市建立了友好城市，在亚洲位列第 9 位，表明中柬两国人民民众好感度和民心相通现状良好。同时，随着中柬双方旅游人数的增加中国成为柬埔寨旅游客源“大户”，表明两国国民之间好感度的不断增加。第五，两国贸易合作也不断升温。目前，中国已成为柬埔寨第一大贸易伙伴及第一大进口来源地。近年来，中国对柬埔寨货物贸易呈顺差状态，货物出口大于进口。

（2）中国在柬埔寨投资的政治风险

柬埔寨是“21 世纪海上丝绸之路”的重要相关方，是中国重要的全面战略合作伙伴。虽然柬埔寨目前仍属于世界上最不发达的国家之一，经济总量落后，基数小，但其对外开放程度较高，经济增速排名世界第六。目前，中柬两国友谊深厚，双方高层始终保持密切交流。两国关系的发展由政治、安全、战略领域不断延向经贸、文化交流等领域。但是，在柬投资仍然存在政治风险。一是柬埔寨国内政党长期斗争，不止一次爆发武装冲突，导致社会动荡，对在柬投资的中国企业带来一定消极影响。二是十多年来，柬埔寨在东盟中一直充当平衡者的角色，避免东盟国家与中国纠纷扩大化，柬也因此受到来自东盟国家的谴责，承受巨大的外交压力，未来柬埔寨是否还能坚持在东盟国家中做中国利益的支持者，具有一定变数。三是美柬关系升温加速，美国不断扩大在柬影响力，北可遏制中国影响力南下，东可影响南海问题，西入印度洋，南抵印尼、马来西亚甚至澳大利亚[①]。美国不断扩大对柬埔寨的援助，我方应予以关注。

总之，中柬两国在传统友谊及高层交往的基础上，随着“一带一路”建设的推进，以及“一带一路”倡议与柬埔寨“四角战略”、《2015–2025 工业发展计划》高度契合，双方在经贸投资、互联互通、能源资源等重点领域合作蓬勃健康发展，双边全面战略合作伙伴关系被推上了新的历史高度。相信在两国领导人的有力领导下，中柬双方发展规划必将加快完善对接，两国经济互补优势亦将充分释放，从而在新的发展阶段取得更加丰硕的合作成果。

---

① 资料来源：中国网（观点中国）：http：//opinion.china.com.cn/opinion_17_136517.html

四、中国与缅甸历史渊源与“五通”状况研究

缅甸（Myanmar）于公元 1044 年形成统一的国家，1948 年 1 月 4 日脱离英联邦宣布独立，成立缅甸联邦。缅甸位于亚洲东南部，中南半岛西部，西南临安达曼海，西北与印度和孟加拉国为邻，东北靠中国，东南接泰国与老挝。缅甸是东南亚陆地面积最大的国家，国土面积为 67.6 万平方公里。缅甸矿产资源、水力资源、森林资源和海洋资源丰富。2016 年缅甸人口总数约 5300 万人，全国共有 135 个民族，缅族为主要民族，占人口总数的 65%。缅甸语为国语，85% 以上的人信仰佛教。2016 年缅甸人均 GDP 为 1193 美元，属于中下等收入国家。1950 年 6 月 8 日中缅建交，近年来两国各领域交往频繁，合作领域也不断深化[①]。

（一）中国与缅甸的历史渊源

1. 秦汉时期

中国与缅甸友好往来由来已久。两国壤地相接，山水相连，因此建立了亲密的友谊关系。双方在政治、经济、文化等各个领域都交流顺畅。中缅两国往来最早可追溯到秦汉时期。根据《史记》记载，早在公元前 2 世纪，中国、缅甸、印度三国间就存在一条陆路通道，中国与印度之间的往来，通过云南和缅甸，从而促进中国、缅甸、印度的经济文化交流。同时，根据《三国志 · 魏志》记载，有一条从海上经缅甸的伊洛瓦底江的内河航道直抵永昌，再转到中国各地的海上交通线。陆路交通和海上交通，为中缅两国友好往来和贸易文化交流创造了良好的条件[②]。公元94 年，中缅两国正式建立邦交。在汉代，缅甸称为掸国，据记载，掸国国王分别于公元 94 年、97 年、107 年、120 年和 130 年派遣使者到中国，并带来了大象、犀牛、

① 资料来源：中华人民共和国商务部走出去公共服务平台：http：//fec.mofcom.gov.cn

② 方国瑜 . 古代中国与缅甸的友好关系［J］. 东南亚，1984（4）.

缅甸珍宝、音乐、魔术等，汉帝国回赠了“金印紫绶”，两国邦交至此展开，为以后中缅关系的发展奠定了基础。

2. 魏晋南北朝时期

魏晋南北朝到唐代，缅甸称为骠国，这个时期中缅关系得到进一步发展。缅甸是信奉佛教的国家，魏晋南北朝时期我国的佛教文化达到极盛时期，其中缅甸起到了重要桥梁作用[①]。8世纪前期，位于云南地区的南昭王国崛起，据《云南志》记载，骠国主要通过南昭与唐朝进行友好往来。公元802年，骠国国王派遣舒难陀王子带领文化使团访问中国，并在唐朝宫廷进行表演，轰动长安城。唐代著名诗人白居易赋诗《骠国乐》，将中缅文化交流推向了高潮。此后，两国使节来往频繁，中缅长期维持着友好关系。据两国史籍记载，南昭曾与骠国发生过战争，但这只是例外，大部分时间两国是友好关系。尤其是公元858年段宗榜出兵帮助南昭击退狮子国，至此两国的亲密邦交关系达到了互结同盟的程度[②]。

3. 宋朝时期

宋朝时期，蒲甘崛起，建立了一个王朝。由于大理国的强盛，中缅陆路交通虽未中断，但却受到阻碍，因此两国联系主要以海路为主，海陆交通的发展，促进了中缅友好往来，两国使者来往密切，经济文化交流得到进一步发展。公元1004年，蒲甘王国遣使向北宋朝贡；1044年，阿奴律陀到云南大理求取佛牙；1103年，蒲甘使节到宋朝求取经籍和药书。公元1105年、1115年与1156年，蒲甘分别向宋朝进贡了香料、白象等，这时期，缅甸与宋王朝和大理的关系都非常密切，本质上来看，中缅两国的贸易交换带有“朝贡”性质[③]。

4. 元明清时期

元明清时期，中缅由于领土纠纷先后爆发了几次战争。元朝时，蒲甘与元接壤，双方因领土问题矛盾激化，元军胜利后，建立了缅中行省，控制着缅甸；明代时，随着王朝强盛，缅甸入侵云南边境，两国战争持续了数十年，最后以明朝战败告终；清朝时，缅甸再次入侵领土，爆发了长达四年的“花马礼”战争，最后以清缅合约告终。19世纪，英国三次对缅甸发动战争，并建立了殖民地，与此同时，中国也在中英战争中逐渐沦为半殖民半封建社会。二战时期，中国派出远征军赴缅，与缅甸人民共同抗日，击退了日军，赢得了抗战胜利[④]。中缅在反抗共同敌人中建立

---

① 陈炎．中国同缅甸历史上的文化交流（上）［J］．文献，1986（03）．

② 肖泉．中国和缅甸的历史关系［J］．暨南大学学报（哲学社会科学版），1980（02）．

③ 陈炎．中国同缅甸历史上的文化交流（上）［J］．文献，1986（03）．

④ 龚赵国．中缅两国关系发展浅析［J］．才智，2015（30）．

了战斗友谊，这也为中缅其他领域的交流奠定了坚实的基础。

（二）中国与缅甸的现实往来

1. 中缅建交阶段

自古以来，中缅人民就以“胞波”相称。新中国成立后，缅甸是第一个承认新中国的非社会主义国家，也是第一个与中国签订边界条约及友好和互不侵犯条约的国家，1950 年 6 月 8 日中缅两国正式建交，成为第 16 个与中国建交的国家[①]。建交后，中缅两国友好关系继续稳步发展，两国各领域务实合作不断深化。20 世纪 50 年代，中缅共同倡导了和平共处五项原则，60 年代，两国本着友好协商、互谅互让精神，通过友好协商圆满解决历史遗留的边界问题，为国与国解决边界问题树立典范。

2. 中缅全面战略合作伙伴关系升级阶段

2011 年 5 月，时任缅甸总统登盛访华，双方决定建立全面战略合作伙伴关系[②]。近年来，两国高层保持密切交往。登盛在总统任内共 7 次来华，3 次为国事访问。2015 年 4 月，习近平主席在印尼出席亚非领导人会议和万隆会议 60 周年纪念活动期间会见登盛总统（时任）。同年 5 月，杨晶国务委员访问缅甸。同年 6 月，应中国共产党邀请，昂山素季主席率民盟代表团首次访华。同年 9 月，登盛总统（时任）来华出席中国人民抗日战争暨世界反法西斯战争胜利 70 周年纪念活动。2016 年 3 月，李克强总理会见来华出席澜沧江 – 湄公河合作首次领导人会议和博鳌亚洲论坛年的赛茂康副总统（时任）[③]。缅甸新政府成立后，2016 年 4 月，王毅外长访缅。同年 7 月，李克强总理在乌兰巴托出席第 11 届亚欧首脑会议期间会见缅甸总统吴廷觉，王毅外长在东亚合作系列外长会期间会见缅甸外长昂山素季。同年 8 月，缅甸国务资政昂山素季访华，习近平主席和张德江委员长分别会见了昂山素季，李克强总理与昂山素季举行会谈并签署了有关双边合作文件。同年 9 月，张高丽副总理会见出席中国 – 东盟博览会的缅甸副总统敏瑞，国务委员郭声琨赴缅主持第五次中缅执法安全合作会议。同年 10 月，习近平主席在印度出席金砖国家领导人第八次会晤期间会见昂山素季国务资政。同年 11 月，外交部副部长刘振民赴缅同缅方共同主持中缅外交国防 2+2 高级别磋商首次会议，2017 年 4 月，缅甸总统廷觉访华，习近平主席和

---

① 范宏伟 . 从外交部解密档案看建交初期（1949 ~ 1953）的中缅关系［J］. 云南社会科学，2008（02）.

② 资料来源：中华人民共和国外交部官网：http：//www.fmprc.gov.cn

③ 资料来源：中华人民共和国商务部走出去公共服务平台：http：//fec.mofcom.gov.cn

李克强总理分别会见了廷觉[①]。

3. 中缅往来关系分析

根据中华人民共和国外交部官网显示的新闻统计，2005年至2017年，共有208篇新闻报道中缅两国交往情况。本文通过NVivo软件对汇总后的所有新闻进行分析并统计出95个高频词汇，双方高度关注“合作”“关系”“友好”“东盟”“和平”“建设”“问题”“湄公河”“安全”“经贸”“投资”“文化”“产能”“园区”“铁路”等。其中。“合作”一词出现次数最多，共1317次，占所统计词频的加权百分比为5.51%，这表明中缅两国高度关注双方合作。合作的主要内容涵盖：边境合作区合作、澜沧江—湄公河合作、水资源合作、港口合作、科技合作、文物保护合作、文化合作、基础设施合作、经贸合作、能源合作、农业合作、金融合作、教育合作等。

（1）友好往来

中缅重视双边关系和友好往来。“关系”一词出现664次。双方都致力于进一步推进中缅关系与全面战略合作伙伴关系迈上新台阶，推动亚欧新型伙伴关系的发展。“友好”“伙伴”“友谊”“互利”“互信”分别出现353次、163次、113次、103次、59次，双方外交新闻多次表明两国是邻国友好关系。中缅两国友好源远流长，两国始终坚持互利互信，不断促进中缅友好关系发展。

（2）加强区域合作

中缅双方高度重视区域合作。“东盟”“湄公河”“澜沧江”“东亚”等多边合作机制是中缅合作的主要平台。在近年来双边往来新闻报道中出现的词频分别为275次、110次、46次、45次。双方旨在加强和协调多边合作协调，增进政治互信。深化中国—东盟战略伙伴关系，加强澜沧江－湄公河合作，促进湄公河次区域发展，推进东亚合作进程。通过加强沟通，扩大边贸、农业、卫生、教育等领域交流与合作，共同维护边境地区的和平与稳定，增进两国人民友谊，促进共同发展。

（3）维护地区与边境和平稳定

中缅双方注重地区和边境的和平、安全与稳定。“稳定”“和平”“边境”“安全”出现的频次分别为236次、234次、108次、101次。中缅建交67年以来，两国来往始终坚持和平共处五项原则，永远做好邻居、好朋友、好胞波、好伙伴。针对缅北问题和若开邦问题，双方希望通过现有的交流磋商机制，保持沟通与协调，加强合作。同时依靠中缅经济走廊，形成中缅边境经济合作区、仰光新城和皎漂经济特区三端支撑、三足鼎立的大合作格局，以地区发展来解决地区冲突；针对跨国犯罪和恐怖主义

---

① 资料来源：中华人民共和国外交部官网：http：//www.fmprc.gov.cn

问题，中缅双方表示都实施严厉打击，共同维护边境地区和平稳定。

（4）强化基础设施建设

中缅双方注重基础设施建设。“建设”“基础”“设施”“投资”作为高频词汇，分别出现 183 次、126 次、63 次、49 次。缅甸希望中国通过亚洲基础设施投资银行与中缅经济走廊等合作，加大对缅甸的基础设施投资，推进中缅公路、伊洛瓦底江陆水联运、中缅油气管道、密松水电站等大项目合作，提升基础设施建设和互联互通水平。同时，双方也重视钢铁、水泥、交通等方面的合作，中国通过给予缅甸先进的工业装备和富余的产能支持，强化缅甸基础设施建设。

（5）重视产业合作

双方重视产业合作。从“农业”“工业”“产业”“园区”等高频词汇可知，中缅非常重视双方产业发展。中缅双方将深化农业合作，加强农业技术交流，通过建设优质高产示范田和优良农作物品种示范站，帮助缅甸提升农业发展水平，支持缅甸农业现代化，使更多民众获益。目前，缅甸还处于工业化初期，对中国先进的工业装备和富裕的成熟产能需求较大，中缅合作有利于推动缅甸工业化进程。同时双方致力于推进国际产能合作，以产业园区建设为平台，提升中缅产业在全球的竞争力。

（6）科教文卫交流

科技、教育、文化、卫生也受到双方高度关注。中缅合作互补性强，中缅双方应扩大文化、教育、卫生、宗教等人文领域交流，筑牢两国民心相通的桥梁。两国政府积极推进高科技等领域合作，同时也鼓励文化交流与合作，通过互设文化中心，开展形式多样的文化交流活动，进一步夯实中缅友好的民意基础。

此外，“互联互通”“丝绸之路”“一体化”等词也多次出现。表明中缅双方共同致力于打造命运共同体，维护区域和平、稳定与发展。两国在传统友好交往的基础上，通过双边和多边合作机制，推进互联互通、改善民生等项目，不断扩大合作领域，推动中缅全面战略合作伙伴关系，以更好服务各自发展稳定。

表 MM-1　中国与缅甸外交往来部分词频列表

单位：%

序号	单词	计数	加权百分比	序号	单词	计数	加权百分比
1	合作	1317	5.51	12	安全	101	0.42
2	关系	664	2.78	13	经贸	94	0.39
3	友好	353	1.48	14	共同体	68	0.28
4	东盟	275	1.15	15	农业	51	0.21

续表

序号	单词	计数	加权百分比	序号	单词	计数	加权百分比
5	和平	234	0.98	16	投资	49	0.20
6	建设	183	0.77	17	文化	39	0.16
7	问题	162	0.68	18	产能	15	0.06
8	维护	141	0.59	19	互补	13	0.05
9	湄公河	110	0.46	20	园区	13	0.05
10	边境	108	0.45	21	铁路	7	0.03
11	互利	103	0.43	22	一体化	6	0.03

数据来源：中华人民共和国外交部官网新闻

（三）中国与缅甸的“五通”状况

1. 政策沟通

中缅两国友好关系始终保持着稳步发展态势，两国各领域务实合作不断深化，对中国各项政策的理解认同不断提升，合作共建意识持续升温。

（1）签署文件

两国签署的重要双边文件主要有：1974 年《关于边境贸易的谅解备忘录》、1995 年 6 月《中华人民共和国政府和缅甸政府关于农业合作的协定》、1997 年 5 月《中华人民共和国政府和缅甸联邦政府关于成立经济贸易和技术合作联合工作委员会的协定》、2000 年 2 月《中华人民共和国政府和缅甸联邦政府农业合作谅解备忘录》、2000 年 11 月《中华人民共和国政府和缅甸联邦政府建交公报》、2001 年 7 月《中缅两国关于开展地质矿产合作的谅解备忘录》、2001 年 12 月《中华人民共和国政府和缅甸联邦政府渔业合作协定》、2004 年 3 月《中华人民共和国政府和缅甸联邦政府关于促进贸易、投资和经济合作的谅解备忘录》、2004 年 7 月《关于信息通讯领域合作的谅解备忘录》、2006 年 2 月《中缅航空运输协议》、2011 年 12 月《中华人民共和国政府和缅甸联邦共和国体育部体育合作协议》、2014 年《互设文化中心备忘录》等[①]。

① 资料来源：中华人民共和国外交部官网：http：//www.fmprc.gov.cn

（2）沟通机制

2017年11月，中国提出建立“人字形”中缅经济走廊，打造三端支撑、三足鼎立的大合作格局。“人字形”双边合作机制的建成，有利于实现缅甸的和平、稳定与发展[①]。与此同时，中国和缅甸还通过亚欧会议、亚洲合作对话、大湄公河次区域经济合作、澜沧江－湄公河合作、中印缅孟经济走廊等多边合作机制，以及中国－东盟博览会等国际论坛，不断深化和拓展合作领域，推动双方关系持续发展。

2. 设施联通

中国与缅甸的基础设施互联互通日趋完善，陆路、水上、航空、能源和通讯互联互通网络构建进展顺利，中缅互联互通水平稳步提高。

（1）交通基础设施

陆路通道进展迅速。公路方面，目前中缅有西线和北线三条跨境公路在建设中。西线有两条公路：第一条是从中国昆明－保山－瑞丽－缅甸（木姐）－腊戌－曼德勒－标贝－马圭－皎漂，全长1904公里；第二条路线是从中国昆明－临沧－清水河－缅甸腊戌－曼德勒。北线主要从中国昆明－腾冲－缅甸密支那－印度雷多－孟加拉国达卡－印度加尔各答，衔接南亚交通网络，全长2529公里。铁路方面，目前中缅两国之间还没有互通的边境铁路，中缅国际铁路还在规划中，中缅国际铁路通道是泛亚铁路网东亚铁路与东南亚、南亚铁路连接的重要组成部分，该通道的起点为云南昆明，终点为仰光，全长1920公里[②]。

水运航线网络逐渐优化。缅甸的内河流域面积较大，港口发展较为成熟，其中伊洛瓦底江是占全国面积的60%，仰光港是缅甸最大的海港。中缅的水路航道互通状况良好，目前有两条航道连通着中缅。第一条是澜沧江－湄公河国际航道，全长4908千米，其中中缅共享31公里界河。缅甸处于湄公河上游，湄公河流经缅甸的东部山区，随着“一带一路”倡议的持续推进，澜沧江－湄公河国际航道的地位大大提升，也有助于缅甸与其他国家的贸易开展；第二条是中缅伊洛瓦底江的陆水联运通道，从云南瑞丽－缅甸八莫码头－伊洛瓦底江水路－仰光港。陆水联运体系有利于中缅两国贸易发展，同时也有利于缅甸国内货物和人员的流动[③]。

航空枢纽布局日趋完善。缅甸全国有大小机场共73个，其中，仰光、内比都和曼德勒为国际机场。目前，中国飞往缅甸的航线主要包括：中国国际航空公司两条

---

① 资料来源：中国一带一路网：https：//www.yidaiyilu.gov.cn

② 姚勤华．中缅交通互联互通现状与前景分析——以云南基础设施建设为视角［J］．社会科学，2017（05）．

③ 李晨阳，杨祥章．中国与周边国家互联互通建设的进展、挑战与前景［J］．战略决策研究，2015，6（04）．

航线，北京－仰光、昆明－仰光；东方航空公司的四条航线，昆明－仰光、昆明－曼德勒、南宁－仰光、昆明－内比都；南方航空公司的一条航线，广州－仰光[①]。

（2）通信能源等基础设施

能源通讯管网不断完善。油气管道方面，2013 年 7 月，中缅天然气管道顺利实现通气，2015 年 1 月，中缅原油管道全线贯通并进入试投产，2017 年 4 月，马德岛原油码头开港投运，原油管道正式打通[②]；电网联网方面，缅甸丰富的水能资源与中国远距离输电的先进技术，推动中国与缅甸电力能源合作。2017 年 11 月，国家电网赴缅建立了电网，中缅两国跨境输电线路项目的建设进一步提高了双方的互联水平[③]；通讯互联方面，2014 年 11 月，中缅国际陆地光缆工程全线贯通，进一步完善了我国与周边国家的通讯联通格局。

3. 资金融通

（1）融通渠道

中国与缅甸的资金融通建设较为顺畅。在融资渠道方面，中缅可以通过亚洲基础设施投资银行、“一带一路”专项资金以及亚洲金融合作协会等平台进行资金融通。2015 年 6 月 29 日缅甸正式签署《亚洲基础设施投资银行协定》，亚洲基础设施投资银行（简称“亚投行”）能够为缅甸的基础设施和互联互通建设提供相应资金；其次，根据“一带一路”国际合作高峰论坛成果显示，“一带一路”专项贷款逐渐设立，丝路基金资金不断增加，为“一带一路”沿线国家资金融通提供更多渠道和机会；而亚洲金融合作协会的成立，促进了亚洲国家间“联通合作，共治共享”，有利于稳定区域金融，更有力的支撑区域实体经济发展[④]。

（2）金融合作

为促进双边贸易与投资便利化，中缅银行不断加强金融合作。尽管截至 2015 年末，缅甸的银行尚未在华设立分支机构，双边的监管部门也未签署相应的合作协议，但是双边的金融合作依然取得了一些成效。2009 年 9 月，工商银行云南省分行、建设银行云南省分行、农业银行云南省分行与缅甸经济银行开立人民币结算账户协议；2010 年 9 月工商银行德宏分行与缅甸经济银行木姐分行和腊戌分行签署了人民币结算合作协议[⑤]；2011 年工商银行在缅甸设立了代表处、2015 年6 月中国工商

---

① 资资料来源：中华人民共和国商务部走出去公共服务平台：http：//fec.mofcom.gov.cn

② 李晨阳，杨祥章 . 中国与周边国家互联互通建设的进展、挑战与前景［J］. 战略决策研究，2015，6（04）.

③ 资料来源：缅华网：http：//www.mhwmm.com/Ch/

④ 资料来源：“一带一路”国际合作高峰论坛 .

⑤ 资料来源：网易新闻：http：//www.163.com

银行在仰光设立了分行、2015年9月中国银行在仰光设立了代表处①。双方银行签订的一系列双边本币代理清算协议，能够降低货币兑换的交易成本，减少因汇率波动带来的风险。

（3）对外直接投资

“一带一路”倡议提出以来，中国对缅甸投资增幅较大。据中国商务部统计，2016年中国对缅甸直接投资流量为2.88亿美元。截至2016年底，中国对缅甸直接投资存量46.2亿美元，是缅甸外资来源国第一大国，在中国对东盟十国直接投资存量中排名第5，在中国对“一带一路”沿线国家的直接投资存量中排名第9。中国对缅甸的投资行业主要集中在采矿业、电力/热力/燃气及水的生产供应业等，具体的投资领域为矿业资源开发、加工制造业、油气资源勘探开发、油气管道、水电资源开发等②。中国对缅工程承包业务持续增长。2016年，中国企业在缅甸新签承包工程合同157份，新承包合同额28.08亿美元，同比增长41.7%，营业额达到19.17亿美元，同比增长1.2%③。中国在缅甸投资的企业主要有中石油东南亚管道公司、中石化、中国电力投资公司、长江三峡集团、中国水电建设集团、重工国际、葛洲坝集团、中国机械进出口总公司等④。缅甸财政资金有限，对外投资力度较小，但随着中缅合作的不断深化，缅甸对华投资也有所增长。截至2016年末，缅甸对华投资企业由去年的5个增加到34个，项目数达到284个，实际投资额为11549万美元。

4. 民心相通

“民心相通”是最基础、最坚实、最持久的互联互通。增强“一带一路”的民心相通，可以通过加强科学教育、旅游文化、环保卫生、民间交流、智库等渠道实现。翟崑、王丽娜从旅游活动、科教交流、民间往来三个层面来测算民心相通的程度，研究表明中国与缅甸的民心相通指数总体水平较低，但存在较大的潜力⑤。

（1）旅游合作

2000年缅甸与中国签订旅游协定，此后两国在推动跨境旅游业发展等方面不断加强战略合作。根据缅甸旅游部数据显示，2016年，中国赴缅游客达到49.87万人次，是赴缅外国游客的第二大来源国，但是较2015年减少32.42万人次⑥。

---

① 资料来源：中国银行业监督管理委员会：http：//www.cbrc.gov.cn/index.html

② 资料来源：2016年度中国对外直接投资统计公报.

③ 资料来源：中华人民共和国驻缅甸经商参处

④ 资料来源：中华人民共和国商务部走出去公共服务平台：http：//fec.mofcom.gov.cn

⑤ 翟崑，王丽娜.一带一路背景下的中国—东盟民心相通现状实证研究［J］.云南师范大学学报（哲学社会科学版），2016（6）.

⑥ 数据来源：资料来源：中华人民共和国驻缅甸经商参处.

（2）文化交流

文化交流是最有效的桥梁和纽带。通过建立文化交流网，加强语言互通，传播汉语文化，增进相互了解从而实现真正意义上的民心相通。孔子课堂为缅甸人民了解中国文化提供了平台，孔子课堂的授课对象主要以青年学生为主，能够间接反映青年精英的交流状况以及对中国文化的认可程度。目前，中缅文化交流还处于初级阶段，中国在缅甸虽然没有设立孔子学院，但分别于2008年和2013年在仰光开设了两个孔子课堂，于2008年在曼德勒开设了一个孔子课堂（见表MM-2）。

表MM-2　缅甸孔子课堂分布情况

课堂名称	签署时间	合办机构	地区
福星语言电脑学苑孔子课堂	2008年2月15日	华侨大学	仰光
福庆语言电脑学苑孔子课堂	2008年2月3日	云南大学	曼德勒
东方语言与商业中心孔子课堂	2013年11月25日	云南师范大学	仰光

资料来源：孔子学院总部官方网站：http：//www.hanban.edu.cn

（3）人才交流

智库交流也是人文交流的重要领域。2017年5月10日，首届中缅智库高端论坛在芒市举行。该论坛围绕“民心相通与中缅合作”主题，共同探讨中缅交流交往的重大课题，为双方高层的决策提供可借鉴和可参考的建议[①]。同时，通过双边智库交流合作平台提高中缅人文交流和民心相通程度。

（4）民间往来

民间来往主要是通过百度指数和友好城市数量来反映中缅两国民众的相交程度。互联网的发展，拉近了世界人民的距离，人们通常可以通过网络来获取各自所需信息，并且当前世界各地网民数量占比较大，因此具有一定的代表性[②]。

百度指数是以网民在百度的搜索量为数据基础计算出的加权和，反映了网民的主动搜索需求。根据百度指数显示，2011年1月至2017年12月，中国网民对缅甸的百度搜索指数平均维持在3400左右。从总的关注度来看，中国网民对缅甸的关注度有所增长，从2011年的1392，上升到2017年的3080。从搜索指数的变动趋势来看，整体较为平稳，偶尔呈现较高的关注度。其中，2015年1月至4月，2016年11

① 资料来源：新华网：http：//www.xinhuanet.com/local/2017-05/11/c_129601109.htm

② 翟崑，王丽娜．一带一路背景下的中国—东盟民心相通现状实证研究［J］．云南师范大学学报（哲学社会科学版），2016（6）．

月出现了爆发式增长[①]。

2015 年是中缅建交 65 周年，然而从年初开始，中缅关系就遭遇了滑铁卢。先是缅甸政府在中缅边境开展非法伐木清理活动时抓捕中国工人，后有缅甸军队同缅北果敢地区有关武装团体在中缅边境地区持续交火，酿成缅军机炸弹落入中方境内，造成中方无辜平民死伤事件[②]。2016 年 11 月 20 日，缅北武装冲突事件爆发，缅北民地武与政府军间的武装冲突致使零星流弹落入中方，并导致一名中国边民手臂受伤。两阶段的事件都引起了国内民众和媒体的强烈关注。

友好城市数量也能够直观地反映两国民众民心相通的程度。根据数据统计，缅甸 1 个省州，7 个城市与我国建立了友好城市关系[③]。间接反映出中缅两国民众好感度和民心相通现状较为乐观。

5. 贸易畅通

（1）中缅贸易总额

近年来，中缅两国货物贸易关系不断紧密。根据联合国贸易商品数据统计库显示，2016 年，中国以 40.84% 的市场份额，成为缅甸第一大出口国；以 34.42% 的市场份额，成为缅甸第一大进口来源国[④]。

由表 MM–3 可知，2005 年，中国对缅甸货物进出口总额为 12.09 亿美元，其中出口为 9.35 亿美元，进口为 2.74 亿美元，净出口为 6.61 亿美元。2016 年，中国对缅甸货物进出口总额为 122.86 亿美元，其中出口为 81.88 亿美元，进口为 40.98 亿美元，净出口约 40.9 亿美元。从贸易总量来看，与 2005 年相比，2016 年中国对缅甸货物进出口总额增加约 110.77 亿美元，增长约 916.21%，其中出口增长 775.72%，进口增长 1395.62%；从货物贸易的平衡状况来看，中国与缅甸整体上货物出口大于进口，贸易顺差明显，且贸易顺差有扩大的趋势。2016 年贸易顺差较 2005 年扩大 34.29 亿美元（见图 MM–1）。

表 MM–3　中国对缅甸货物进出口贸易情况

单位：亿美元

年份	出口总额	进口总额	净出口
2005 年	9.35	2.74	6.61
2016 年	81.88	40.98	40.90

数据来源：联合国商品贸易统计数据库

① 资料来源：百度指数：http：//index.baidu.com

② 资料来源：中华人民共和国外交部官网：http：//www.fmprc.gov.cn

③ 资料来源：中国国际友好城市联合会 http：//www.cifca.org.cn/web/index.aspx

④ 数据来源：联合国商品贸易数据库：https：//comtrade.un.org

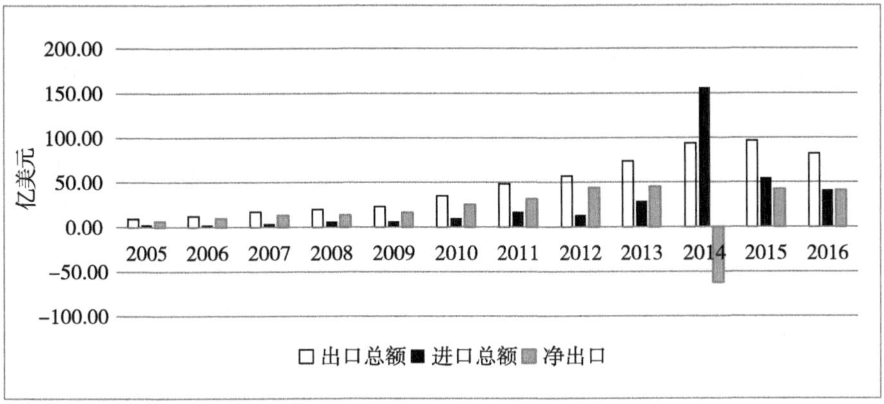

图 MM-1　中国对缅甸货物进出口贸易情况

（2）中国出口缅甸

2005 年至 2016 年，中国对缅甸货物出口总体上呈现波动增长态势。2005 年至 2007 年，中国对缅甸货物出口总额和增长速度逐年增加，占中国出口全球市场份额均值变动不大，基本保持在 0.12% 的水平。2008 年至 2009 年，受次贷危机的影响，中国对缅甸货物出口增长率骤降，从 2007 年 40.81% 的高增长下跌至 16.33% 和 14.33%，但占中国出口全球市场份额有所提升。2010 年，随着世界经济回暖，中国对缅甸货物出口呈现恢复性增长，增长速度达到 53.70%。2011 年至 2015 年，世界经济增速回归到正常水平，中国对缅甸货物出口总量增加，占中国出口全球市场份额也逐年上升，但增速却逐年下降。2016 年，中国对缅甸货物出口有所下降，呈现出负增长态势，占中国出口全球市场份额也在下降（见表 MM-4 和图 MM-2）。

表 MM-4　中国对缅甸货物出口情况

单位：亿美元、%

年份	出口总额	增长率	占比
2005 年	9.35	-0.38	0.12
2006 年	12.07	29.16	0.12
2007 年	17.00	40.81	0.14
2008 年	19.78	16.33	0.14
2009 年	22.61	14.33	0.19
2010 年	34.76	53.70	0.22
2011 年	48.21	38.73	0.25
2012 年	56.74	17.68	0.28

续表

年份	出口总额	增长率	占比
2013 年	73.39	29.34	0.33
2014 年	93.68	27.65	0.40
2015 年	96.51	3.02	0.42
2016 年	81.88	-15.16	0.39

数据来源：联合国商品贸易统计数据库

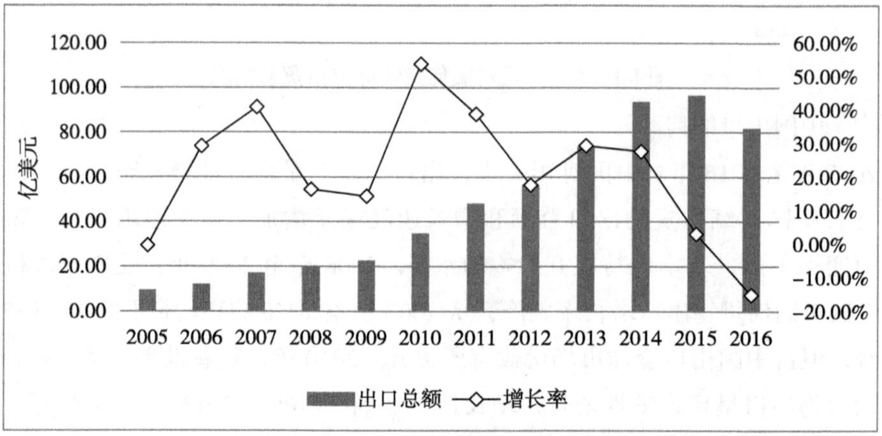

图 MM-2　中国对缅甸货物出口情况

2005 年，中国出口至缅甸的产品主要有机械设备及零件；矿物燃料、矿物油、沥青；钢铁；电子电气设备；化学纤维短纤；车辆及零件；钢铁制品；棉花；船舶及浮动结构体；橡胶及制品等。从产品结构来看，中国出口到缅甸的产品相对分散。其中，机械设备及零件类产品出口额最高，约 119.39 百万美元，占中国出口至缅甸市场总额的 12.77%，其次为矿物燃料、矿物油、沥青，约 85.19 百万美元，占中国出口至缅甸市场总额的 9.11%（见表 MM-5）。

表 MM-5　2005 年中国对缅甸货物出口产品结构

单位：百万美元、%

商品代码	产品名称	出口额	占比	排名
84	机械设备及零件	119.39	12.77	1
27	矿物燃料、矿物油、沥青	85.19	9.11	2
72	钢铁	80.38	8.60	3

续表

商品代码	产品名称	出口额	占比	排名
85	电子电气设备	71.85	7.69	4
55	化学纤维短纤	66.02	7.06	5
87	车辆及零件（轨道除外）	58.80	6.29	6
73	钢铁制品	56.81	6.08	7
52	棉花	49.50	5.29	8
89	船舶及浮动结构体	27.06	2.89	9
40	橡胶及制品	20.66	2.21	10

数据来源：联合国商品贸易统计数据库

2016 年，中国出口至缅甸的产品主要有机电设备；机械设备及零件；车辆及零件；钢铁；钢铁制品；新疆棉花；化学纤维短纤；塑料及制品；针织物及钩编织物；化学纤维长丝等。其中，机电设备；机械设备及零件；车辆及零件排名前三，出口额分别为 15.09 亿美元、9.39 亿美元、9.06 亿美元，占中国出口缅甸市场总额达到 40.95%（见表 MM-6）。

表 MM-6　2016 年中国对缅甸货物出口产品结构

单位：百万美元、%

商品代码	产品名称	出口额	占比	排名
85	机电设备	1508.51	18.42	1
84	机械设备及零件	938.64	11.46	2
87	车辆及零件（轨道除外）	906.11	11.07	3
72	钢铁	737.09	9.00	4
73	钢铁制品	338.60	4.14	5
99	新疆棉花	309.72	3.78	6
55	化学纤维短纤	288.74	3.53	7
39	塑料及制品	240.90	2.94	8
60	针织物及钩编织物	211.78	2.59	9
54	化学纤维长丝	183.39	2.24	10

数据来源：联合国商品贸易统计数据库

与 2005 年相比，2016 年中国对缅甸出口总额明显增加，但中国出口产品结构变动较小。其中，机械设备及零件依然是中国出口到缅甸主要的产品，出口总量增加，但占中国出口缅甸市场份额由 2005 年 12.77% 下降到 2016 年的 11.46%。其中，机电设备出口额增加 819.25 百万美元，增长幅度为 686.19%，市场份额减少 1.31 个百分点，排降至第二；机电设备上升至第一，2016 年出口总额为 15.08 亿美元，市场份额达到 18.42%；车辆及零件增加 8.47 亿美元，增长幅度为 1441%，排名从第六升至第三，市场份额增长 4.78 个百分点；钢铁出口增加 6.56 亿美元，增长幅度为 817.01%，市场份额减少 0.4 个百分点，排名下降至第四。其他排名前十的产品出口额度均有不同程度的增加，但市场份额变动幅度较小。总体来看，2005 年与 2016 年中国对缅甸的出口产品结构相似度较高。2016 年较 2005 年减少了矿物燃料；船舶及浮动结构体；橡胶及制品的出口，增加了机电设备；针织物及钩编织物等产品的出口。

（3）中国从缅甸进口

2005 年至 2016 年，从总量看，中国从缅甸进口呈现增长态势。从 2005 年的 2.74 亿美元，增加到 2016 年的 40.98 亿美元，增加 38.23 亿美元，增长幅度高达 1395.62%。分阶段来看，2005 年至 2011 年，中国从缅甸进口总量始终处于上升阶段，2012 年出现小幅下降，而 2014 年进口总额爆发式增长，进口总额高达 156.01 亿美元，2015 年以后，进口总量又进入持续下跌阶段。从增长速度看，2005 年至 2016 年，中国从缅甸进口的增长速度波动较大，其中，2009 年，2012 年，分别受到国际金融危机和欧债危机的影响，中国从缅甸的进口总额出现负增长，分别为 –0.22%、–22.72%。从市场份额来看，中国从缅甸进口占中国全球进口市场份额呈现波动上升（见表 MM–7 和图 MM–3）。

表 MM–7　中国对缅甸货物进口情况

单位：亿美元、%

年份	进口总额	增长率	占比
2005 年	2.74	32.60	0.04
2006 年	2.53	–7.92	0.03
2007 年	3.78	49.67	0.04
2008 年	6.48	71.25	0.06
2009 年	6.46	–0.22	0.06
2010 年	9.66	49.52	0.07
2011 年	16.80	73.88	0.10
2012 年	12.98	–22.72	0.07

续表

年份	进口总额	增长率	占比
2013 年	28.57	120.06	0.15
2014 年	156.01	446.10	0.80
2015 年	54.49	–65.07	0.32
2016 年	40.98	–24.80	0.26

数据来源：联合国商品贸易统计数据库

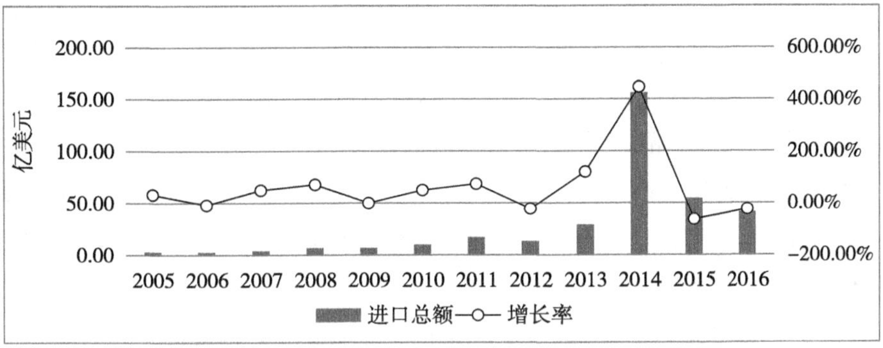

图 MM–3　中国对缅甸货物进口情况

2005 年，中国从缅甸进口的产品主要有木及木制品、木炭；矿砂、矿渣及矿灰；橡胶及制品；含油籽仁、药用植物、秸秆及饲料；盐，硫黄，泥土及石料；食用水果及坚果；珍珠、宝石、包贵金属及其制品；食品废料及配制的动物饲料；食用蔬菜；编结用植物材料等。其中，木及木制品、木炭进口额最大，占中国从缅甸进口市场总额的 70.75%；矿砂、矿渣及矿灰的进口额排名第二，占中国从缅甸进口市场总额的为 9.62%（见表 MM–8）。

表 MM–8　2005 年中国从缅甸货物进口产品结构

单位：百万美元、%

商品代码	产品名称	进口额	占比	排名
44	木及木制品，木炭	194.14	70.75	1
26	矿砂、矿渣及矿灰	26.40	9.62	2
40	橡胶及制品	9.96	3.63	3
12	含油籽仁、药用植物、秸秆及饲料	6.35	2.31	4
25	盐，硫黄，泥土及石料	4.79	1.75	5

续表

商品代码	产品名称	进口额	占比	排名
8	食用水果及坚果	4.77	1.74	6
71	珍珠、宝石、包贵金属及其制品	4.58	1.67	7
23	食品废料及配制的动物饲料	3.87	1.41	8
7	食用蔬菜	2.93	1.07	9
14	编结用植物材料	2.81	1.02	10

数据来源：联合国商品贸易统计数据库

2016 年，中国从缅甸进口的产品主要有矿物燃料、矿物油、沥青；矿砂、矿渣及矿灰；新疆棉花；木及木制品、木炭；橡胶及制品；铜及其制品；钢铁；珍珠、宝石、包贵金属及其制品；谷物；含油籽仁、药用植物、秸秆及饲料等。其中，排名前三的是矿物燃料、矿物油、沥青；矿砂、矿渣及矿灰；新疆棉花；占中国从缅甸进口市场总额分别为 33.45%、22.64%、17.97%，排名前三的进口产品市场份额高达 74.06%（见表 MM-9）。

表 MM-9　2016 年中国从缅甸货物进口产品结构

单位：百万美元、%

商品代码	产品名称	进口额	占比	排名
27	矿物燃料、矿物油、沥青	1370.60	33.45	1
26	矿砂、矿渣及矿灰	927.57	22.64	2
99	新疆棉花	736.56	17.97	3
44	木及木制品、木炭	213.92	5.22	4
40	橡胶及制品	146.56	3.58	5
74	铜及其制品	130.23	3.18	6
72	钢铁	127.61	3.11	7
71	珍珠、宝石、包贵金属及其制品	121.52	2.97	8
10	谷物	50.93	1.24	9
12	含油籽仁、药用植物、秸秆及饲料	49.24	1.20	10

数据来源：联合国商品贸易统计数据库

与 2005 年相比，2016 年中国从缅甸进口的主要产品额度明显增加，同时进口产品结构变动较大。2016 年较 2005 年，中国减少了盐、硫黄、泥土及石料；食用水果及坚果；食品废料及配制的动物饲料；食用蔬菜；编结用植物材料等产品的进口，增加了矿物燃料、矿物油、沥青；新疆棉花；铜及其制品；钢铁；谷物。从具体产品的变动来看，木及木制品、木炭进口总额增加 0.20 亿美元，增长幅度 10.19%，但市场份额下降了 65.53 个百分点，排名由第一降至第四；矿砂、矿渣及矿灰进口总额增长 9.01 亿美元，增长幅度为 3413.52%，市场份额增加 13.02 个百分点，排名保持在第二；矿物燃料、矿物油、沥青和新疆棉花的进口在 2016 年迅速增加到 13.71 亿美元和 7.37 亿美元，市场份额达到 33.45% 和 17.97%，排名分别跃居第一和第三。总体来看，与 2005 年相比，中国从缅甸进口产品结构逐渐优化，由产品进口较为集中的态势转变为分散多样化的趋势。

（4）中国与缅甸的贸易竞争互补关系

中国与缅甸的贸易互补关系较强。2016 年，以中国出口计算的贸易互补指数为 0.2166，但在中国与“一带一路”沿线国家贸易互补关系中排名相对靠后，为第 46，这说明 2016 年中国与“一带一路”沿线国家贸易互补关系整体上升较快。

2016 年以中国出口计算的贸易互补指数为 0.2166，大于以中国进口计算的贸易互补指数 0.0671，表明有利于中国出口和缅甸进口。

表 MM-10　中国与缅甸贸易竞争互补指数①

年份	竞争指数	互补指数	
		以中国出口计算	以中国进口计算
2016 年	0.0588	0.2166	0.0671

数据来源：重庆“一带一路”投资与贸易研究实验室

中国与缅甸的贸易竞争关系非常弱。2016 年，中国与缅甸的贸易竞争指数仅为 0.0588，在中国与“一带一路”沿线国家竞争关系中排名第 41。

6. 总结

中缅关系发展的历史底蕴和社会民意基础坚实。缅甸是最早承认中华人民共和国的国家之一，是和平共处五项原则的创始国之一，是第一个与中国签订边界条约及友好和互不侵犯条约的国家，中缅双方始终保持睦邻友好、和平合作的关系。

（1）中国与缅甸的“五通”情况

中国与缅甸在政策沟通、设施联通、资金融通、民心相通、贸易畅通五个方面的往来整体状况良好。政策沟通方面，双边签署了多个领域的合作条约，同时还建

① 注：由于原始数据缺失，2005 年中国与缅甸贸易竞争互补指数缺乏

立了双边与多边合作机制，双方合作共建意识持续升温，合作领域不断深化；设施联通方面，陆路、水运、航空枢纽以及能源通讯等领域的不断完善，提升了中缅两国互联互通水平；资金融通方面，融通渠道的多元化，为缅甸基础设施建设提供了所需资金，同时中国还加大了对缅的投资力度，助推缅甸国内经济发展；民心相通方面，中国与缅甸的民心相通指数总体水平不高，但存在较大的发展潜力；贸易方面，中缅货物贸易关系不断紧密，中国是缅甸第一大进口来源国和出口目的国。同时两国的贸易互补性较强，而贸易竞争关系非常弱，这将有利于推动双边贸易关系的持续发展。

（2）中国在缅甸投资的政治风险

中缅两国有较好的合作基础，也存在较大的合作潜力。但是在缅甸投资存在较大风险。一是缅甸中央与地方分权，部分地区局势动荡。缅甸民族矛盾突出，缅北地区军事冲突时有发生，安全环境不稳定；二是对缅甸的投资需要在注意获得法律和政府批准之外，还需要赢得民众认同，履行对缅甸社会责任，减少群众游行、示威等活动对企业项目的影响；三是注意缅甸大国平衡外交战略。缅甸新一届政府上台后，奉行多边外交，在维持与东盟国家关系同时，努力改善与欧美大国的关系，为此给中国企业投资带来了不确定性影响[①]。

中国始终奉行合作共赢的外交理念。因此，尽管与缅甸合作存在较大风险，但是合作仍然是中缅关系的发展趋势。中缅关系应从双方共同利益出发，建立沟通协调机制，排除其他因素干扰。通过双边与多边合作机制，重点推进水资源合作、电力能源合作，不断深化和扩展其他合作领域，推动中缅全面战略合作伙伴关系的持续发展。

① 资料来源：中国网：http：//www.china.com.cn/opinion/think/node_7221960.htm

五、中国与泰国历史渊源与“五通”状况研究

泰国（Thailand）于公元1238年形成较为统一的国家，1949年正式更名为泰国。泰国地处中南半岛中部，东南临太平洋泰国湾，西南濒临印度洋安达曼海。全国国土面积为51.3万平方公里。泰国资源较为丰富，钾盐储量4367万吨、锡储量约150万吨、橡胶产量年达210万吨，均位居世界首位。2016年泰国人口总数为6886万人。全国共有30多个民族，泰族为主要民族，占人口总数的40%。泰语为国语，90%以上的民众信仰佛教。2016年泰国人均GDP为5910美元，属于中等偏上收入国家。1975年7月1日中泰建交，近年来两国高层交往密切，先后签署了多项政府间合作协议，合作领域不断深化[①]。

（一）中国与泰国的历史渊源

中国与泰国的友好往来已有2000多年的历史。两国地缘相近，人民相似，文化相通，这种相似的信仰和价值观则是维持中国与泰国友好关系的基础。

1. 西汉时期

自秦统一六国，设置郡县制起，桂林、南海、象郡等地便与东南亚国家开始来往。而中泰的友好关系的往来更久远，最早可追溯到汉代。在古代，泰国称为暹罗。根据《汉书·地理志》记载，西汉时期中国就派出官员和华商远航印度，沿印支半岛的海岸线进入暹罗湾，途径当今的泰国巴真府、素攀府和北碧府，并将丝绸、瓷器等产品传入泰国[②]。汉代以后，中国与泰国两国使者来往频繁。

2. 三国及魏晋南北朝时期

中国的三国时期，扶南统治了今天的越南、泰国、缅甸、老挝和马来半岛，

---

① 资料来源：中华人民共和国商务部走出去公共服务平台：http：//fec.mofcom.gov.cn

② 庄国土 . 文化相似性和中泰关系：历史的视角［J］. 华侨大学（哲学社会科学版），2013（2）.

控制了东西海上要道，据《吴历》记载，扶南使臣来中国献过琉璃，中国则派遣康泰、朱应出使东南亚，并写下了《吴时外国传》和《扶南异物志》，对深入研究古代东南亚历史具有重要参考价值。南北朝时期，盘盘国还派使者给中国送来了菩提树叶、沉檀、詹糖等各种名贵香料以及象牙、画塔、舍利等①。

3. 隋唐时期

根据中国史书记载，隋唐时期，今泰国南部半岛地区先后建立了许多国家，他们都与中国保持着密切来往，尤其是唐代，国力强盛使得中泰交往更加频繁。这时期，中泰交往主要依靠南海航路，而狼牙修国占据着航海路线的重要位置，联系着“海上丝绸之路”，因此也承担了物质文明和精神文明的传播者，将丝绸传播到海外，将佛教引入中国②。

4. 宋元时期

宋元时期，中国主要采取积极的外交政策。通过扩大对外贸易，增加国库收入。在这一时期，中泰两国的官方关系逐渐建立。通过设立“来远驿”和“舶都转运司”等，鼓励海外客商来华经商，积极发展对外贸易，推动中国与泰国等地的经贸往来。与此同时，两国使节往来也不断加强。据中国官方文献记载，宋元时期，素可泰王国于 1292 年、1294 年、1295 年、1297 年、1299 年、1300 年、1314 年、1318 年和 1322 年先后九次向中国派遣使者。而在 1293 年、1294 年、1295 年，中国前后 3 次遣使回访。自此，在两国官方经贸往来的推动下，双方的文化交流也得到发展，这为今后中泰关系深入发展奠定了坚固的基石③。

5. 明清时期

明清时期，中国与泰国都经历了国内政局的巨大变化，但泰国访华使者却不断增加，中泰交往步入了新阶段。1370 年至 1643 年，泰国访华使者和使团分别达到 102 位和 19 次④。这个时期，中国设立了专业的翻译机构“暹罗馆”，以处理中泰往来事物，泰国则成立“左港厅”，专门负责对华贸易管理和经营⑤。清代中泰两国的经贸往来主要表现为“朝贡”贸易和民间贸易两种形式⑥。而民间贸易的发展，吸引了大批华人移民泰国，为泰国经济发展做出了巨大贡献。鸦片战争后，中泰两国政

① 徐启恒 . 中国和泰国历史上的友好关系［J］. 历史教学，1979（6）.
② 徐孝明 . 古代中国和泰国历史上的友好关系［J］. 湖南教育学院学报，1999（1）.
③［明］宋濂，王祎 . 元史：第 12、17、18、19、20、28 卷［M］. 北京：中华书局，1976.
④ 张仲木 . 中古泰中经贸中华侨华人的角色［M］. 曼谷：华侨崇圣大学泰中研究中心，2003.
⑤ 庄国土 . 文化相似性和中泰关系：历史的视角［J］. 华侨大学（哲学社会科学版），2013（2）.
⑥ 徐孝明 . 古代中国和泰国历史上的友好关系［J］. 湖南教育学院学报，1999（1）.

府往来逐渐中断，但中泰民间交往却在不断发展。中国对泰国的轻工业，如食品加工、纺织品等出口增加，泰国的大米和木材逐渐进入中国市场。贸易的不断往来也加深了中泰两国人民的文化艺术交流。

（二）中国与泰国的现实往来

1. 中泰建交阶段

1975 年 7 月 1 日，泰国总理蒙拉差翁·克立·巴莫应周恩来总理的邀请，率领泰国政府代表团前来我国访问。毛主席和周总理会见了泰国克立总理等贵宾。两国政府代表团举行了会谈，发表并签署了“中华人民共和国和泰王国关于建立外交关系的联合公报”，决定自即日起中泰两国建立大使级外交关系[①]。建交以来，中泰两国各领域友好合作关系全面顺利发展。自 1981 年起，两国外交部建立了年度磋商机制，1985 年两国成立副部长级经贸联委会，2001 年 8 月，两国领导人就发展中泰战略性合作达成共识。

2. 中泰全面战略合作伙伴关系建立阶段

2012年4月，两国建立全面战略合作伙伴关系[②]。近年来，两国高层保持密切交往。2011 年，习近平副主席对泰国正式访问。2012 年，泰国朱拉蓬、诗琳通公主，英拉总理分别访华；中国总理温家宝和全国政协主席贾庆林分别访问泰国。2013 年李克强总理正式访泰。2014 年 12 月，李克强总理赴泰国出席大湄公河次区域经济合作领导人第五次会议，会见泰国总理巴育，见证了中泰铁路和农产品合作谅解备忘录的签署；随后泰国总理巴育正式访问了中国。2014 年 11 月国家主席习近平在北京会见参加亚太经合组织第二十二次领导人非正式会议的泰国总理巴育，同年 12 月再次在北京会见了泰国总理巴育。2015 年 2 月，泰国总理巴育在曼谷会见国家主席习近平特使、中共中央政治局委员、中央政法委书记孟建柱。2015 年 4 月，泰国总理巴育，分别于 2015 年 4 月、5 月、7 月、12 月，在曼谷会见到访的中国中央军委副主席许其亮、国务委员杨晶、全国政协主席俞正声、国务委员王勇。2016 年 3 月 23 日，国务院总理李克强在三亚会见来华出席澜沧江－湄公河合作首次领导人会议及博鳌亚洲论坛 2016 年年会的泰国总理巴育。2016 年 9 月 4 日，国家主席习近平在杭州会见了作为嘉宾国领导人出席二十国集团领导人杭州峰会的泰国总理巴育。2016 年 10 月 9 日，泰国总理巴育在曼谷会见了前来出席亚洲合作对话第二次领导人会议

---

① 徐启恒 . 中国和泰国历史上的友好关系［J］. 历史教学，1979（6）.

② 资料来源：中华人民共和国外交部官网：http：//www.fmprc.gov.cn

的中国国家副主席李源潮。2016 年 10 月 22 日，国家主席习近平特使、国家副主席李源潮专程前往泰国吊唁普密蓬国王逝世①。

3. 中泰往来关系分析

根据中华人民共和国外交部官网显示的新闻统计，2005 年至 2017 年，共有 234 篇新闻报道中泰两国交往情况。本文通过 NVivo 软件对汇总后的所有新闻进行分析并统计出 80 个高频词汇，双方高度关注“合作”“关系”“东盟”“经贸”“湄公河”“战略”“铁路”“和平”“投资”“贸易”“金融”“安全”等。其中。“合作”一词出现次数最多，共 1622 次，占所统计词频的加权百分比为 6.98%，这表明中泰两国的核心关注点为双边合作。合作的主要内容涵盖：澜沧江—湄公河合作、中泰铁路合作、科技合作、教育合作、文化和旅游合作、国际产能合作、水资源合作、安全反恐合作、基础设施合作、创新合作、航空航天合作、经贸合作、海洋合作、禁毒执法合作、农产品贸易合作、贸易投资合作等。

（1）重视伙伴与友好关系

双方重视伙伴关系和友好往来。“关系”一词出现 847 次。双方都致力于强化中泰在政治、经济等领域的关系；推进全面战略合作伙伴关系以及中国 - 东盟关系，逐步达成区域全面经济伙伴关系协定（RECP），同时致力于改善中南半岛五国关系。“友好”“互利”“互信”分别出现 373 次、113 次、58 次，双方外交新闻多次表明两国是友好邻邦，两国人民友谊源远流长、薪火相传，中泰两国始终坚持互利互信，致力于将中泰两国友好关系推向新台阶。

（2）区域合作加强

中泰双方高度重视区域合作。“东盟”“湄公河”“澜沧江”是中泰合作最主要的载体。在近年来双边往来新闻报道中出现的词频分别为 441 次、152 次、50 次。双方积极推动中国同东盟关系，包括推进中国—东盟命运共同体建设，落实好“2+7 合作框架”、促进中国 - 东盟自贸区升级、建设中国—东盟互联互通等；同时，双方积极推进建设澜沧江 - 湄公河流域国家命运共同体，促进次区域国家的政治互信、经贸合作和社会人文交流，以实现整个次区域的可持续发展，造福各国人民。

（3）创新产业合作模式

双方致力于创新产业合作模式。“金融”“旅游”“农产品”等也是双边往来新闻报道中的高频词汇。流通是市场发展的基础，中泰产业合作将依托中泰铁路交通优势，设立工业、技术和产业园区，发展农产品贸易加工工业等；农业方面，将农业

① 资料来源：中华人民共和国商务部走出去公共服务平台：http：//fec.mofcom.gov.cn

发展与减贫紧密联系起来，通过传播先进的杂交水稻技术，助力澜湄国家成为“世界粮仓”；金融服务方面，创新融资模式，以吸引更多资金投入，满足次区域的资金需求，发挥金融对基础设施建设、产能合作的关键支持作用。

（4）基础设施建设

中泰双方注重基础设施建设。其中“铁路”作为高频词汇，共出现118次。中泰铁路自2014年提出以来就备受关注。中泰铁路建设，有利于带动泰国沿线地区产业发展，同时也将实现泛亚铁路网的突破，奠定泰国作为地区互联互通枢纽和东盟重要经济中心的地位。其次，“投资”“设施”分别出现112次和85次，中泰双方参与成立了亚洲基础设施投资银行，以促进亚洲区域的互联互通和亚太经济一体化进程。除铁路外，双方还注重水利、通讯、轨道、公路、港口等交通运输与通讯工程设施建设。

（5）科教文卫等交流不断深化

科技、教育、文化、卫生也受到双方高度关注。中泰重视科技创新，积极推进两国政府在航天领域的科技合作；同时也鼓励文化交流与合作，通过互设文化中心，开展形式多样的文化交流活动。比如孔子学院的创办，为促进中泰两国人民相互了解，增进友谊做出了巨大贡献；此外，中泰也积极推进跨境传染病联防联控，旨在改善贫困地区卫生条件，为湄公河国家培养更多公共卫生领域专业人才。通过共同促进两国科教文卫等领域合作，推动中泰关系不断走向深入。

表 TH-1　中国与泰国外交往来部分词频列表

单位：%

序号	单词	计数	加权百分比	序号	单词	计数	加权百分比
1	合作	1622	6.98	12	设施	85	0.37
2	关系	847	3.64	13	安全	73	0.31
3	东盟	441	1.90	14	金融	69	0.3
4	友好	373	1.60	15	共同体	55	0.24
5	湄公河	152	0.65	16	南海	29	0.12
6	经贸	143	0.62	17	农产品	24	0.10
7	铁路	118	0.51	18	一体化	20	0.09
8	互利	113	0.49	19	丝绸之路	11	0.05
9	投资	112	0.48	20	创新	11	0.05
10	文化	109	0.47	21	生态	9	0.04
11	和平	91	0.39	22	杂交	4	0.02

数据来源：中华人民共和国外交部官网新闻

“和平”“安全”“南海”出现的频次分别为91次、73次、29次。双方明确提出与各国和平共处、和平解决争议，共同维护地区和世界的和平与稳定。针对南海问题，双方强调维护南海和平、安全与稳定。双方对跨境犯罪和恐怖主义都实施严厉打击，并不断深化两国在网络安全、政治安全、航运安全、航空安全、司法安全等传统和非传统安全领域的对话与合作。

同时，中泰双方不断加强航天科技产业、海洋科研及环保方面的合作，积极推进可再生能源和国际产能合作，推动产业转型升级，鼓励开拓创新。此外，“丝绸之路”“互联互通”“一体化”“共同体”等词也多次出现。这表明中泰双方共同致力于维护区域和平稳定，推动经济贸易等各领域合作。两国在传统友好交往的基础上，通过双边和多边合作机制，不断扩大合作领域，持续推进两国互利共赢的务实合作，推动中泰全面战略合作伙伴关系取得更大发展。

（三）中国与泰国的“五通”状况

1. 政策沟通

中泰两国关系始终保持着健康稳定的发展态势，两国坚持平等互利、合作共赢的合作方针，坚持密切沟通、互谅互让的合作方式，政治互信不断增强，双边关系持续深化，对中国各项政策的理解认同不断提升，合作共建意识持续升温。

（1）签署文件

两国签署的重要双边文件主要有：1975年7月《中华人民共和国和泰王国关于建立外交关系的联合公报》、1999年2月《中华人民共和国和泰王国关于二十一世纪合作计划的联合声明》、2001年8月《中国与泰国联合公报》、2007年5月《中泰战略性合作共同行动计划》、2012年4月《中华人民共和国和泰王国关于建立全面战略合作伙伴关系的联合声明》、2013年10月《中泰关系发展远景规划》、2014年12月《中华人民共和国政府和泰王国政府联合新闻公报》。经贸方面，双方于1985年签订了《促进和保护投资协定》、1997年签订了《贸易经济和技术合作谅解备忘录》、2001年签订了《双边货币互换协议》等。在科教文卫方面，双方于1978年签署了《科技合作协定》、1993年签署了《引渡条约》、1999年签署了《教育合作协议》、2001年《文化合作协定》等十余项合作协议[①]。

---

① 资料来源：中华人民共和国外交部官网：http：//www.fmprc.gov.cn

（2）沟通机制

中国和泰国还通过亚太经合组织（APEC）、亚欧会议（ASEM）、亚洲合作对话（ACD）、亚信会议（CICA）、大湄公河次区域经济合作（GMS）多边合作机制，以及博鳌亚洲论坛、中国—东盟博览会等国际论坛，不断深化和拓展合作领域，助推双边关系发展。

2. 设施联通

（1）交通基础设施

泰国的基础设施在东南亚是最好的，道路、铁路、海港和机场，包括经过大湄公河次区域（GMS）连接中国的基础设施都是一流的[①]。中国与泰国的公路联通路线较多，主要包括中国云南省 - 老挝 - 泰国，全程约 1200 公里、中国云南省 - 缅甸 - 泰国，全程约 1863 公里、“昆曼公路”，全程约 1800 公里、中国广西壮族自治区 - 越南 - 老挝 - 泰国曼谷，全程约 1769 公里。

铁路方面，泰国铁路系统相对落后，目前中国与泰国的铁路连接主要是通过云南昆明与现有到东南亚国家的铁路路段衔接而成[②]。2015 年 12 月，中国和泰国签署铁路合作框架文件，将合作建设长度约 867 公里的中泰铁路。中泰铁路关系到中国与东南亚的互联互通战略，向北连接老挝万象、直达昆明，向南则通向马来西亚和新加坡，或将构成泛亚铁路规划的重要一环。中泰铁路合作包括四条路线：曼谷 - 坎桂、坎桂 - 玛塔卜、坎桂 - 呵叻、呵叻 - 廊开，形成一个“人”字形，横贯泰国曼谷以北的南北国土[③]。2017 年 12 月中泰铁路正式动工，待全面建成后，泰国整个国家及其周边地区都将受益。

泰国的航空事业比较发达，曼谷则是其重要的航空枢纽。中国直飞泰国的航班较多，其中昆明航班数量位居首位，同时国内多个城市，如成都，北京，上海，广州等都有固定航班往返曼谷。2017 年“一带一路”沿线国家运力排名前 20 中，东南亚国家囊括前四名。其中国内机场直飞泰国运力最高，为 1062.7 万座。据统计，2017 年国内机场直飞泰国航线 175 条，新开直飞泰国航线 44 条，直飞泰国运力同比增加 12.3%[④]。

海上运输是泰国发展进出口贸易的主要方式。泰国出口中国的产品均需通过香

① 覃夏媛，谭湘叶 . 探讨中国与大湄公河次区域中泰国、越南的公路建设关系［J］. 中国高新技术企业，2007（10）.

② 资料来源：中华人民共和国商务部走出去公共服务平台：http：//fec.mofcom.gov.cn

③ https：//baike.baidu.com/item/%E6%B3%9B%E4%BA%9A%E9%93%81%E8%B7%AF/10615181?fr=aladdin

④ 资料来源：中国一带一路网 https：//www.yidaiyilu.gov.cn

港码头，再经过广州进行分销。中国与泰国的航海路线主要有两条：一是澜沧江－湄公河国际航线，该航线的港口包括中国的思茅港、景洪港、勐罕港和关累港以及泰国的清盛港和清孔港，主要负责云南、广西进出口贸易；二是远东－东南亚航线。此航线主要连接中国、朝鲜、日本与东南亚各港[①]。林查班港口作为泰国最大的深水港，同时也是海上丝绸之路沿线重要的港口，对中国与海上丝绸之路沿线国家间的连接扮演着不可替代的作用[②]。

（2）能源合作

2017年3月，中国政府和泰国政府签署了政府间和平利用核能协定，逐渐开始了在核电等领域的合作。泰国是石油和天然气的生产国，因此国内电力供应有70%都依靠天然气发电，能源结构相对单一，对化石能源依赖严重。为减少能源安全隐患，泰国能源部加强与中国合作，通过引进中国最先进、最经济、最安全的技术和装备，学习中国先进的管理经验和服务，不断调整和丰富能源结构，降低天然气的比例。总体来看，中国与泰国设施联通具有一定的合作基础，且存在较大的合作潜能。

3. 资金融通

（1）融通渠道

中国与泰国的资金融通建设较为顺畅。在融资渠道方面，2013年10月由中国发起成立了区域多边开发机构，亚洲基础设施投资银行（简称“亚投行”），亚投行旨在为亚洲地区的基础设施和互联互通建设提供相应资金。2015年9月30日泰国正式加入亚投行，成为第52个签署方，从此，亚投行成为中泰资金融通的重要渠道。根据“一带一路”国际合作高峰论坛成果显示，自2013年习近平提出共建丝绸之路经济带和21世纪海上丝绸之路的重要合作倡议以来，丝路基金新增资金1000亿元人民币，国家开发银行与中国进出口银行都设立了高达3800亿元等值人民币的多项专项贷款。其中，中国进出口银行设立了1000亿元等值人民币的“一带一路”专项贷款和300亿元等值人民币的“一带一路”基础设施专项贷款。中国进出口银行与泰国进出口银行等“亚洲进出口银行论坛”成员机构签署授信额度框架协议，开展转贷款、贸易融资等领域务实合作。2017年7月，亚洲金融合作协会也正式成立，为泰国等“一带一路”沿线国家搭建了金融交流平台，有利于整合金融资源，维护区域金融稳定[③]。

---

① 张永裕.“中泰”双边贸易与物流联动发展研究［D］.华南理工大学，2011.

② 常翔，张锡镇.泰国东部经济走廊发展规划［J］.东南亚纵横，2017（04）.

③ 资料来源：“一带一路”国际合作高峰论坛.

（2）融资服务

在融资服务方面，2011 年中国与泰国签订了货币互换协议，以降低双方融资成本，2014 年和 2018 年中国又与泰国续签了货币互换协议。为了方便结算，双方均设立了外资银行提供相应的金融服务。截至 2015 年末，有两家中资银行在泰国设立了子行，分别是中国银行曼谷子行和中国工商银行（泰国）股份有限公司；有五家泰国银行在华设立了 3 家分行、2 家子行和 4 家代表处，包括泰国汇商银行大众有限公司、泰国开泰银行有限公司、泰国泰京银行大众有限公司、盘谷银行有限公司、正信银行有限公司①。

（3）对外直接投资

“一带一路”倡议提出以来，中国对泰国投资实现较快增长。2016 年当年，中国对泰国直接投资流量 11.21 亿美元，主要集中在制造业、批发和零售业、电力 / 热力 / 燃气及水的生产和供应业。截至 2016 年底，中国对泰国直接投资存量 45.33 亿美元，主要集中在制造业、批发和零售业、金融业。其中，制造业投资存量最大，为 21.19 亿美元，是泰国 2016 年制造业领域批准的最大外资来源②。2016 年中国企业在泰国新签承包工程合同 388 份，额度达到 38.43 亿美元。中国在泰国投资的企业主要有华为技术有限公司、中兴通讯股份有限公司、北京建工国际建设工程有限公司、中国水电建设集团国际工程有限公司、中国港湾工程有限责任公司等，主要投资的领域包括通讯工程、电力工程和城市轨道交通建设等③。

19 世纪 70 年代起，以泰国华商为代表的企业逐渐开始了对华投资。近年来，泰国对华投资开始逐年增加，2016 年，泰国企业对中国投资流量 5615 万美元，同比增长 26.5%。截至 2016 年末，泰国企业累计在华直接投资 41.13 亿美元。泰国对华投资领域主要包括农副食品加工、金融保险业、电子产品制造业等④。

4. 民心相通

“民心相通”是最基础、最坚实、最持久的互联互通。增强“一带一路”的民心相通，可以通过加强科学、教育、文化、卫生、民间交流等渠道实现。翟崑、王丽娜（2016）从旅游活动、科教交流、民间往来三个层面来测算民心相通的程度，实证结果表明，中国与泰国的民心相通指数在东南亚国家中排名第二，民心相通建设顺畅且均衡。其中，泰国在旅游目的地热度、中国网民对该国的关注度、友好城市

---

① 资料来源：中国银行业监督管理委员会：http：//www.cbrc.gov.cn/index.html

② 资料来源：2016 年度中国对外直接投资统计公报 .

③ 资料来源：中华人民共和国商务部走出去公共服务平台：http：//fec.mofcom.gov.cn

④ 资料来源：中华人民共和国商务部走出去公共服务平台：http：//fec.mofcom.gov.cn

数量和民众高感度四个方面表现非常突出[①]。

（1）旅游合作

旅游活动涉及多个方面，反映了一国居民对他国在经济发展、文化观念、社会环境等方面的综合考量，是民心相通的直接表达方式。根据国家旅游局数据统计，2015年泰国来华旅游人数约64.15万人，较2014年增加2.84万人，增长4.63%。2015年，中国赴泰游客达到793.47万人次，较2014年增加263.38万人次，增长率为68.37%。2015年，泰国在中国出境旅游目的地国家中排名第一，占出境旅游目的地市场份额的16%。同时，根据泰国旅游部统计，中国游客位居赴泰游客总数的第一位[②]。

（2）文化交流

文化交流是最有效的桥梁纽带。通过建立文化交流网，加强语言互通，传播汉语文化，增进相互了解从而实现真正意义上的民心相通。孔子学院作为推广汉语和传播中国文化与国学的机构，通过文化交流与合作，为泰国人民学习汉语言文化、了解中国提供了窗口和桥梁，增加了泰国人民对中国文化的了解程度和认可程度，也反映了两国人才互动的密切程度[③]。从2002年到2016年，从当初的全球首家孔子课堂-岱密中学孔子课堂，发展到如今的15所孔子学院和11个孔子课堂（见表TH-2）。

表TH-2 泰国孔子学院分布情况

学院名称	成立时间	合办机构	地区
川喜登大学素攀孔子学院	2002年12月27日	广西大学	素攀
勿洞市孔子学院	2006年2月28日	重庆大学	勿洞
农业大学孔子学院	2006年10月1日	华侨大学	曼谷
孔敬大学孔子学院	2006年8月3日	西南大学	孔敬
皇太后大学孔子学院	2006年11月7日	厦门大学	清莱
清迈大学孔子学院	2006年12月18日	云南师范大学	清迈
曼松德昭帕亚皇家师范大学孔子学院	2006年12月19日	天津师范大学	曼谷
玛哈沙拉坎大学孔子学院	2006年12月20日	广西师范大学	玛哈沙拉坎
宋卡王子大学普吉孔子学院	2006年12月24日	上海大学	普吉
宋卡王子大学孔子学院	2006年12月29日	广西师范大学	宋卡
朱拉隆功大学孔子学院	2007年3月26日	北京大学	曼谷
东方大学孔子学院	2009年9月15日	温州大学、温州医学院	春武里

① 翟崑，王丽娜．一带一路背景下的中国—东盟民心相通现状实证研究［J］．云南师范大学学报（哲学社会科学版），2016（6）．

② 数据来源：中华人民共和国国家旅游局 http：//www.cnta.gov.cn/zwgk/lysj/index_2.shtml

③ 翟崑，王丽娜．一带一路背景下的中国—东盟民心相通现状实证研究［J］．云南师范大学学报（哲学社会科学版），2016（6）．

续表

学院名称	成立时间	合办机构	地区
海上丝路孔子学院	2015 年 6 月 24 日	天津师范大学	曼谷
易三仓大学孔子学院	2015 年 9 与 12 日	天津科技大学	曼谷
华侨崇圣大学中医孔子学院	2016 年 10 月 22 日	天津中医药大学	曼谷

资料来源：孔子学院总部官方网站：http：//www.hanban.edu.cn

（3）民间往来

民间往来更能够直观地反映两国民众的相交程度。以百度指数和友好城市数量，来反应中泰民心相通程度。互联网的发展，拉近了世界人民的距离，人们通常可以通过网络来获取各自所需信息，并且当前世界各地网民数量占比较大，因此具有一定的代表性[①]。

百度指数是以网民在百度的搜索量为数据基础计算出的加权和，反映了网民的主动搜索需求。根据百度指数显示，2011 年 1 月至 2017 年 12 月，中国网民对泰国的百度搜索指数平均维持在 7000 左右。从搜索指数的变动趋势来看，中国网民对泰国的关注度呈现波动上升的态势。从 2011 年的 3014，上升到 2017 年的 9556。其中，2013 年 8 月、2014 年 5 月、2015 年 8 月、2016 年 10 月出现了爆发式增长[②]。

2013 年 8 月至 2014 年 5 月，由于三起大事件交织在一起，因此中国网民对泰国的关注度空前提高。一是泰国执政党为泰党议员沃拉差提出的“特赦法案”，由此爆发了大规模的泰国反政府示威活动，泰国进入了政治动荡时期；二是李克强总理访问了泰国，并在泰国国会上发表了演讲；三是泰国陆军司令巴育宣布发动军事政变。2015 年 8 月 17 日，曼谷著名旅游景点四面佛附近发生爆炸（简称“8.17 泰国曼谷炸弹袭击事件”）。2016 年 10 月，在位 70 年的泰国国王普密蓬病逝，泰国进入长达一年的国丧期。两起重大事件都引发了中国网民对泰国的高度关注，反映出中泰两国民心相通程度。

友好城市数量也能够直观地反映两国民众民心相通的程度。据统计，泰国 23 个省州，13 个城市与我国建立了友好城市关系[③]。这表明中泰两国民众好感度和民心相通现状良好。

---

① 翟崑，王丽娜．一带一路背景下的中国—东盟民心相通现状实证研究［J］．云南师范大学学报（哲学社会科学版），2016（6）．

② 资料来源：百度指数：http：//index.baidu.com

③ 资料来源：中国国际友好城市联合会 http：//www.cifca.org.cn/web/index.aspx

5. 贸易畅通

（1）中泰贸易总额

近年来，中泰两国货物贸易持续增长。根据联合国贸易商品数据统计库显示，2015 年，中国以 20.26% 的市场份额，成为泰国第一大进口来源国；以 11.05% 的市场份额成为泰国第二大出口目的国。

由表 TH–3 和图 TH–1 可知，2005 年，中国对泰国货物进出口总额为 218.11 亿美元，其中出口为 78.19 亿美元，进口为 139.92 亿美元，净出口为 –61.73 亿美元。2016 年，中国对泰国货物进出口总额为 757.15 亿美元，其中出口为 371.83 亿美元，进口为 385.32 亿美元，净出口约 –13.49 亿美元。从贸易总量来看，与 2005 年相比，2016 年中国对泰国货物进出口总额增加约 539.04 亿美元，增长约 247.14%，其中出口增长 375.55%，进口增长 175.39%；从货物贸易的平衡状况来看，中国与泰国整体上货物进口大于出口，贸易逆差状况明显，但贸易逆差呈现缩小趋势，2016 年贸易逆差较 2005 年缩小 48.24 亿美元。

表 TH–3　中国对泰国货物进出口贸易情况

单位：亿美元

年份	出口总额	进口总额	净出口
2005 年	78.19	139.92	–61.73
2016 年	371.83	385.32	–13.49

数据来源：联合国商品贸易统计数据库

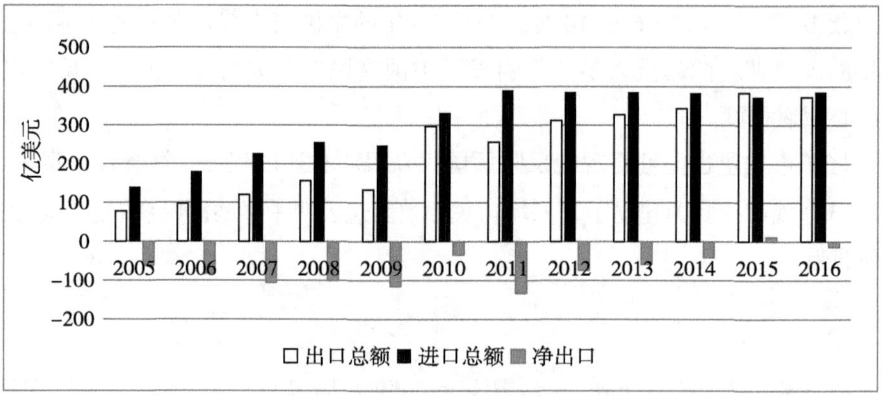

图 TH–1　中国对泰国货物进出口贸易情况

（2）中国出口泰国

2005 年至 2016 年，中国对泰国货物出口总体上呈现波动增长态势。2005 年至 2008 年，中国对泰国货物出口总额逐年增加，但增长速度有所放缓，占中国出口全球市场份额均值保持在 1% 的水平。2009 年，受国际金融危机影响，中国对泰国货物出口出现负增长，同比下跌 14.90%，但占中国出口全球市场份额有所提升。2010 年，随着美国次贷危机影响的逐渐减弱，中国对泰国货物出口又出现了恢复性增长，增长速度达到 123.51%。2011 年，中国对泰国货物出口再次急速进入下降通道，呈现负增长。2012 年至 2016 年，中国对泰国货物出口呈现匀速增长状态，占中国出口全球市场份额也不断增加（见表 TH–4 和图 TH–2）。

表 TH–4　中国对泰国货物出口情况

单位：亿美元、%

年份	出口总额	增长率	占比
2005 年	78.19	34.76	1.02
2006 年	97.64	24.88	1.01
2007 年	120.33	23.24	0.98
2008 年	156.36	29.94	1.09
2009 年	133.07	–14.90	1.10
2010 年	297.42	123.51	1.89
2011 年	256.95	–13.61	1.35
2012 年	311.97	21.41	1.52
2013 年	327.18	4.88	1.48
2014 年	342.93	4.81	1.46
2015 年	383.11	11.72	1.68
2016 年	371.83	–2.94	1.78

数据来源：联合国商品贸易统计数据库

2005 年，中国出口至泰国的产品主要有机械设备及零件；机电设备；钢铁；无机化学制品；光学、医疗精密仪器；有机化学制品；天然或养殖珍珠；杂项化学制品；钢铁制品；塑料及其制品等。其中，机械设备及零件类产品出口额最高，约 17.74 亿美元，占中国出口至泰国市场总额的 22.70%，其次是机电设备，约 16.95 亿美元，占中国出口至泰国市场总额的 21.67%（见表 TH–5）。

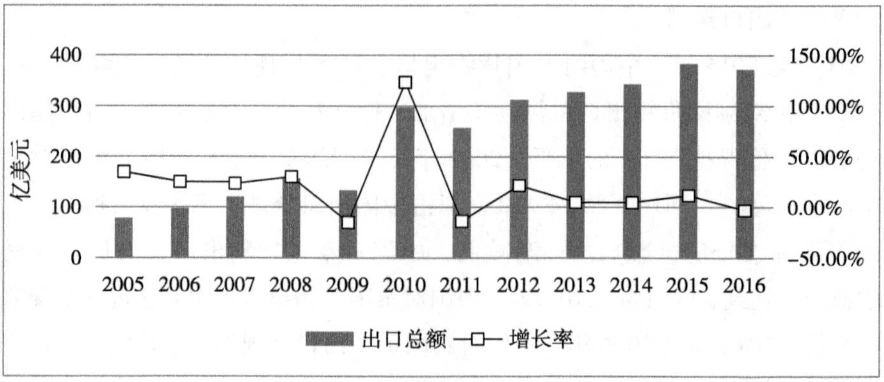

图 TH-2　中国对泰国货物出口情况

表 TH-5　2005 年中国对泰国货物出口产品结构

单位：百万美元、%

商品代码	产品名称	出口额	占比	排名
84	机械设备及零件	1774.67	22.70	1
85	机电设备	1694.71	21.67	2
72	钢铁	1073.77	13.73	3
28	无机化学制品	217.74	2.78	4
90	光学、医疗精密仪器	201.59	2.58	5
29	有机化学制品	198.27	2.54	6
71	天然或养殖珍珠	192.93	2.47	7
38	杂项化学制品	163.98	2.10	8
73	钢铁制品	161.05	2.06	9
39	塑料及其制品	137.85	1.76	10

数据来源：联合国商品贸易统计数据库

2016 年，中国出口至泰国的产品主要有机电设备；机械设备及零件；钢铁；塑料及制品；车辆及零件（轨道除外）；钢铁制品；食用水果和坚果；光学、医疗精密仪器；鱼和无脊椎动物；有机化学制品等。其中，机电设备产品出口额最高，约 85.85 亿美元，占中国出口泰国市场总额的 23.09%（见表 TH-6）。

表 TH-6　2016 年中国对泰国货物出口产品结构

单位：百万美元、%

商品代码	产品名称	出口额	占比	排名
85	机电设备	8585.13	23.09	1

续表

商品代码	产品名称	出口额	占比	排名
84	机械设备及零件	6173.98	16.60	2
72	钢铁	2389.68	6.43	3
39	塑料及制品	1479.05	3.98	4
87	车辆及零件（轨道除外）	1290.18	3.47	5
73	钢铁制品	1166.73	3.14	6
8	食用水果和坚果	953.67	2.56	7
90	光学、医疗精密仪器	929.95	2.50	8
3	鱼和无脊椎动物	909.11	2.44	9
29	有机化学制品	897.78	2.41	10

数据来源：联合国商品贸易统计数据库

与 2005 年相比，2016 年中国对泰国出口的主要产品明显增加，但中国对泰国货物出口产品结构变动较小。机电设备和机械设备及零件依然是中国出口到泰国最主要的产品，但占中国出口泰国市场份额由 2005 年 44.37% 下降到 2016 年的 39.69%。其中，机电设备出口额增加 68.9 亿美元，增长幅度为 406.58%，市场份额增加 1.42 个百分点，排名提升至第一；机械设备及零件出口增加 43.99 亿美元，增长幅度为 247.89%，市场份额减少 6.1 个百分点，排名下跌至第二；钢铁出口增加 13.16 亿美元，增长幅度为 122.55%，市场份额减少 7.3 个百分点。其他排名前十的产品出口额度均有不同程度的增加，但市场份额变动幅度较小。总体来看，2005 年与 2016 年中国对泰国的出口产品结构高度相似。2016 年较 2005 年减少了无机化学品，天然或养殖珍珠，杂项化学制品的出口；增加了车辆及零件（轨道除外），食用水果和坚果，鱼和无脊椎动物的出口；但这些产品占中国出口泰国产品总量的份额都较小。

（3）中国从泰国进口

2005 年至 2016 年，中国从泰国进口呈现阶段性增长态势。其中，2005 年至 2008 年进口总额稳定增长，但增长速度波动较大，同时，中国从泰国进口额度占中国全球进口市场份额逐渐提升。2009 年，受国际金融危机影响，出现负增长，但市场份额却达到近几年最大值，为 2.48%。2010 年至 2011 年，中国从泰国货物进口增长迅速，分别达到 33.32%、17.61%，而占中国全球进口市场份额逐年降低。2012 年，受欧债危机影响，中国从泰国进口总额有所下降，跌幅为 1.25%。自 2012 年后，中国从泰国进口总额基本保持在 380 亿美元左右，进口综合变动幅度和市场份额变动幅度都较为平缓（见表 TH-7 和图 TH-3）。

表 TH-7 中国对泰国货物进口情况

单位：亿美元、%

年份	进口总额	增长率	占比
2005	139.92	21.24	2.12
2006	179.62	28.37	2.27
2007	226.66	26.19	2.37
2008	256.57	13.20	2.26
2009	248.97	–2.96	2.48
2010	331.93	33.32	2.38
2011	390.39	17.61	2.24
2012	385.51	–1.25	2.12
2013	385.23	–0.07	1.97
2014	383.26	–0.51	1.96
2015	372.21	–2.88	2.21
2016	385.32	3.52	2.42

数据来源：联合国商品贸易统计数据库

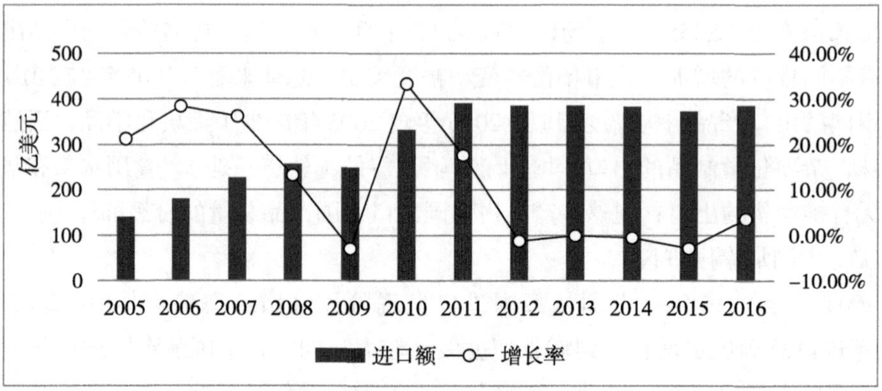

图 TH-3 中国对泰国货物进口情况

2005 年，中国从泰国进口的产品主要有机械设备及零件；机电设备；塑料及其制品；橡胶及制品；矿物制品；有机化学制品；食用蔬菜类；钢铁；木材制品；光学制品等。其中，机械设备及零件和机电设备进口额较大，占中国从泰国进口市场总额的 53.97%（见表 TH-8）。

表 TH-8　2005 年中国对泰国货物进口产品结构

单位：百万美元、%

商品代码	产品名称	进口额	占比	排名
84	机械设备及零件	3844.83	27.48	1
85	机电设备	3706.08	26.49	2
39	塑料及其制品	1404.66	10.04	3
40	橡胶及制品	969.74	6.93	4
27	矿物制品	805.82	5.76	5
29	有机化学制品	470.30	3.36	6
7	食用蔬菜类	341.82	2.44	7
72	钢铁	305.97	2.19	8
44	木材制品	276.71	1.98	9
90	光学制品	188.20	1.35	10

数据来源：联合国商品贸易统计数据库

2016 年，中国从泰国进口的产品主要有机电设备；机械设备及零件；橡胶及制品；塑料及制品；光学制品；天然或养殖珍珠；木材制品；有机化学制品；食用水果和坚果；食用蔬菜类等。其中，机电设备和机械设备及零件进口额较高，占中国从泰国进口市场总额的 40.77%（见表 TH-9）。

表 TH-9　2016 年中国从泰国货物进口产品结构

单位：百万美元、%

商品代码	产品名称	进口额	占比	排名
85	机电设备	8606.64	22.34	1
84	机械设备及零件	7100.66	18.43	2
40	橡胶及制品	3760.53	9.76	3
39	塑料及制品	2999.61	7.78	4
90	光学制品	2497.75	6.48	5
71	天然或养殖珍珠	2493.02	6.47	6
44	木材制品	1538.37	3.99	7
29	有机化学制品	1203.52	3.12	8
8	食用水果和坚果	1153.26	2.99	9
7	食用蔬菜类	1142.20	2.96	10

数据来源：联合国商品贸易统计数据库

与2005年相比，2016年中国从泰国进口的主要产品额度明显增加，但中国对泰国货物进口产品结构变动较小。从具体产品来看，机电设备和机械设备及零件是中国从泰国进口最主要的产品，机电设备进口额增加49亿美元，增长幅度为132.23%，市场份额降低4.15个百分点，但排名提升至第一；机械设备及零件进口增加32.56亿美元，增长幅度为84.68%，市场份额减少9.05个百分点，排名跌至第二。其他排名前十的产品进口额度均有不同程度的增加，塑料及制品、有机化学制品的市场份额有所减少，光学制品、橡胶及制品、食用蔬菜类、木材制品的市场份额逐渐提高。总体来看，2005年与2016年中国从泰国进口产品结构高度相似。2016年较2005年减少了矿物制品和钢铁的进口，增加了天然或养殖珍珠、食用水果和坚果的进口。

（4）中国与泰国的贸易竞争互补关系

中国与泰国的贸易互补关系很强。2016年，以中国出口计算的贸易互补指数为0.4202，在中国与“一带一路”沿线国家贸易互补关系中排名第5。

中国与泰国贸易互补关系呈现增强趋势。从以中国出口计算的贸易互补指数看，2005年，中国与泰国贸易互补指数为0.3165；2016年为0.4202。与2005年相比，中国与泰国贸易互补指数增长了32.76%，两国贸易互补关系进一步提高。

2005年以中国出口计算的贸易互补指数为0.3165，小于以中国进口计算的贸易互补指数0.3348，表明有利于泰国出口，同时也利于中国进口；2016年以中国出口计算的贸易互补指数为0.4202，大于以中国进口计算的贸易互补指数0.3495，表明有利于中国出口和泰国进口。

表 TH-10　中国与泰国贸易竞争互补指数

年份	竞争指数	互补指数	
		以中国出口计算	以中国进口计算
2005年	0.4101	0.3165	0.3348
2016年	0.3518	0.4202	0.3495

数据来源：重庆“一带一路”投资与贸易研究实验室

中国与泰国的贸易竞争关系较强，但存在减弱的趋势。2005年，两国贸易竞争指数为0.4101，在中国与“一带一路”沿线国家贸易竞争关系中排名3。2016年，中国与泰国的贸易竞争指数为0.3518，贸易竞争关系依然较强，在中国与“一带一路”沿线国家竞争关系中排名第3。较2005年贸易竞争指数减少了14.22%，两国贸易竞争逐渐缓和，出口产品结构相似度呈变弱的趋势。

6. 总结

中泰两国深厚的历史渊源，共同的民族文化特征形成了共同的文化价值观念，在经济合作中容易达成文化上的认同和理解，为双方今后的合作起到积极促进作用。中泰都是亚洲重要的发展中国家，都面临着发展经济、改善民生、维护稳定的重要任务。中泰双方通过加强战略沟通和发展战略对接，大力推进两国各领域互利合作，扩大人员往来，加强多边框架内的协调和配合，两国关系发展取得了较大的进展。

（1）中国与泰国的“五通”情况

中国与泰国之间的政策沟通、设施联通、资金融通、民心相通、贸易畅通整体处在较高水平。政策沟通方面，两国政治互信不断增强，双边签署了多个领域的合作条约，同时还建立了亚洲合作对话大湄公河次区域经济合作等多边合作机制，双边关系持续深化，合作共建意识持续升温；设施联通方面，昆曼高速、中泰铁路以及航空港口的建设，促进了中泰两国的互联互通；资金融通方面，亚洲基础设施投资银行的设立满足了泰国基础设施建设的资金需求，货币互换协议的签订，降低了双方融资成本；民心相通方面，两国人民旅游来往持续增多，孔子学院在泰国的数量不断上升，网民相互关注度空前提高，这表明中泰两国民众好感度和民心相通现状良好；贸易方面，中泰两国货物贸易持续增长，中国成为泰国第一大进口来源国和第二大出口目的国。同时，中泰货物贸易结构得到不断优化，两国的贸易竞争关系逐渐减弱，贸易互补关系不断增强。

（2）中国在泰国投资的政治风险

中泰合作基础良好、潜力巨大，近年来在泰投资的中国企业日益上涨，但是在泰投资也存在一定的风险。一是泰国政治稳定性和政权连续性较差，军事政变时有发生，政权更迭频繁；二是美泰同盟会影响中泰关系的发展，“亚太再平衡”战略，使得美泰关系迅速升温，中国应重视两国同盟给中泰贸易带来的潜在不利影响；三是恐怖主义盛行，泰国成为恐怖主义袭击的高发地，潜在危险不容忽视，因此对泰投资要警惕；四是宗教冲突矛盾存在，社会动荡不安，因此在泰投资的企业要注意安全问题[①]。

尽管对泰投资存在一定的合作风险，但由于泰国的官僚制度较为成熟，政治动荡对社会和经济发展的影响有限[②]。因此，合作仍然是中泰的发展趋势。在全力推动

① 资料来源：中国网：http：//www.china.com.cn/opinion/think/node_7221960.htm

② 资料来源：中华人民共和国商务部走出去公共服务平台：http：//fec.mofcom.gov.cn

“一带一路”倡议的背景下，中泰应积极推动中国－东盟关系提质升级，巩固深化澜湄合作，促进地区发展。依托澜湄合作，在“3+5+3”的合作框架及支撑体系下，即政治安全、经济和可持续发展、社会人文三大合作支柱，互联互通、产能合作、跨境经济合作、水资源合作、农业和减贫五个优先合作方向，政策、金融、智力三个支撑体系，不断扩展和探索两国的合作领域，持续推进两国互利共赢的务实合作，推动中泰全面战略合作伙伴关系取得更大发展。

六、中国与东帝汶历史渊源与“五通”状况研究

东帝汶位于东南亚努沙登加拉群岛最东端，包括帝汶岛东部和西北部海岸的欧库西地区以及附近的阿陶罗岛和东端的雅库岛，西部与印尼西帝汶相接，南隔帝汶海与澳大利亚相望。东帝汶国土面积 14919 平方公里，海岸线全长 735 公里，自然资源丰富，有着储量丰富的石油和天然气资源，迄已探明石油储量约 1.87 亿吨（约 50 亿桶），天然气储量约 7000 亿立方米。东帝汶首都为帝力，位于帝汶岛东北海岸。东帝汶人口约 123 万（东帝汶国家统计局 2016 年 5 月统计数据），其中 2% 为华人，东帝汶华人是东南亚国家中最小的华人群体，主要聚集在首都帝力①。东帝汶经济发展水平落后，结构失衡，严重依赖油气收入和外国援助，非油气经济主要以传统服务业和农业为主。2015 年东帝汶国内生产总值约为 14.42 亿美元，人均国内生产总值约为 2180 美元，被联合国列为全球最不发达国家之一，超过 40% 的居民每日生活费不足 2 美元。近年来，东帝汶政府将减少贫困和增加就业作为施政重点，逐步增加财政预算，扩大公共支出，鼓励外来投资，以拉动非油气经济增长②。

（一）中国与东帝汶的历史渊源

早在南宋时期，赵汝适的《诸蕃志》就记载了南方大海中这个盛产檀香的地方，自元代开始，中国已从东帝汶输入檀香木，善于经营的华人，为有史可稽的最早来帝汶岛进行贸易的商人。《岛夷志略》中关于帝汶岛有相对详细的描述，帝汶岛在这本书中被称为古里地闷③。明朝是中国和东帝汶两国友好关系进一步发展的时期。明代初期，我国进一步加强与南洋各国的联系，中国与东帝汶的往来比以前更

① 商务部国际贸易经济合作研究院，商务部投资促进事务局，中国驻东帝汶大使馆经济商务参赞处，对外投资合作国别（地区）指南——东帝汶（2017 版）：3–5.

② 资料来源：中国一带一路网：https：//www.yidaiyilu.gov.cn/gbjg/gbgk/10014.htm

③ 徐观 . 岛夷志略［M］. 内蒙古：远方出版社 2005. 58.

加频繁。公元 1405 年至 1433 年，郑和历时 28 年七次出使西洋，开创了从中国经印度洋直达西亚和非洲东海岸的远航记录，据《明史·郑和传》载，郑和船队访问过的 36 个国家中，有 14 国属于今天的东南亚地区，其中就包括了吉里地闷①。

到了近代，中国东南沿海一带的许多人为了经商或是躲避国内动乱，开始大量“下南洋”，来到东南亚，其中一些人由此再去澳洲和北美洲，从而在全世界留下华侨华人的足迹。帝汶岛地属东南亚，又邻近澳洲，也成为华人定居经商之地。到 19 世纪初，东帝汶已形成华人社会。不过，由于东帝汶本来就人少地狭，早期来此的华人并不多。在中国与东帝汶关系史上，由于中国澳门与东帝汶都曾同为葡萄牙殖民地，中国澳门成为中国与东帝汶交往的一个重要桥梁。中国澳门与东帝汶是葡萄牙在远东仅保有的两个殖民地，面积都不大，因此合并管理。由于东帝汶较中国澳门落后，中国澳门一度成了东帝汶的教育、文化甚至贸易中心，东帝汶的总督也由中国澳门的葡萄牙总督兼任，直至 20 世纪初才各自为政。1940 年以前，中国澳门的主教也是东帝汶的主教，葡萄牙、中国澳门、东帝汶的传教士经常往来于三地之间。由于两地间存在如此密切的政治、经济、文化联系，中国澳门的居民很自然地到东帝汶寻求贸易机会，留居在东帝汶的华侨华人也越来越多，从而成为中国与东帝汶关系之间的一条重要纽带②。到20世纪70年代，东华人华侨总数达25000多人，他们逐渐融入当地社会，在东创立了中华商会、中华学校，修建了关帝庙以及华人公墓等，成为东帝汶最重要的外裔人口团体之一③。

（二）中国与东帝汶的现实往来

1. 建交情况

东帝汶奉行务实平衡、睦邻友好的外交政策，迄已同 100 多个国家建交，其中包括中国在内 15 个国家在帝力设立大使馆（或代表处），并派遣常驻大使或代表。1975 年，中国是世界上第一个承认东帝汶独立的国家，2002 年 5 月 20 日东帝汶重获独立当日，时任中国外长唐家璇应邀出席东独立庆典，并与东外长奥尔塔共同签署了《中华人民共和国政府和东帝汶民主共和国政府关于建立外交关系的联合公报》，这是独立后的东帝汶与外国政府签署的第一份建交公报，标志着中国与东帝汶

① “吉里地闷”同“古里地闷”，张宁容．建交以来的中国与东帝汶关系［D］．广东外语外贸大学，2016.

② 刘新生．平等相待 真诚友好—中国与东帝汶建立外交关系 10 周年回顾与展望［J］．东南亚纵横，2012(05)：3–5.

③ 资料来源：中华人民共和国驻东帝汉大使馆官网：http：//tl.chineseembassy.org/chn/zdgx/zdgxgk/t649216.htm

关系发展进入了新的阶段。建交以来，两国本着真诚友好、平等相待、相互支持、共同发展的原则发展和促进双边关系，两国关系始终保持着健康、稳步发展态势。双方在政治上相互尊重、相互信任。东政府和各党派始终坚持“一个中国”政策，支持中国国家统一和领土完整，在中国台湾、西藏等问题上给予中国宝贵支持[①]。

2. 高层互访

近年，在推进“一带一路”建设的背景下，两国高层互访和人员交流不断，中东外交关系得到进一步深化。2014年4月8日，国家主席习近平在人民大会堂会见东帝汶总理夏纳纳。两国领导人一致决定，将双边关系提升为睦邻友好、互信互利的全面合作伙伴关系，秉承传统友好，深化互利合作，携手共同发展。2014年4月9日，国务院总理李克强在海南省三亚市同东帝汶总理夏纳纳举行会谈，李克强向东方介绍了中国提出建设“21世纪海上丝绸之路”的战略构想，并指出东帝汶是重要的一站，中方愿与包括东帝汶在内的海上邻国共同推进“海上丝绸之路”建设，探讨务实合作，实现共同发展。夏纳纳表示，中国为促进亚洲和世界的和平与发展发挥了重要作用，东帝汶视中国为东亚最重要的合作伙伴，愿借鉴中国的发展经验，进一步扩大两国友好互利合作，积极参与“21世纪海上丝绸之路”建设，为推进葡语国家与中国的合作发挥积极作用。

2015年9月2日，鲁瓦克来华出席中国人民抗日战争暨世界反法西斯战争胜利70周年纪念活动。习近平指出，双方要密切高层交往，加强经贸、农业、旅游、石油化工等领域合作；扩大教育、卫生等人文领域交流，加强在气候变化等重大国际问题上的沟通与协作。2016年1月21日，国家副主席李源潮在瑞士达沃斯出席世界经济论坛2016年年会期间会见东帝汶总理阿劳若，李源潮表示中方愿同东方一道，不断增进高层往来，加强21世纪海上丝绸之路建设同东帝汶中长期发展规划的战略对接，加强基础设施、农业、渔业、能源、金融以及执法安全等领域合作，拓展人文交流，打造两国新时期互信程度更高、互利合作更为密切的全面合作伙伴关系。2017年5月19日至20日，习近平主席特使、全国人大常委会副委员长张平在帝力出席东帝汶新总统卢奥洛就职仪式和东帝汶恢复独立15周年庆典，并会见卢奥洛总统。卢奥洛表示，中国特使的莅临体现了东中两国和人民间的友好关系和亲密友谊。东方支持并积极参与“一带一路”建设，愿同中方进一步加强各领域合作，不断提升两国关系发展水平[②]。

---

① 资料来源：外交部官网：双边关系 http：//tl.chineseembassy.org/chn/zdgx/zdgxgk/t649216.htm

② 资料来源：习近平主席特使张平出席东帝汶新总统就职仪式［N］. 人民日报，2017-5-21（3）.

3. 外交往来关系分析

根据中华人民共和国外交部官网的新闻统计，2005 年至 2017 年，共有 36 篇相关的新闻报道中东两国交往情况。本文通过 NVivo 软件（NVivo11）对汇总后的所有新闻进行分析并统计出 20 个高频词汇，双方高度关注“合作”“发展”“建设”“友好”“推动”“共同”“加强”等。“合作”一词出现次数最多，共 189 次，占所统计词频的加权百分比为 2.71%，其次是“发展”一词，总计出现 127 次，占加权百分比为 1.82%，合作与发展出现的频数和所占加权百分比都远远多于或高于其他词语，这表明中东双方主要关注的是各方面的合作关系以及促进双方共同发展。东帝汶经济发展水平落后，是世界上最不发达的国家之一，极力寻求同经济发展水平较高的国家合作发展，中国对外一直奉行务实合作，倡导人类命运共同体理念，追求本国利益时兼顾他国合理关切，在谋求本国发展中促进各国共同发展，在 21 世纪海上丝绸之路建设的背景下，中国同东帝汶有着更加广阔的合作发展空间，特别是在东帝汶基础设施建设、农业发展、能源开发等方面。

总体上，涉及中东双方的外交关系的高频词汇涉及到的主题都是围绕着合作发展、加强建设、不断交流、积极务实等。中国一直支持东帝汶的民族独立和国家建设，积极参加联合国援东工作，自 2000 年以来共派遣民事警察和官员 280 余人次赴东参加联合国维和行动；自 2004 年以来共派出 7 批次援东医疗队，为当地提供良好的医疗服务。中方支持东帝汶建设多个办公楼项目，向东帝汶赠送农机、渔具等物资，为东帝汶公务员提供培训，向东帝汶长期派遣医疗队，支持东帝汶经济重建。此外，东帝汶政府与各大党派也始终坚持“一个中国”政策，支持中国国家统一和领土完整，在中国台湾、西藏等问题上给予中国宝贵支持。

表 TL-1　中国与东帝汶外交往来部分词频列表

单位：%

序号	单词	计数	加权百分比	序号	单词	计数	加权百分比
1	合作	189	2.71	11	经济	29	0.42
2	发展	127	1.82	12	交流	28	0.4
3	建设	43	0.62	13	感谢	27	0.39
4	友好	39	0.56	14	积极	27	0.39
5	推动	38	0.54	15	双方	26	0.37
6	共同	34	0.49	16	互利	25	0.36
7	项目	33	0.47	17	务实	24	0.34

续表

序号	单词	计数	加权百分比	序号	单词	计数	加权百分比
8	加强	32	0.46	18	继续	24	0.34
9	支持	30	0.43	19	提供	23	0.33
10	不断	29	0.42	20	农业	21	0.30

数据来源：中华人民共和国外交部官网新闻

（三）中国与东帝汶的“五通”状况

1. 政策沟通

东帝汶是世界上最不发达的国家之一，但在外交往来、经济合作、国际援助等方面与中国保持着相对良好的政策沟通。2002 年 5 月中东双方签署《中华人民共和国政府和东帝汶民主共和国政府关于建立外交关系的联合公报》，中国成为东帝汶第一个正式建交国。2003 年，中国与东帝汶等七个葡语国家共同参与，发起创立了中国 – 葡语国家经贸合作论坛，其为以经贸促进与发展为主题的非政治性政府间多边经贸合作机制，旨在加强中国与葡语国家之间的经贸交流，发挥中国澳门联系中国与葡语国家的经贸平台作用，促进中国内地、葡语国家和中国澳门的共同发展。中葡经贸合作论坛于 2003 年 10 月 12 日在中国澳门成立及举行第一届部长级会议，中国商务部与列席的东帝汶等 7 个葡语国家部长级官员签署了《经贸合作行动纲领》。

随着中东两国交流的不断加深，近年中国与东帝汶签署了多个涉及双边投资贸易、旅游发展、农业技术等领域的合作文件。2014 年 4 月 9 日上午，李克强总理与东帝汶总理夏纳纳举行会谈，期间双方见证了两国一系列文件的签署，李克强表示中方愿与东帝汶深化农业、能源、人文等各领域务实合作，使两国关系发展成不同幅员、文化、制度国家友好相处的典范。2015 年 12 月 18 日，中国与东帝汶签署首个优买贷款协议，该协议是中国与东帝汶为促进发展东帝汶基础设施建设而签订的第一个政府间贷款协议[①]。2017 年 7 月 13 日，中国驻东帝汶大使刘洪洋在帝力与东外长科埃略分别代表各自政府签署经济技术合作协定，以支持中东双方在医疗和教育领域开展合作。此外，中东双方在各领域还签订的相关文件有《东帝汶（湖南）农业高新技术开发区合作协议》《中华人民共和国政府和东帝汶民主共和国政府关于互免持外交、公务护照人员签证的协定》《中华人民共和国和东帝汶民主共和国关于

① 资料来源：中国外交部官网 http：//www.fmprc.gov.cn/web/zwbd_673032/jghd_673046/t1325614.shtml

中国派遣医疗队赴东帝汶工作的议定书》《中华人民共和国国家旅游局和东帝汶民主共和国旅游部关于旅游合作交流意向书》《中华人民共和国和东帝汶民主共和国关于建立睦邻友好、互信互利的全面合作伙伴关系联合声明》（2014 年 4 月）等等。

2. 设施联通

中国与东帝汶之间的设施联通十分匮乏，截至目前尚没有直达航班，中国公民可经过新加坡、雅加达、巴厘岛转机前往东帝汶首都帝力，帝力机场也是东帝汶唯一的国际机场①。东帝汶基础设施十分落后，截至2017年只有一条在建的高速公路，其他道路质量一般，部分路段只有旱季才能通车；东帝汶没有铁路，也没有修建铁路的规划；帝力港是东帝汶唯一的集装箱码头，且承载部分客运职能，但是由于帝力港自然条件限制，承载能力有限，已经不敷使用；通信方面，东帝汶相关通信服务商提供包括固话、移动和互联网服务，但是资费较高且网速较慢。

3. 资金融通

东帝汶通用美元，并发行与美元硬币等值的本国硬币，货币支付主要以现金为主。东帝汶没有正式的外汇管制，资金可以自由汇入和汇出，目前尚无中资银行进驻东帝汶。东帝汶暂不具有大额融资条件，东帝汶境内不可直接使用人民币交易，需要兑换成美元进行交易，目前中东尚未签署货币互换协议。由于东帝汶的不良贷款率较高，当地银行尤其是有实力的外国银行，融资的可能性较小，融资的成功率很低。不过，东帝汶很多餐厅和大型酒店可以使用银联卡进行支付。当前，中国对东帝汶投资主要以民营企业和个体为主，国有大型企业亦有参与，主要投资领域为餐饮、旅店、百货、建材、服务业等。据中国商务部统计，2016 年当年中国对东帝汶直接投资流量 5533 万美元，截至 2016 年末，中国对东帝汶直接投资存量 1.48 亿美元②。

受制于东帝汶国内融资环境和我国与东帝汶的贸易水平，两国的资金融通关系较为薄弱，不过近年来，随着“一带一路”合作倡议建设的推进，两国之间的资金融通关系取得了一些新的进展。2015 年 12 月 18 日，东帝汶帝力市政排水建设项目中国优买贷款协议签字仪式在东帝汶财政部举行。中国与东帝汶签署首个优买贷款协议，该协议是中国与东帝汶为促进发展东帝汶基础设施建设而签订的第一个政府间贷款协议。协议的签署表明中东双边合作由传统友谊进入务实合作的新阶段，为

① 商务部国际贸易经济合作研究院，商务部投资促进事务局，中国驻东帝汶大使馆经济商务参赞处，对外投资合作国别（地区）指南——东帝汶（2017 版）：20–23.

② 商务部国际贸易经济合作研究院，商务部投资促进事务局，中国驻东帝汶大使馆经济商务参赞处，对外投资合作国别（地区）指南——东帝汶（2017 版）：26–29.

两国今后在基础设施项目建设融资合作提供示范[①]。此外，2017年东帝汶加入亚投行，开辟了基础设施建设新的融资渠道，也深化了与中国资金融通的联系。

总之，随着一带一路的建设以及中国与东南亚日益紧密的联系，中东资金融通将在经济贸易和对口援助中取得更多的突破。

4. 民心相通

中国与东帝汶的民心相通建设主要体现在中方对东帝汶的援助建设上。中国和东帝汶同为发展中国家，都肩负着发展经济、改善民生的重大任务。中国同情东帝汶的历史遭遇，了解东帝汶当前发展的迫切需要，向东提供了大量无偿援助，主要是着眼于提高东自主和可持续发展的能力，使东人民分享中国发展带来的机遇。东帝汶独立以来，中、东两国政府签署了多项经济技术合作协定，在基础设施建设、卫生、农业、人员培训、教育等领域向东提供了力所能及的帮助。中国援建并已落成投入使用的东帝汶外交部办公楼和总统府两个成套项目，目前已成为东帝汶首都帝力的地标性建筑，此外，中国援东小学校、军人住宅、国防部和国防军司令部办公楼等项目相继竣工并交付东方。中国积极支持东帝汶政府能力建设，援助东公务员和技术人员赴华接受培训，涉及管理、旅游、城市规划、贸易投资、热带病防治、基础设施建设、减贫、渔业、小水电等领域。中国政府每年向东提供政府奖学金留学生名额，援助东学生赴华学习。中国还特别关注东民生发展事业，援东杂交水稻示范种植项目等。中国还多次向东提供粮食、安检设备等物资援助。派出多批中国医疗队赶赴东帝汶提供医疗救治服务[②]。2017年第7批中国援东医疗队正式走上工作岗位。东方表示，13年来中国医疗队员以精湛的医术和出色的工作为东医疗卫生事业发展做出了重要贡献，体现了中国政府和人民对东帝汶政府和人民的深情厚谊，赢得了东人民的广泛赞誉[③]。

此外，在中东相关城市的关系上，2008年四川汶川大地震，东帝汶政府向汶川地震灾区捐款50万美元，东帝汶领导人科斯塔在捐款仪式上表示，东帝汶政府和人民对中国政府和人民长期以来对东慷慨援助心存感激，对中国四川今年遭受地震灾害深表同情，祝愿灾区人民早日重建家园[④]。2014年4月12日，中国福建省和东帝汶民主共和国帝力区建立友好省区关系意向书签字仪式在福州举行，福建成为中国首个与东帝汶下属行政区签署建立友好省区意见书的省份，双方都希望友城渠道的

① 资料来源：中国商务部官网：http：//www.mofcom.gov.cn/article/i/jyjl/j/201512/20151201214873.shtml

② 资料来源：中华人民共和国驻东帝汶大使馆：http：//tl.chineseembassy.org/chn/zdgx/zdgxgk/t649216.htm

③ 资料来源：中国商务部官网 http：//www.mofcom.gov.cn/article/i/jyjl/j/201701/20170102507606.shtml

④ 资料来源：中国政府网 http：//www.gov.cn/gzdt/2010-04/08/content_1575797.htm

建立能增进了解、扩大交流合作。2014年12月，湖南省政府代表团赴东考察，并与东政府签署了“湖南与马拉图托省建立友好姊妹城市”的意向书，并且，湖南省商务厅在东帝汶首都帝力设立了商务代表处①。

中国是最早援助东帝汶的国家之一，也是最早同东帝汶建立外交关系的国家，建交以来两国关系取得长足发展，堪称大小国家平等相待、友好合作的典范。但中东两国的交往同样是由两国政府主导，中国居民对东帝汶的关注度不高，通过百度指数显示，近几年来中国网民对于东帝汶的搜索指数基本上维持在2000左右且没有较大的起伏，处于比较低的水平。

5. 贸易畅通

中国和东帝汶正式建交于2002年5月，属于全面合作伙伴关系，自建交以来，双边关系发展顺利。在经济贸易方面，2003年10月，在中国澳门成立的中葡经贸合作论坛上，中国商务部与列席的东帝汶等7个葡语国家部长级官员签署了《经贸合作行动纲领》；自2010年7月1日起，中国逐步对东帝汶95%以上的对华出口产品实行零关税优惠待遇；2016年3月，中国与东帝汶经贸合作联委会机制正式建立并召开第一次会议，在联委会上双方建立了工作层面的联系机制；2017年5月，中国与东帝汶签署两国政府共同推进“一带一路”建设谅解备忘录②。

表TL-2 中国对东帝汶货物进出口贸易情况

单位：百万美元 %

年份	出口总额	进口总额	净出口	进出口总额
2006年	5.79	10.96	-5.17	16.75
2016年	164.27	0.29	163.98	164.56

数据来源：联合国商品贸易统计数据库与WITS数据库

东帝汶经济发展水平低，进出口贸易有限，总体上，中东贸易总额不高，中国对东帝汶货物贸易呈上涨趋势，但进出口总额变化相对较大。2006年中国对东帝汶货物出口总额为5.79百万美元，但是货物进口达到10.96百万美元，贸易逆差为5.17百万美元；到了2016中东货物进出口总额达到了164.56百万美元左右，货物出口总额为164.27百万美元，货物进口总额仅为0.29百万美元，贸易顺差达到163.98百万美元（见表TL-2）。与2006年相比，2016年货物进出口总额增加147.81百万美元，

① 资料来源：中国商务部官网http：//www.mofcom.gov.cn/article/difang/201701/20170102503849.shtml

② 商务部国际贸易经济合作研究院，商务部投资促进事务局，中国驻东帝汶大使馆经济商务参赞处，对外投资合作国别（地区）指南——东帝汶（2017版）：42.

增幅为 9 倍左右，其中货物出口总额增加 158.48 百万美元，增幅 27 倍左右；货物进口总额减少 10.67 百万美元，减少了 97% 左右，货物进口总额远远低于出口总额；货物净出口增加 169.15 百万美元，增幅达到 33 倍左右（见图 TL–1）。

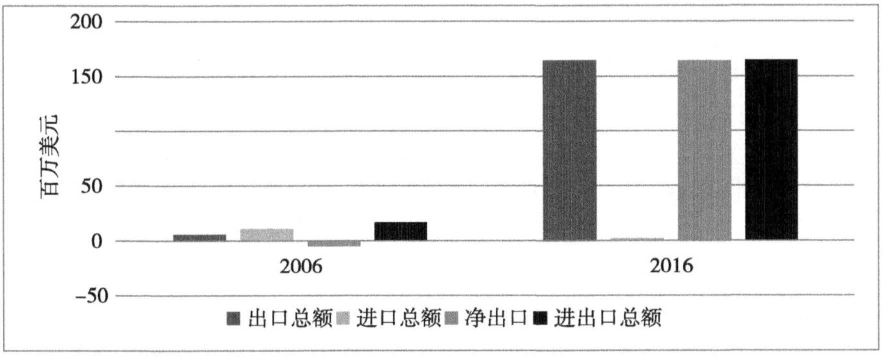

图 TL–1　中国对东帝汶货物进出口贸易情况

（1）中国对东帝汶货物出口情况

近十年中国对东帝汶的出口额是不稳定的，但总体上呈现出波动向上的趋势。2006 年，中国对东帝汶的出口额仅为 5.97 百万美元，2016 年，中国对东帝汶的出口额增加为 164.27 百万美元，出现了大幅的增长，其中 2009 年同比增长率达到了 146.66%，为自 2006 年来最大增幅，同样也显示了当年中国对东帝汶的货物出口未受到国际金融危机的消极影响。虽然中国出口东帝汶货物总额在中国出口全球市场中的排名由 2006 年的 183 位上升到 2016 年的 153 位，但是受制于东帝汶本身的经济发展水平，中国对东帝汶的货物总额仍然处于一个较低水平，2006 年到 2015 年东帝汶占中国出口全球市场份额都不足 0.01%，直到 2016 年才达到该份额（见表 TL–3 和图 TL–2）。

表 TL–3　2006 — 2016 中国对东帝汶货物出口情况

单位：百万美元、%

年份	出口总额	增长率	排名	占比
2006 年	5.79	—	183	<0.01
2007 年	9.52	64.42	185	<0.01
2008 年	9.43	–0.95	189	<0.01
2009 年	23.26	146.66	178	<0.01
2010 年	42.83	84.14	170	<0.01
2011 年	70.43	64.44	169	<0.01

续表

年份	出口总额	增长率	排名	占比
2012 年	62.47	−11.30	173	<0.01
2013 年	47.39	−24.14	178	<0.01
2014 年	60.34	27.33	174	<0.01
2015 年	104.53	73.24	164	<0.01
2016 年	164.27	57.15	153	0.01

数据来源：联合国商品贸易统计数据库与 WITS 数据库

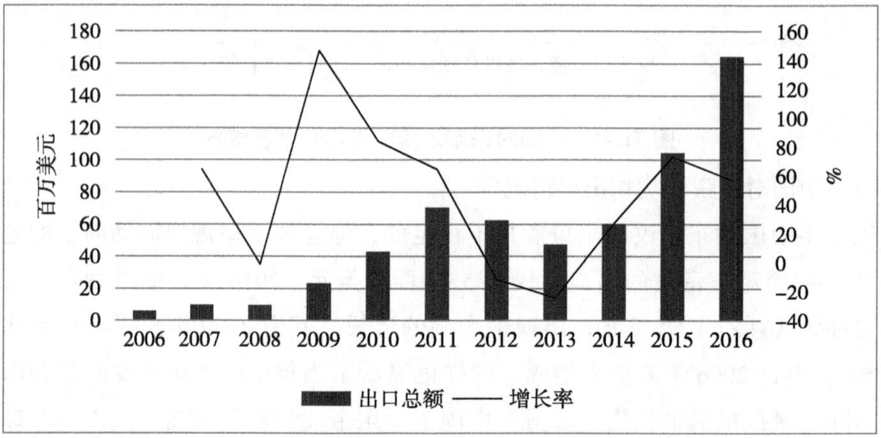

图 TL−2 2006 — 2016 中国对东帝汶货物出口情况

从表 TL−4 分析得知，2006 年中国对东帝汶出口产品种类主要为轻工业产品、农业产品等，集中分布在电子电气设备；谷物；钢铁；塑料及制品；家具、寝具、灯具、活动房；针织服装；钢铁制品；肥皂、洗涤剂、润滑剂、人造蜡、塑形膏等；机械设备及零件；皮革制品、动物肠线制品等等，其中电子电气设备和谷物为主要出口产品，两种产品占出口份额的 57.86%，其中电子电气设备占比 30.57%，谷物占比 27.29%，都远远高于其他产品（见表 TL−4 和图 TL−3）。

表 TL−4 2006 年中国对东帝汶货物出口产品结构

单位：百万美元、%

商品代码	产品名称	出口额	占比	排名
85	电子电气设备	1.77	30.57	1
10	谷物	1.58	27.29	2

续表

商品代码	产品名称	出口额	占比	排名
72	钢铁	0.39	6.74	3
39	塑料及制品	0.29	5.01	4
94	家具、寝具、灯具、活动房	0.24	4.15	5
61	针织服装	0.17	2.94	6
73	钢铁制品	0.16	2.76	7
34	肥皂、洗涤剂、润滑剂、人造蜡、塑形膏等	0.15	2.59	8
84	机械设备及零件	0.13	2.25	9
42	皮革制品，动物肠线制品	0.11	1.9	10

数据来源：联合国商品贸易统计数据库与 WITS 数据库

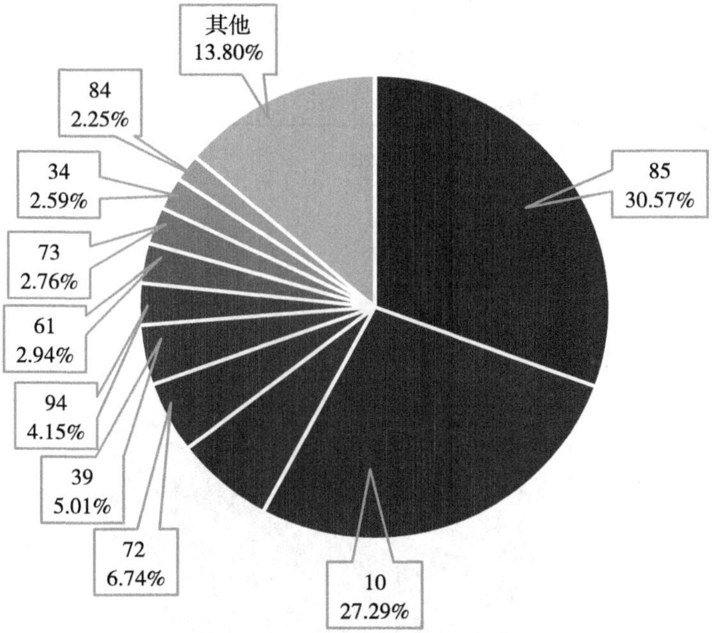

图 TL-3　2006 年中国对东帝汶货物出口产品结构

2016 年中国对东帝汶的货物出口集中在工业制品上，主要分布在机械设备及零件；电子电气设备；钢铁制品；钢铁；车辆及零件（轨道除外）；塑料及制品；鞋靴类；盐、硫黄、泥土及石料；陶瓷产品；家具、寝具、灯具、活动房等等。其中机械设备与零件；电子电气设备；钢铁制品；钢铁；车辆及零件（轨道除外）五种货物为主要出口产品，占比分别达到 18.49%、16.08%、10.64%、10.23%、9.81%（见表 TL-5 和图 TL-4）。

表 TL-5 2016 年中国对东帝汶货物出口产品结构

单位：百万美元、%

商品代码	产品名称	出口额	占比	排名
84	机械设备及零件	30.38	18.49	1
85	电子电气设备	26.42	16.08	2
73	钢铁制品	17.48	10.64	3
72	钢铁	16.8	10.23	4
87	车辆及零件（轨道除外）	16.12	9.81	5
39	塑料及制品	6.98	4.25	6
64	鞋靴类	4.5	2.74	7
25	盐，硫黄，泥土及石料	4.32	2.63	8
69	陶瓷产品	4.32	2.63	9
94	家具、寝具、灯具、活动房	4.15	2.53	10

数据来源：联合国商品贸易统计数据库与 WITS 数据库

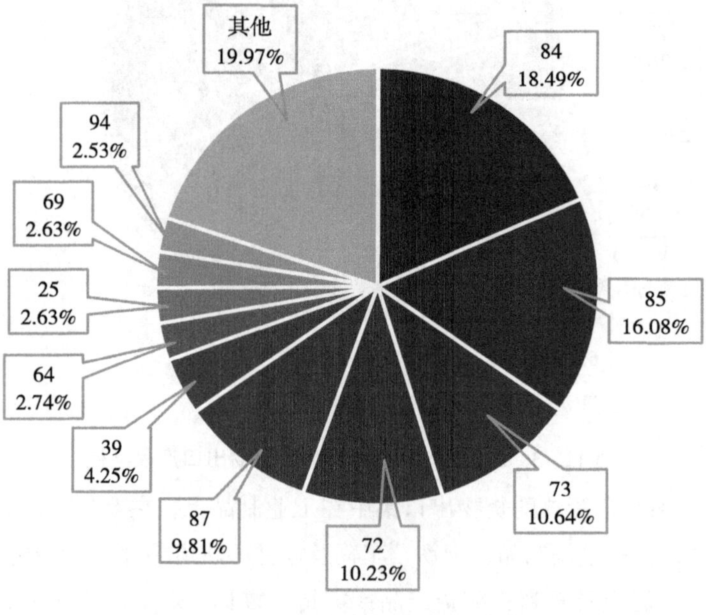

图 TL-4 2016 年中国对东帝汶货物出口产品结构

与 2006 年相比，中国对东帝汶的货物出口结构主要发生了以下两个变化，一是出口产品种类由集中向分散演化，2006年出口主要货物只有两种且所占比例都远高于其他产品，2016年为五种，各产品所占比例差距逐渐缩小；第二是产品种类中农业产品的出口大大下降，出口产品种类向工业产品集中，在2006年出口产品中谷物所占比例达到27.29%，在所有出口产品中排名第二，但是2016年前10中没有农业产品且绝大部分为工业产品。

（2）中国从东帝汶进口货物情况

东帝汶建国时间短，国内经济发展水平低，近十年来中国从东帝汶进口货物总额低，总体趋势呈现出动荡不稳定状态，历年同比增幅差距巨大。2006年，中国从东帝汶进口货物达到顶峰，进口额为1096.4万美元左右，达到近十年之最；但是2016年中国自东帝汶进口额仅29.2万美元，出现巨大负增长。东帝汶在中国全球进口货物总份额中占比低，从2006年到2016年占比从未超过0.01%，且排名除了2006年位于139名，其他年份都处于180名到190名之间（见表TL-6和图TL-5）。

表TL-6　2006-2016年中国从东帝汶进口货物情况

单位：万美元、%

年份	进口总额	增长率（%）	排名	占比
2006年	1096.4	—	139	<0.01
2007年	4.9	−99.55	186	<0.01
2008年	10.6	116.33	186	<0.01
2009年	2.3	−78.30	195	<0.01
2010年	25	986.96	181	<0.01
2011年	174.3	597.20	173	<0.01
2012年	68.8	−60.53	182	<0.01
2013年	39.7	−42.30	184	<0.01
2014年	10	−74.81	190	<0.01
2015年	72.5	625.00	183	<0.01
2016年	29.2	−59.72	184	<0.01

数据来源：联合国商品贸易统计数据库与WITS数据库

从结构上来看，2006年，中国自东帝汶进口产品种类少，且进口十分物品集中。当年中国自东帝汶共进口五大类产品，涉及到矿物燃料、矿物油、沥青；钢铁；咖啡、茶、马黛茶及调味香料；机械设备及零件；电子电气设备。其中矿物燃料、矿物油、沥青进口额为1080.90万美元，占2006年中国从东帝汶货物进口总额的 98.58%（见表 TL-7 和图 TL-5）。

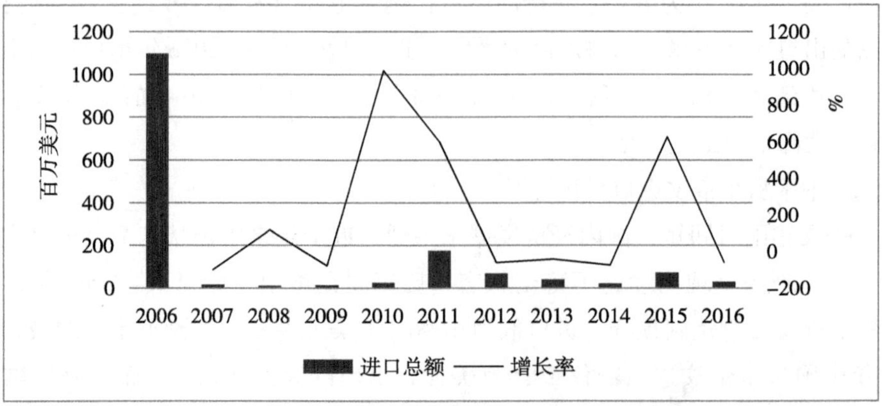

图 TL–5　2006 — 2016 年中国从东帝汶进口货物情况

表 TL–7　2006 年中国向东帝汶进口货物结构

单位：万美元、%

代码	进口物品	进口额	排名	占比
27	矿物燃料、矿物油、沥青	1080.90	1	98.58
72	钢铁	10.59	2	0.97
9	咖啡、茶、马黛茶及调味香料	2.26	3	0.21
84	机械设备及零件	1.76	4	0.16
85	电子电气设备	0.91	5	0.08

数据来源：联合国商品贸易统计数据库与 WITS 数据库

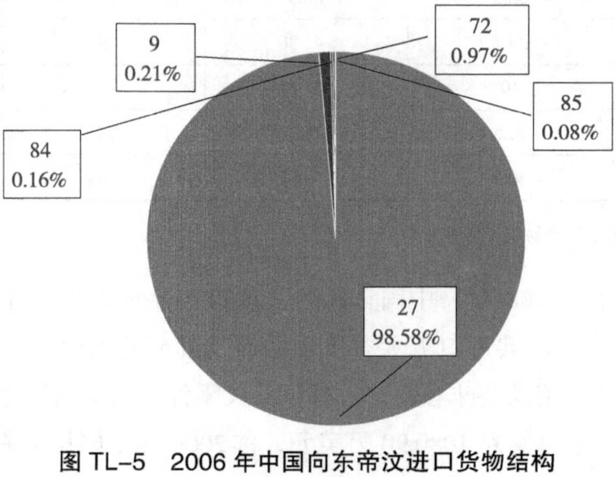

图 TL–5　2006 年中国向东帝汶进口货物结构

2016 年中国从东帝汶进口货物种类依旧不多，且相对比较集中。2016 年中国主要从东帝汶进口五大类产品，包括含油籽仁、药用植物、秸秆及饲料；咖啡、茶、马黛茶及调味香料；木及木制品、木炭；电子电气设备和编结用植物材料、其他植物产品等等。其中含油籽仁、药用植物、秸秆及饲料；咖啡、茶、马黛茶及调味香料两大类产品共占比 67.39，为主要进口产品（见表 TL–8 和图 TL–6）。

表 TL–8　2016 年中国向东帝汶进口货物结构

单位：万美元、%

商品代码	产品名称	进口额	占比	排名
12	含油籽仁、药用植物、秸秆及饲料	10.26	35.19	1
9	咖啡、茶、马黛茶及调味香料	9.39	32.20	2
44	木及木制品，木炭	2.82	9.67	3
85	电子电气设备	2.32	7.96	4
14	编结用植物材料，其他植物产品	1.97	6.76	5

数据来源：联合国商品贸易统计数据库与 WITS 数据库

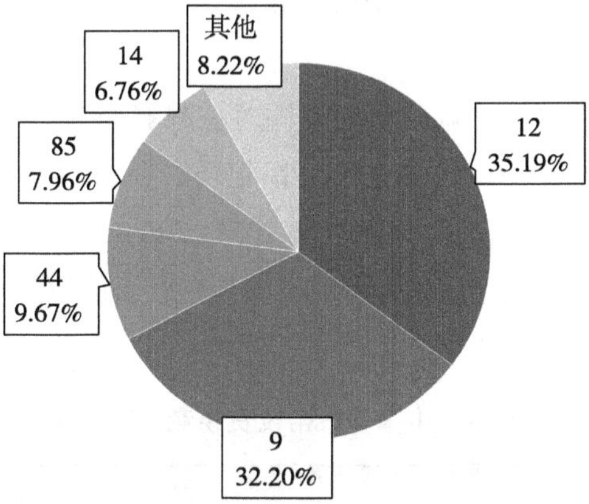

图 TL–6　2016 年中国向东帝汶进口货物结构

2016 年与 2006 年相比，中国自东帝汶进口货物结构主要发生了以下两个变化，一是主要产品种类由能源产品和工业产品变成农业产品，2006 年产品种类主要是矿物燃料、矿物油、沥青、钢铁等，但 2016 年主要的产品为含油籽仁、药用植物、秸秆及饲料；咖啡、茶、马黛茶及调味香料等。其次是，进口产品所占份额集中度下降，在 2006 年进口的矿物燃料、矿物油、沥青占所有进口货物总额的 98% 以上，但是 2016 年的两大类主要产品含油籽仁、药用植物、秸秆及饲料；咖啡、茶、马黛茶及调味香料则各占 35.19%、32.20%。

（3）中国与东帝汶的贸易关系分析

中国与东帝汶的贸易互补关系总体不强。2013 年，以中国出口计算的贸易互补指数为 0.1177，在东帝汶与“一带一路”国家贸易互补关系中排名第 25 位；以中国进口计算的贸易互补指数为 0.0355，在东帝汶与“一带一路”国家贸易互补关系中排名第 22 位。

中国与东帝汶的贸易互补指数有减弱的趋势。以中国出口计算，2005 年、2013 年 TCI 分别为 0.1334、0.1177，相比较 2005 年，2013 年中国与东帝汶贸易互补指数减少了 0.0157，在东帝汶与“一带一路”国家贸易互补关系中排名由 22 位降为 25 位，在贸易互补有减弱的趋势；以中国进口计算，2005 年、2013 年 TCI 值分别为 0.0486、0.0355，相比较 2005 年，2013 年中国与东帝汶贸易互补指数减少了 0.0131。

中国与东帝汶的贸易互补关系中，以中国出口计算的贸易互补指数大于以中国进口计算的贸易互补指数，利于中国出口，同时也利于东帝汶进口。2005 年，以中国出口计算的 TCI 值 0.1334 大于以中国进口计算的 TCI 值 0.0486，说明在贸易互补关系上，利于中国出口；2013 年，以中国出口计算的 TCI 值 0.1177 大于以东帝汶出口计算的 TCI 值 0.0355，说明在中国与东帝汶的贸易互补关系中，仍然利于中国出口。

中国与东帝汶之间的贸易竞争很弱，同时有减弱的趋势。2005 年中国与东帝汶的竞争指数（CS）为 0.0393，贸易竞争关系很弱，在与“一带一路”相关国家贸易竞争指数中排名为 9 位。2013 年 CS 值为 0.0051，在与“一带一路”相关国家贸易竞争指数中排名为 25 位。相比较 2005 年，中国与东帝汶的贸易竞争指数下降了 0.0342 排名下降了 16 位（见表 TL–9）。

表 TL–9　中国与东帝汶贸易竞争互补关系

年份	竞争指数	互补指数	
		以中国出口计算	以中国进口计算
2005 年	0.0393	0.1334	0.0486
2013 年	0.0051	0.1177	0.0355

数据来源：重庆“一带一路”投资与贸易研究实验室

6. 总结

东帝汶 2002 年建国，国土面积不足 1.5 万平方公里，人口仅仅在 120 万人左右，被联合国开发计划署列为亚洲最贫困国家和全球 20 个最落后的国家之一，根据世界银行2017年公布的营商环境报告，东帝汶的营商便利程度在190个国家或地区中排名第175位[①]。总体来说，中国与东帝汶的贸易总额并不高，且地理位置相距甚远，民间交流有限，但是中方一贯主张国家无论大小、强弱、贫富，都应在相互尊重、平等互利基础上求合作、谋发展，中国和东帝汶同属发展中国家，都面临发展经济、改善民生、向贫困宣战的任务。

总体上，虽然东帝汶国家贸易规模、国际影响力等都较小，但是中国和东帝汶仍然有较多的合作机会。特别是当前东帝汶仍处于国家建设的初级阶段，亟须吸引更多外来投资，加大基础设施建设，为经济长期稳定发展奠定坚实基础；同时，东帝汶地处印度洋和太平洋的交汇地带，是海上丝绸之路的重要沿线国家，地理位置得天独厚；自东帝汶建国以来，中东双方不断推进政治互信，两国人员往来日益密切，各方面的合作有序展开。这些都为在“一带一路”建设背景下的中东合作提供了良好的机遇。中方也致力于与东帝汶一道努力，深化基础设施、农业、能源、人文等各领域务实合作，使两国关系发展成不同幅员、文化、制度国家友好相处的典范。

① 商务部国际贸易经济合作研究院，商务部投资促进事务局，中国驻东帝汶大使馆经济商务参赞处，对外投资合作国别（地区）指南——东帝汶（2017版）：16-17.

七、中国与菲律宾历史渊源与“五通”状况研究

菲律宾位于亚洲东南部，北隔巴士海峡与中国台湾遥遥相对，南和西南隔苏拉威西海、巴拉巴克海峡与印度尼西亚、马来西亚相望，西濒南中国海，东临太平洋。菲律宾人口约为1亿98万（2015年8月），其中马来族占全国人口的85%以上。菲律宾有70多种语言，其中国语是以他加禄语为基础的菲律宾语，英语为官方语言。菲律宾为出口导向型经济，第三产业在国民经济中地位突出，农业和制造业也占相当比重。2015年，菲律宾国内生产总值达到2850亿美元，人均国内生产总值2799美元，国内生产总值增长率为5.8%。菲律宾奉行独立的外交政策，迄已同126个国家建交，中菲是传统友好邻邦，1975年建交后，两国关系发展顺利，务实合作不断深化①。2016年，杜特尔特执政菲律宾以来，就南海问题改善和发展中菲关系达成重要共识，双方政治互信不断加深，各领域合作全面展开，菲律宾成为“一带一路”建设的重要伙伴。

（一）中国与菲律宾历史渊源

1. 朝贡与海上贸易

早期中菲的历史渊源主要体现在朝贡与海上贸易上。三国至隋唐大致是中菲间的初步交往时期。早在公元3世纪、4世纪，中菲之间就有了联系。据陈寿的《三国志》记载，三国时期，东吴政权曾派大臣出使东南亚的扶南、交趾等数十国，使臣一度到达菲律宾境内的臣延、耽兰和杜薄等地。隋唐时期，虽然没有关于中菲贸易情况的文字记载，但是根据考古发现，当时已有中国至菲律宾的海上贸易航线，即从泉州经占城、渤泥到菲律宾的南海航路。在菲律宾曾发掘出大量的唐代文物，其中在黎刹省和宿务岛挖掘出唐瓷器，在巴布延岛、依罗戈省、卡加延苏禄岛等地

① 资料来源：中国一带一路网：https：//www.yidaiyilu.gov.cn/gbjg/gbgk/10008.htm

有晚唐瓷器出土。据统计，在菲律宾群岛上出土的中国瓷器数量位居东南亚各国之首①。

公元 9 世纪末期至 14 世纪前期（大致相当于中国的宋元时期）是古代中菲关系与贸易的重大发展时期，政治上的朝贡贸易带动了民间贸易。在公元 11 世纪初，棉兰老岛上的蒲端国通过朝贡方式与中国封建王朝建立了直接的联系，公元 1003 年至 1011 年间先后 5 次遣使中国。此时，民间贸易也获得重大的发展，福建商人开辟了一条直通菲律宾的新的南海“陶瓷之路”，即从福建横渡台湾海峡 – 台湾南端的沙马头澳 – 穿越巴士海峡、巴林塘海峡 – 吕宋岛的吕宋港和其他港口。新航线缩短了中菲之间航程所需时间，商旅们一年即可来回一次。新航线的开辟将中菲贸易推向了一个新的发展阶段，到 12 世纪初，这条航线上的中菲民间贸易就已相当频繁了②。

14 世纪后期至 15 世纪前期是古代中菲交往与贸易的繁荣鼎盛阶段。在民间贸易存在的同时，走私贸易发展起来，朝贡贸易达到了鼎盛。菲律宾群岛上的古国已相继消失（苏禄除外），相继出现合猫里、吕宋、冯嘉施兰、古麻剌朗、网巾礁老等新兴小国。南部成为菲律宾对外贸易的中心，成为香料、海产和中国货物的集散地之一，与摩鹿加群岛、渤泥和中国均有频繁的贸易往来③。明前期，实行海禁政策，建立了较为完备的朝贡贸易体制，朝贡贸易开始逐步取代民间贸易成为唯一合法的贸易途径。郑和曾派部下 3 次到达马尼拉湾、民都洛和吕宋。郑和的到来促使菲律宾群岛上的各“邦国”竞相来华，这种朝贡贸易在明永乐帝时期达于鼎盛④。在明永乐帝执政前 22 年时间里，中菲双方的这种官方往来就达 13 次之多⑤。公元 1571 年，西班牙殖民者先侵占吕宋，后又相继占领了菲律宾其他各岛⑥。值得注意的是菲律宾被殖民以后中菲朝贡关系并未断绝，据清史相关记载，雍正五年（1727）六月，苏禄国遣喇嗅达臣龚廷彩、巴禄达臣阿石舟为使，贡珍珠欢增、花布、金头牙萨、白幼洋布、苏山竹布、燕窝、龙头花刀、夹花标枪、满花番刀、藤席、猿十二种物品。清廷赐宴，令其定期五年一贡。雍正十一年（1733）六月，苏禄国王亲自奉表谢恩，要求为其祖修整坟墓、修理牌坊等。清世宗同意办理。乾隆八年（1743），苏禄使者马明光奏请三年后复修朝贡，清高宗命仍遵雍正五年所定五年一贡之例。

---

① 中山大学东南亚历史研究所编：《中国古籍中有关菲律宾资料汇编》，上海：中华书局，1980 年版，第 3 页 .

② 金应熙主编：《菲律宾史》，开封：河南大学出版社，1990 年版，第 37 页 .

③ 金应熙：《菲律宾史》，开封：河南大学出版社，1990 年版，第 113 页 .

④ 《明太祖实录》，卷一零七 .

⑤ 中山大学东南亚历史研究所编：《中国古籍中有关菲律宾资料汇编》，上海：中华书局，1980年版，第21–32页 .

⑥ 杨静林 . 古代中菲关系与贸易 [J]. 东南亚纵横，2010（06）:73–76.

乾隆十九年（1754）苏禄遣使贡方物，乾隆二十八年（1763），苏禄国遣使贡方物等等①。

2. 民间贸易与抗日战争

早在16世纪中叶西班牙人在菲律宾建立殖民统治之初，当时华侨就以其在马尼拉涧内的居留地为贸易中心，每年与中国以及日本等地进行着频繁的贸易往来，成为当时沟通中国与菲律宾群岛之间贸易往来的重要桥梁。据载，在西班牙人统治时期的1887年，“华人在小吕宋五万余”②，到了19世纪末西班牙人的统治结束以前，全菲华侨人口估计约为10万人，其中居住在首都马尼拉及其周围地区的华侨在4万人以上③。进入本世纪初以来，菲律宾的华侨人口没有显著的增长，据1934年“侨务委员会”发表的《侨务统计辑要》，全菲华侨人口约为110500万人。另据菲律宾方面的调查统计，到二战以前的1939年，全菲华侨人口约为117487人④。

自20世纪初以来，尽管菲律宾的华侨人口不到全菲总人口的百分之一，但在菲律宾的社会经济生活中却占有重要的地位。据载，1912年，在菲律宾的华侨批发商有3335人，居全菲首位，零售商有8455人，该年华侨出售的货值达3.2亿比索，占全菲贸易总额的五分之三。至于华侨在菲律宾投资和经营的各种工商实业更是种类繁多，不可胜数。在大米、蔗糖、椰子、麻、木材、烟草等菲律宾的主要经济产业中，都有华侨大量的投资和经营。据估计，迄至1930年，华侨在菲律宾的总投资额已达1.6亿比索⑤。此外，菲律宾的各华商组织也以其自身的特点和本行业的优势，对中菲间的贸易往来发挥了巨大的作用。二战前，在菲律宾的华商组织，除首都马尼拉和各大都市诸如黎牙实比、三描、碧瑶、宿务及怡朗等地均有中华商会之外，各行业的华商还在菲律宾建立各种同业公会和行业组织，诸如：菲律宾中华木商会、中华米商会、中华烟叶商会、中华国货人口商会、中华药商会、中华华侨杂货商会、中华鞋业公会、中华杂品商同业公会、华侨菜商同业公会、华侨铁商公会、华侨杂货商会、华侨雪文（肥皂）商联合会以及华侨信局联合会等。这些华商组织和商会，均以加强华商的团结、维护华商的利益、推进和拓展菲律宾与中国之间的经贸往来和交流为其宗旨，尤其在国货的引进和销售更是不遗余力、全力以赴。正是由于有了广大华商的不懈努力，使得国货对菲律宾的出口额增长迅速，1928年中

① 杨立冰．略论古代中菲关系[J]. 印度支那，1987（01）:44–49.

② 张荫桓：《三洲日记》，“光绪十三年（1887年）闰四月十五日”条．

③ Jhon Foreman，The Philippine Islands，P. 127 · London. 1899 ·

④ 郁树锟主编：《南洋年鉴》，第十篇“华侨”，第244页，新加坡，1951年版．

⑤ 郁树锟主编：《南洋年鉴》，第十篇“华侨"，第245页，新加坡，1951年版．

国对菲律宾的出口贸易额为584.8万海关两，1929年增至741.8万海关两，到1930年则更增至835.3万海关两①。

1931年日本帝国主义发动了侵略中国东北三省的“九·一八”事变，从此也拉开了菲律宾华侨支援中国抗日的序幕，其支援举措主要表现在以下几个方面：第一，宣传抗日救国，抵制日货；第二，捐款捐物，援助中国；第三，组织青年回国参军、参战；第四，参加“南洋机工队”，运送抗日物资；第五，拥护抗日民族统一战线等②。

（二）中国与菲律宾现实往来

1. 建交情况

1949年新中国成立之后，菲律宾依然与台湾的国民党政权保持外交关系，拒绝承认新独立的中华人民共和国。1955年的万隆会议，菲律宾麦格赛赛总统委任罗慕洛为代表团团长，代表团被告诫要鼓动继续不承认中华人民共和国，并且不允许中国大陆加入联合国。所以，尽管中国总理周恩来保证不会侵略或者直接威胁菲律宾，甚至邀请菲律宾人访问中国，希望协商解决移民国籍问题，邀请菲律宾派官员访华，但被对方一一拒绝③。1966年，由于遭到严重的自然灾害，菲律宾大米歉收，不得不进口大米以满足国内的需要。当时中国作为一个重要的大米出口国，立即对此做出反应，宣布以低于世界市场20%-30%的价格向菲律宾提供万吨大米，这一决定在菲律宾引起了重大的政治争论。1971年5月，菲律宾国会组织了一个20人的代表团访问北京，这是1949年之后菲律宾首次组团访问大陆。1971年9月，菲律宾派出第一个官方贸易代表团参加广州交易会，6个月以后，菲律宾总统马科斯签署了第384号总统行政命令，使菲律宾同社会主义国家的贸易正式合法化④。1972年5月，中国与菲律宾发生了自40年代以来的首次直接贸易。1975年4月12日马科斯总统签署颁布第270号指令，让符合归华资格的所有华侨集体归华，从而解决了多年来困扰华侨生存的国籍问题。在这项指令之下，纠缠了20多年的逾期游客问题也终于趁此解决。同年6月，菲律宾马科斯总统夫妇访问中国，并于9日与中国签署建交公报。

---

① 聂德宁．近代中国与菲律宾的贸易往来［J］．海交史研究，1998（02）：91-103.

② 张世均．菲律宾华侨对抗日战争的贡献［J］．北京师范大学学报（人文社会科学版），2002（02）：79-85.

③ 汪新生《现代东南亚政治与外交》，广西人民出版社，1998年，第217页．

④ 程毕凡、谢陈秀瑜：《中国与东盟国家经济关系现状和发展趋势》，中国社会科学出版社，1988年，第6页．

2. 关系深化

八九十年代以后，随着冷战的结束和中国的崛起，中菲关系虽然在中国台湾问题和南海争端上面临诸多挑战，但总体呈现出不断深化的趋势，1993 年 4 月 25 日至 30 日，菲律宾拉莫斯总统对中国进行了国事访问，启程前于 4 月 21 日宣布取消了限制对华贸易的一对一方案（即贸易平衡方案），排除了限制两国贸易交往的贸易障碍。1995 年 5 月，菲律宾政府签署了第 244 号行政令，将中国从共产主义中央统制经济国家的名册中删除，从此菲律宾商人与中国进行贸易不必再经过菲律宾国际贸易公司的批准，为中菲贸易扩展提供了便利。1996 年 11 月，中国主席江泽民对菲律宾进行国事访问，两国领导人同意建立“中菲面向 21 世纪的睦邻互信合作关系”，并就南海问题上“搁置争议，共同开发”达成重要共识和谅解。2000 年 5 月，在经过中菲双方的努力之后，埃斯特拉达总统对中国进行国事访问，期间中菲双方签署了《面向 21 世纪的双边合作的框架的联合声明》，双方表示将致力于发展中菲长期稳定的睦邻互信合作关系。

2001 年中国加入世界贸易组织后，在中国 – 东盟关系日趋密切以及中国经济迅速发展的背景下，菲律宾期待与中国发展“健康、全面、长期的友好关系”。2002 年，菲律宾总统阿罗约宣布每年 6 月 9 日为“中菲友谊日”，2005 年 4 月 26 至 28 日，中国国家主席胡锦涛先生应邀对菲律宾进行了为期三天的国事访问。双方一致认为，“中菲关系已经进入伙伴关系的黄金时期，两国决定建立致力于和平与发展的战略性合作关系。”在中国总理温家宝 2007 年对菲律宾的访问中，双方重申中菲关系正处于伙伴关系的黄金时期，在中国南海问题上，“双方相信，东盟与中国不久将同意通过具体行动和项目来落实 2002 年签署的《南海各方行为宣言》，并致力于制定《南海地区行为准则》。

3. 南海风波

随着奥巴马重返亚洲战略的提出，中菲外交关系围绕南海岛屿主权问题出现了新的曲折和波澜，2010 年 6 月，阿基诺三世当选菲律宾总统后，中菲两国在南海摩擦不断，阿基诺三世在南海问题上摆出强硬姿态，引起两国矛盾不断升级，最终导致黄岩岛事件的发生。

2013 年 1 月，菲律宾共和国时任政府违背中国和东盟国家 2002 年共同签署的《南海各方行为宣言》共识和承诺，单方面提起南海仲裁案。菲律宾把原本不属于《联合国海洋法公约》（以下简称《公约》）调整的领土问题，以及被中国 2006 年依据《公约》第 298 条做出的排除性声明排除的海洋划界等争议加以曲解和包装，构成对《公约》争端解决机制的滥用。菲律宾妄图借此否定中国在南海的领土主权和海洋权益[1]。2016年7月12日，菲律宾南海仲裁案仲裁庭做出非法无效的所谓最终裁决。中方多次声明，菲律宾共和国阿基诺三世政府单方面提起仲裁违背国际法，仲裁庭没有管辖权，中国不接受，不承认。

2016年6月30日，杜特尔特就职成为菲律宾第16任总统，同年10月12日，应国家主席习近平邀请，杜特尔特于10月18日至21日对中国进行了国事访问。杜特尔特执政以后，一改阿基诺三世在南海强硬的态度，使得中菲一度对峙的外交关系发生大转变，在2016年10月21日，在杜特尔特与习近平主席《中华人民共和国与菲律宾共和国联合声明》中，双方就涉及南海的问题交换了看法。双方重申争议问题不是中菲双边关系的全部。双方就以适当方式处理南海争议的重要性交换了意见。双方重申维护及促进和平稳定、在南海的航行和飞越自由的重要性，根据包括《联合国宪章》和1982年《联合国海洋法公约》在内公认的国际法原则，不诉诸武力或以武力相威胁，由直接有关的主权国家通过友好磋商和谈判，以和平方式解决领土和管辖权争议。2017年5月，杜特尔特总统到访北京并出席一带一路国际合作高峰论坛，在与李克强的会谈上，杜特尔特表示，菲中关系正沿着正确轨道发展，务实合作取得前所未有的进展。菲方希望借鉴中国经济发展经验，加强基础设施建设、农渔业、食品加工、电子商务、科技、中小企业、旅游等广泛领域合作。菲方支持“中国制造2025”，愿大力加强产能合作，欢迎中国企业赴菲投资。菲方愿同中方谱写两国合作新篇章，共同维护地区和平稳定[2]。

4. 外交往来关系分析

根据中华人民共和国外交部官网显示的新闻统计，2005年至2017年共有120余篇新闻报道涉及中菲两国交往情况。本文通过NVivo软件（NVivo11）对汇总后的相关报道进行分析并选择了22个高频词汇，双方高度关注的词汇有“合作”“发展”“南海”“东盟”“仲裁”“友好”“稳定”“经济”“和平”等。其中合作与发展是双方最关注的领域，在定性分析中，合作一次出现455次、发展出现290次分别占比2.28%和1.45%，位列所有词汇中的第一位和第二位。近年来，虽然中菲双边的关系因南海问题受到影响，但是没有改变合作与共同发展的主流交往趋势，随着南海局势的缓和，双方各方面合作交流重回正轨，不断加强在一带一路建设、人文交流、海上对话、区域一体化等方面的合作对话，致力于促进共同发展，共享发展胜果。

---

① 资料来源：新华社2016年7月13日

② 资料来源：中国政府网：http：//www.gov.cn/xinwen/2017-05/15/content_5194203.htm

其次，出现频率较多的词汇是“南海”“仲裁”等词。南海问题是中菲双方的历史问题和主权问题，2013 年 1 月，菲律宾时任阿基诺政府违背《南海各方行为宣言》精神，《联合国海洋法公约》中的相关原则以及中菲双方长期以来就南海争议达成的谅解，单方面就中菲在南海的有关争议提起仲裁，2014 年 12 月，中国政府发表关于菲律宾所提南海仲裁案管辖权问题的立场文件，全面系统阐述中国不接受、不参与仲裁以及仲裁庭对本案明显没有管辖权的立场和理据，未来裁决结果做出后，也将不承认、不执行。此后一年多的时间中菲双方外交关系降至冰点。2016 年，随着杜特尔特执政菲律宾，在中菲领导人的交流沟通下，南海紧张局势得到有效缓解。当下，双方将充分发挥南海问题双边磋商机制和海警海上合作机制作用，加强海上对话，通过平等友好协商，积极稳妥推动海上油气勘探等合作，将南海争议从阻碍中菲关系发展的负能量，转变为促进中菲友好合作的正能量。

第三出现较多的词汇有“东盟”“友好”“推动”“地区”“稳定”等词。中国是东盟最坚定的支持者和东盟合作最积极的参与者，菲律宾是东盟的创始国，也是最为重要的成员国之一，中菲都积极推动中国同东盟关系的进步，包括建立中国—东盟对话机制、促进中国—东盟自贸区升级、建设中国—东盟互联互通、加强中国—东盟防务直通以及中国—东盟海洋合作等。近年来，中菲双方在不同场合，通过积极对话，不断推动中菲，以及中国与其他东盟国家的友好往来，推进地区经济共同发展与和平稳定。

表 PH–1　中国与菲律宾外交往来部分词频列表

单位：%

序号	单词	计数	加权百分比	序号	单词	计数	加权百分比
1	合作	455	2.28	12	和平	66	0.33
2	发展	290	1.45	13	经济	61	0.31
3	南海	154	0.77	14	支持	56	0.28
4	东盟	135	0.68	15	交流	50	0.25
5	仲裁	105	0.53	16	努力	49	0.25
6	友好	97	0.49	17	建设	50	0.25
7	加强	96	0.48	18	经贸	50	0.25
8	推动	94	0.47	19	主权	48	0.24
9	地区	79	0.4	20	争议	47	0.24
10	稳定	73	0.37	21	促进	48	0.24
11	积极	71	0.36	22	重要	48	0.24

数据来源：中华人民共和国外交部官网新闻

此外出现较多的词汇还有“经济”“支持”“交流”“建设”“经贸”等词。中菲自建交以来就不断推动中菲经济发展的务实合作，从1975年的《中华人民共和国政府和菲律宾共和国政府贸易协定》到2017年《中菲经贸合作六年发展规划》，经济建设始终摆在中菲交往的突出位置，中菲已经在农业、渔业、公共工程和基础设施建设、住宅建设、矿产资源开发、能源、制造业等开展合作交流。总体上，近年来，菲律宾与中国之间的贸易总额持续增长，其中菲律宾对中国的进口额更是增长显著，从2010年至2017年保持20.7%的年平均增速，使得中国在2016年超越日本跃升为菲律宾第一大贸易伙伴，并保持这一位置。此外，中菲两国隔海相望，菲律宾自古就是海上丝绸之路的重要一站。在共建“一带一路”的历史新时代，菲律宾成为一带一路合作倡议重要的参与者和受益者。

（三）中国与菲律宾的“五通”状况

1. 政策沟通

1975年6月，周恩来总理和菲律宾总统马科斯在北京签署《中华人民共和国政府和菲律宾共和国政府建交联合公报》，代表着中菲关系正式迈入新的阶段，此后，2000年5月，菲律宾总统埃斯特拉达对华进行国事访问，与江泽民主席在北京共同签署《中华人民共和国政府和菲律宾共和国政府关于21世纪双边合作框架的联合声明》。2004年9月，菲律宾总统阿罗约对华进行国事访问，双方发表《中华人民共和国与菲律宾共和国联合新闻公报》。2005年4月，胡锦涛主席对菲律宾进行国事访问，双方发表《中华人民共和国与菲律宾共和国联合声明》。2009年10月，杨洁篪外长对菲律宾进行正式访问，双方共同签署了《中华人民共和国政府和菲律宾共和国政府关于战略性合作共同行动计划》，这些文件有力地促进了中菲双边关系的深入发展。

2016年10月，菲律宾新任总统杜特尔特对华进行国事访问，中菲双方发表《中华人民共和国与菲律宾共和国联合声明》，其中签订了包括《中国政府和菲律宾政府经济技术合作协定》《中国国家发展改革委和菲律宾国家经济发展署关于开展产能与投资合作的谅解备忘录》《中国国家发展改革委与菲律宾交通部、公共工程与公路部关于交通基础设施合作项目清单的谅解备忘录》《中国商务部和菲律宾贸工部签署关于加强贸易、投资和经济合作的谅解备忘录》《中国商务部和菲律宾国家经济发展署关于编制中菲经济合作发展规划的谅解备忘录》《中国商务部和菲律宾财政部关于支持开展重大项目可行性研究的谅解备忘录》《中国农业部与菲律宾农业部农业合作行动计划（2017 — 2019）》《中国国新办和菲律宾总统府新闻部关于新闻、信息交流、培训和其他事宜的备忘录》《中国质检总局和菲律宾农业部关于动植物检验检疫合作谅解备忘录》《中国海警局和菲律宾海岸警卫队关于建立海警海上合作联合委员会的谅解备忘录》《中国国家旅游局和菲律宾旅游部旅游合作谅解备忘录执行计划（2017 — 2022）》《中国公安部禁毒局和菲律宾肃毒局合作议定书》《中国进出口银行和菲律宾财政部融资合作备忘录》十三项旨在促进中菲发展的政策性文件[①]。

杜特尔特执政菲律宾以来，中菲双方重申"争议问题不是中菲双边关系的全部，双方应当以适当方式处理南海争议"，加之一带一路的建设的大力开展，中菲的关系开始重返正轨，各方面的交流继续深入，2017 年 3 月，在国务院副总理汪洋访问菲律宾期间双方签署了《中菲经贸合作六年发展规划》，2017 年 7 月 25 日，外交部部长王毅在马尼拉与菲律宾外长卡亚塔诺共同签署了《中国和菲律宾外交部合作谅解备忘录》。2017 年 11 月 15 日下午，在李克强总理和菲律宾总统杜特尔特见证下，中国银行与菲律宾财政部在菲律宾总统府签署了《菲律宾共和国 2017 年人民币债券发行承销协议》。此外中菲两国还签订了《赤口河灌溉项目和卡利瓦大坝项目融资合作协议》《银企合作谅解备忘录》《促进中菲中小企业跨境贸易与投资战略合作协议》等文件。

中菲双方都是 2002 年《南海各方行为宣言》的签字国，都致力于建设中国与东盟的良好关系以及维护地区稳定和共同发展，在一带一路建设的大背景下，中菲之间的政策沟通也将面临更大的空间。

2. 设施联通

随着中菲关系的不断深入发展，两国之间的设施联通也不断加强，自 2007 年中国南航在上海开通大陆至菲律宾宿务的第一条国际直达航线以来，北京、上海、厦门、广州、昆明、泉州等城市已经开通中国直飞菲律宾马尼拉的航班；厦门、重庆、成都、昆明等城市开通了直飞菲律宾宿务的航班；广州，海口等港口已经开通到菲律宾马尼拉港和宿务港的海运航线，秦皇岛等港口开通直达菲律宾达沃港海运航线。

但总体上中国与菲律宾的设施联通较为薄弱，菲律宾的基础设施普遍落后，尤其是交通道路、能源供应、港口运输三大设施十分落后。世界经济论坛 2016 年 9 月公布的《全球竞争力报告》显示，在与印尼、马来西亚、新加坡、泰国和越南等 5 国的横向比较中，菲律宾基础设施远远落后，道路、铁路、港口、机场、电力、

① 资料来源：中国外交部官网：http：//www.fmprc.gov.cn/web/zyxw/t1407676.shtml

移动电话评分均排名最后。菲律宾基础设施老旧，供给严重不足，尤其是道路和港口，制约了经济发展。不过这正是中菲两国在“一带一路”倡议下可以重点合作的领域[①]。2016 年 1 月 16 日亚投行开业仪式在北京举行，在开业的一年内共批准 9 个贷款项目，其中就包括对菲律宾方面马尼拉洪灾治理和便捷巴士两个项目。中国在大型港口建设、通信建设、电力水利建设、机场铁路建设等都有着丰富的技术经验和综合优势，这使得在一带一路合作倡议持续推动的背景下，随着中菲南海局势的缓和，双方在设施联通的建设上有着更加广阔的合作空间。

3. 资金融通

据中国商务部统计，2015 年中国对菲律宾直接投资 3142 万美元，中国对菲律宾直接投资存量 4.32 亿美元。2016 年当年中国对菲律宾直接投资流量为 3221 万美元，截至 2016 年年末，中国对菲律宾直接投资存量为 7.19 亿美元，同比增长了 66.44%，中国在菲律宾投资主要涉及矿业、制造业和电力等领域。值得注意的是，菲律宾与中国的货币互换协议已于 2010 年 4 月 18 日到期，尚未签署新的货币互换协议。菲律宾主要流通货币为比索，可自由兑换。中国银行在马尼拉设有分行，目前，中国银行正在推动人民币与比索直接结算业务。中国国内各银行发行的信用卡，只要是带有 Visa 或者 Master 标识的信用卡，都可以在菲律宾的机场、饭店、大型购物中心等场所使用，很多商店也接受使用银联卡[②]。

近年来，随着南海局势的缓和，一带一路合作倡议的深入推进，中菲在资金融通方面取得了许多新的进展。2016 年 12 月菲律宾总统杜特尔特到访中国银行，菲律宾相关部门与中国银行签署了《促进中菲中小企业跨境贸易与投资战略合作协议》，同时，中国银行与菲律宾 Ayala 集团、FDC 集团、JD 顶峰集团、Pan Pacific 公司、Udenna公司等 7 家企业签署了《银企合作谅解备忘录》[③]。2017 年 11 月 15 日中国银行与菲律宾财政部在菲律宾总统府签署了《菲律宾共和国 2017 年人民币债券发行承销协议》。根据该协议，中国银行将作为牵头主承销商及独家簿记管理人，协助菲律宾政府在我国银行间市场注册并择机发行其首笔人民币债券（“熊猫债”）。2017 年 11 月 15 日，中国进出口银行行长与菲律宾财政部签署了《赤口河灌溉项目和卡利瓦大坝项目融资合作协议》。此次融资合作协议的签署，标志着进出口银行与菲律宾政

① 陆建人，蔡琦．“一带一路”倡议下中国与菲律宾的经济合作［J］，国际经济合作，2017（03）：12-19.

② 资料来源：商务部国际贸易经济合作研究院，商务部对外投资和经济合作司，中国驻菲律宾大使馆经济商务参赞处，对外投资合作国别（地区）指南——菲律宾（2017 版）：19-21

③ 资料来源：中国青年网 http：//news.youth.cn/gn/201610/t20161022_8770988.htm

府合作进入了新阶段，是进出口银行积极推进中菲合作的具体体现[①]。

此外，在中国政府的倡议下，2014 年 10 月 24 日，菲财长普利斯马在北京正式签署《筹建亚投行备忘录》，菲律宾成为最早支持成立亚投行的国家之一和亚投行首批 21 个意向创始成员国之一，2015 年 12 月 31 日，菲律宾驻华大使巴西里奥代表政府在北京签署《亚洲基础设施投资银行协定》，菲律宾是以创始成员国的身份加入亚投行。在一带一路合作倡议不断推进的大背景下，亚投行成为了中国与菲律宾资金融通的重要平台。2016 年末，亚投行决定注资菲律宾基础设施建设，这是菲律宾国家“史无前例的基础设施建设”融资。这次的投资资金不仅仅出自亚投行，还有亚投行联合的其他金融组织，投资金额大致为 13 亿美元，亚投行落实了对菲律宾基础设施建设的两个项目分别是：马尼拉洪灾治理 - 总投资值 230 亿比索，约合 4.7 亿美元并与世界银行共同承担融资值；便捷巴士（包括63个车站在内的大巴运输系统）-总投资值 370 亿比索，约合 7.56 亿美元。

菲律宾对中国的投资，出于经济发展水平的差异、严重的投资壁垒与法制环境、领土争端，以及中国国内经济环境的种种变化等各方面的原因，菲律宾对华投资有不停下滑的趋势，但对比其他东盟国家的投资基本一致并相对稳定。随着菲律宾新总统的执政及“一带一路”推行，中菲关系慢慢缓和，政治障碍也在不断地消除。2016 年 10 月中菲签署了 13 项合作协议，中国对菲律宾的注资势必会大幅度上涨[②]。

总体而言，中菲资金融通在未来的发展中依旧面临着良好的机遇，截至 2016 年末，菲律宾在中国对东盟十国直接投资存量中排在第 9 位，仅高于文莱[③]，相对于菲律宾国内的经济发展水平，中菲资金融通尚有很大空间，加之南海局势的缓和、中菲在政治层面良好的对话、“一带一路”合作倡议建设的持续推进以及菲律宾国内不断扩大的基础设施建设需求都为双方提供了更好合作契机。

4. 民心相通

为了更好地促进中国和菲律宾在教育领域的双边合作，早在 2007 年中国教育部与菲律宾高等教育委员会就签署了教育合作备忘录，为双方在学生交流领域铺平了道路。2009 年 11 月中国与菲律宾签署教育互认协议，以促进中国和菲律宾两国高等教育学历学位互认，便于两国学生在对方国家进一步学习深造。随着两国交往不断

---

① 资料来源：中国进出口银行官网 http：//www.eximbank.gov.cn/tm/Newlist/index_343_30520.html

② 丁子涵．“一带一路”背景下中菲经贸关系分析［J］．合作经济与科技，2018（01）：66-68.

③ 资料来源：中华人民共和国商务部，统计局，国家外汇管理局：2016 年中国对外直接投资统计公报：33

加深，越来越多的菲律宾留学生来华学习，2017 年，中国教育部设立“丝绸之路”中国政府奖学金用于资助菲律宾等海上丝绸之路国家的留学生。此外，中国和菲律宾还合作建立了红溪礼示大学孔子学院、亚典耀大学孔子学院、布拉卡国立大学孔子学院、菲律宾大学孔子学院四所孔子学院，用以交流中国文化，加强教育合作①。

在旅游上，菲律宾旅游部门官方数据显示，2016 年中国超过日本成为菲律宾第三大游客来源地，访菲游客总数为 67.57 万人次，占比 11.3%，同比增长 37.7%，增幅为所有游客来源地首位；2017 年前 10 个月的时间内，菲律宾游客量排名前五的国家依次是：韩国、中国、美国、日本、澳大利亚，中国游客量达 81.0807 万人次，占总游客量的 14.81%，与 2016 年同期数据相比，中国游客数量增长 39.28%，在未来几年内中国有望成为菲律宾第一大游客来源地。为了促进中菲旅游的交流合作，2016 年 10 月中菲签署了《中华人民共和国国家旅游局和菲律宾共和国旅游部合作谅解备忘录执行计划（2017–2022）》，根据该执行计划，双方将在旅游从业人员和管理人员交流、旅游信息交换、旅游安全和质量保证、联合推广、旅游培训等方面开展合作。2017 年 8 月，为了带动菲律宾旅游业发展及吸引投资，菲律宾境管局决定向符合资格的中国公民签发落地签证，其中包括旅游团的成员和会议代表人员。中国公民可申请的落地签停留期为 30 天，但可申请延期最长至 6 个月。

近年来，中菲两国在文化传媒交流上也取得突破性进展，2017 年 2 月中国国际广播电台与菲律宾总统府新闻部及主要官媒签署合作协议，协议签署后，双方将在信息共享、人员互访、技术交流和共同制作节目等方面开展合作。菲律宾总统府新闻部副部长布亚特表示，菲律宾新闻部高度赞赏中国国际广播电台为推动中菲两国媒体合作所做的努力，希望通过与国际台的合作，让更多菲律宾人了解中国文化，更多中国人了解菲律宾文化②。2017 年 5 月中国外文局与菲律宾总统府新闻部签署新闻出版合作备忘录，此次达成的合作备忘录包括：人员交流，双方互派人员赴对方国家媒体开展工作交流；内容合作，定期选择双方稿件等新闻内容互换，在双方报纸、期刊、网站等媒体上刊登，以更准确的内容和方式真实报道各自国家在政治、经济、社会、文化等领域的发展；合作出版，推荐图书并共同完成书籍的翻译出版和发行工作③。

此外，菲律宾还与我国 11 个省州、19 个城市建立了友好城市关系，总数量排在

---

① 资料来源：孔子学院官网 http：//www.hanban.edu.cn/confuciousinstitutes/node_10961.htm

② 资料来源：中国国际广播电台官网：中国国际广播电台与菲律宾总统府新闻部及主要官媒签署合作协议 http：//www.cri.com.cn/2017-02-15/818e71fa-c8ed-913f-5a6f-725dc814fe4f.html#ad-image-0

③ 资料来源：中国网 http：//www.china.com.cn/news/2017-05/16/content_40826700.htm

亚洲国家中第五位，显示了中菲较为良好的城市交往水平[①]。

据百度指数显示，从2011年至2017年，中国居民对于菲律宾的网络关注平均日均值处于4929左右且比较稳定并未表现出增长的趋势，但在黄岩岛事件、南海仲裁、杜特尔特当选总统并访华等事件上中国居民对菲律宾的关注度达到不同的高峰，这也表明中国居民在与中国自身息息相关的事件中，才对菲律宾有着很高的关注度。总体上，中菲民意沟通还有待加强，与美、日的非政府组织遍布全菲不同，中国企业在与菲律宾的交往中多走官方路线，缺少地方交流和民间沟通。中菲的合作多依靠中央政府的推动，一旦政府换届或关系恶化，不接地气的两国合作多少会受到阻碍[②]。当然，在新的政治气候下，中菲之间的民意交流也展现出新的机遇，中方也期待在一带一路合作倡议的不断推进中，与菲方加强沟通交流，在民心相通建设上取得更加丰富的成果。

5. 贸易畅通

菲律宾是世贸组织（WTO）、亚太经合组织（APEC）和东盟（ASEAN）成员国，承诺推进区域自由贸易和到2020年消除贸易壁垒。1975年6月9日，中菲两国在建立正式外交关系之际，签署了第一个政府间贸易协定，之后，又签署了双边投资保护协议和避免双重征税协定。2005年4月两国政府签署了《促进贸易和投资合作的谅解备忘录》，2006年6月签署了《关于扩大和深化双边经济贸易合作的框架协定》，2017年3月双方签署了《中菲经贸合作六年发展规划》[③]。这些协议推动了中菲之间的贸易往来，推动了两国共同发展。截至2016年末，中国已经成为菲律宾第一大进口来源地及第三大出口目的国。

总体上，2016年中菲货物进出口总额由2005年的约176亿美元增长到约472亿美元左右，增长增幅达到169.01%，2005年，中国对菲律宾货物进出口总额约176亿美元，其中出口约47亿美元，进口约129亿美元，净出口约-82亿美元；2016年，中国对菲律宾货物进出口总额约472亿美元，其中出口约298亿美元，进口约174亿美元，净出口约124亿美元。与2005年相比，2016年中国对菲律宾货物出口总额增加约251亿美元，增长约536.50%，货物进口总额增长约45亿美元，增长约35.17%（见表PH-2和图PH-1）。

---

① 资料来源：中国国际友好城市联合会官网：http：//www.cifca.org.cn/web/WordGuanXiBiao.aspx

② 陆建人，蔡琦．“一带一路”倡议下中国与菲律宾的经济合作［J］．国际经济合作，2017（03）：12-19.

③ 资料来源：商务部国际贸易经济合作研究院，商务部对外投资和经济合作司，中国驻菲律宾大使馆经济商务参赞处，对外投资合作国别（地区）指南——菲律宾（2017版）：16-18.

表 PH-2　中国对菲律宾货物进出口贸易情况

单位：百万美元 %

年份	出口总额	进口总额	净出口	进出口总额
2005 年	4687.63	12869.69	–8182.06	17557.32
2016 年	29836.57	17395.89	12440.68	47232.46

数据来源：联合国商品贸易统计数据库与 WITS 数据库

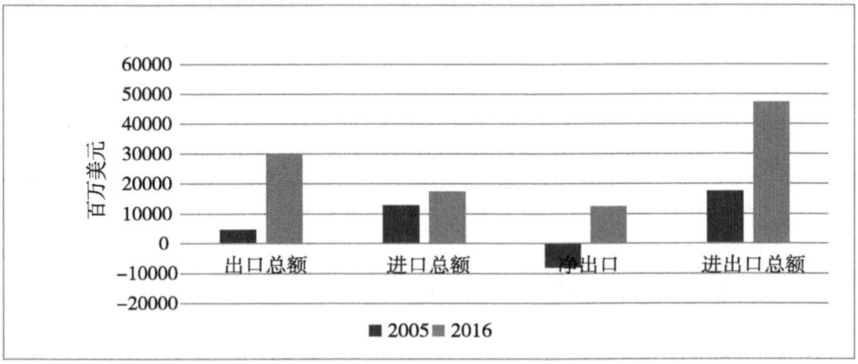

图 PH-1　中国对菲律宾货物进出口贸易情况

（1）中国对菲律宾的出口情况

2005 年至 2016 年中国出口菲律宾货物总额整体上呈上升趋势，2005 年至 2008 年，中国出口菲律宾货物持续增长。受国际金融危机的影响，2009 年中国对菲律宾出口出现下滑，货物出口总额为 86 亿美元左右，同比下降 6%，这也是近十年来中国对菲律宾出口最低值，但是随着国际经济形势好转，随后的 2010 年中国对菲律宾货物出口总额同比增幅 34.43%，成为近十年来最大增幅。2010 年至 2016 年，中国对菲律宾出口持续增加，2016 年，中国对菲律宾出口额约 298 亿美元，同比增长 11.87%。此外，菲律宾在中国对各国货物出口份额排名中比较稳定，2005 年至 2012 年一直在 25 到 30 名之间徘徊，近年来排名有所上升，2016 年为第 19 名。在中国对外货物出口的占比中，菲律宾呈现出上升趋势，2005 年为 0.62%，2016 年增长到 1.42%（见表 PH-3 和图 PH-2）。

表 PH-3　2005-2016 年中国出口菲律宾情况

单位：百万美元 %

年份	出口总额	增长率	排名	占比
2005 年	4687.63	—	25	0.62

续表

年份	出口总额	增长率	排名	占比
2006 年	5738.14	22.41	28	0.59
2007 年	7528.38	31.20	27	0.62
2008 年	9132.23	21.30	29	0.64
2009 年	8584.71	-6.00	26	0.71
2010 年	11540.28	34.43	27	0.73
2011 年	14255.39	23.53	29	0.75
2012 年	16732.21	17.37	25	0.82
2013 年	19868.13	18.74	23	0.90
2014 年	23473.58	18.15	24	1.00
2015 年	26670.79	13.62	23	1.17
2016 年	29836.57	11.87	19	1.42

数据来源：联合国商品贸易统计数据库与 WITS 数据库

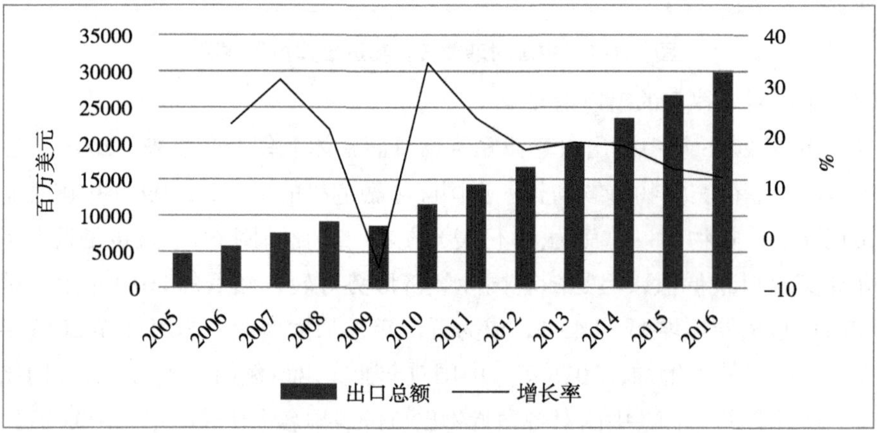

图 PH-2　2005-2016 年中国出口菲律宾情况

2005 年中国对菲律宾货物出口集中在工业产品上，主要电子电气设备；机械设备及零件；钢铁；矿物燃料、矿物油、沥青；车辆及零件（轨道除外）；塑料及其制品；钢铁制品；精密仪器及设备；棉花；针织服装等。其中电子电气设备与机械设备及零件为出口菲律宾最主要的产品，出口额为 14.82 亿美元左右，占比到达了 31.61%，远远高于其他产品（见表 PH-4 和图 PH-3）。

表 PH-4 2005 年中国对菲律宾货物出口产品结构

单位：百万美元、%

商品代码	出口物品	出口额	排名	占比
85	电子电气设备	1481.70	1	31.61
84	机械设备及零件	489.09	2	10.43
72	钢铁	233.09	3	4.97
27	矿物燃料、矿物油、沥青	202.98	4	4.33
87	车辆及零件（轨道除外）	158.41	5	3.38
39	塑料及其制品	143.63	6	3.06
73	钢铁制品	140.99	7	3.01
90	精密仪器及设备	119.03	8	2.54
52	棉花	99.33	9	2.12
61	针织服装	85.03	10	1.81

数据来源：联合国商品贸易统计数据库与 WITS 数据库

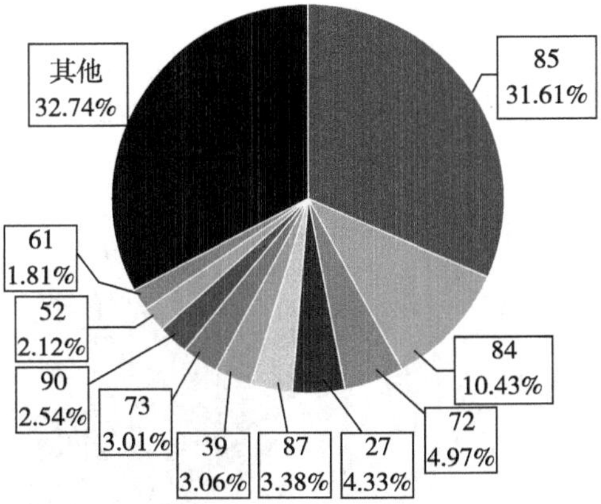

图 PH-3 2005 年中国对菲律宾货物出口产品结构

2016 年，中国出口菲律宾货物仍然集中工业产品上，其中主要进口货物有电子电气设备；机械设备及零件；钢铁；棉花；矿物燃料、矿物油、沥青；车辆及零件（轨道除外）；针织服装；塑料及其制品；玩具、游戏、运动用品；钢铁制品等。其中第一位的电子电气设备出口额约为 42.5 亿，占比 14.24%（见表 PH-5 和图 PH-4）。

表 PH-5　2016 年中国对菲律宾货物出口产品结构

单位：百万美元、%

商品代码	产品名称	出口额	占比	排名
85	电子电气设备	4249.88	14.24	1
84	机械设备及零件	2676.84	8.97	2
72	钢铁	2329.36	7.81	3
52	棉花	1534.51	5.14	4
27	矿物燃料、矿物油、沥青	1426.76	4.78	5
87	车辆及零件（轨道除外）	1329.79	4.46	6
61	针织服装	1209.59	4.05	7
39	塑料及其制品	1131.45	3.79	8
95	玩具、游戏、运动用品	1084.41	3.63	9
73	钢铁制品	918.34	3.08	10

数据来源：联合国商品贸易统计数据库与 WITS 数据库

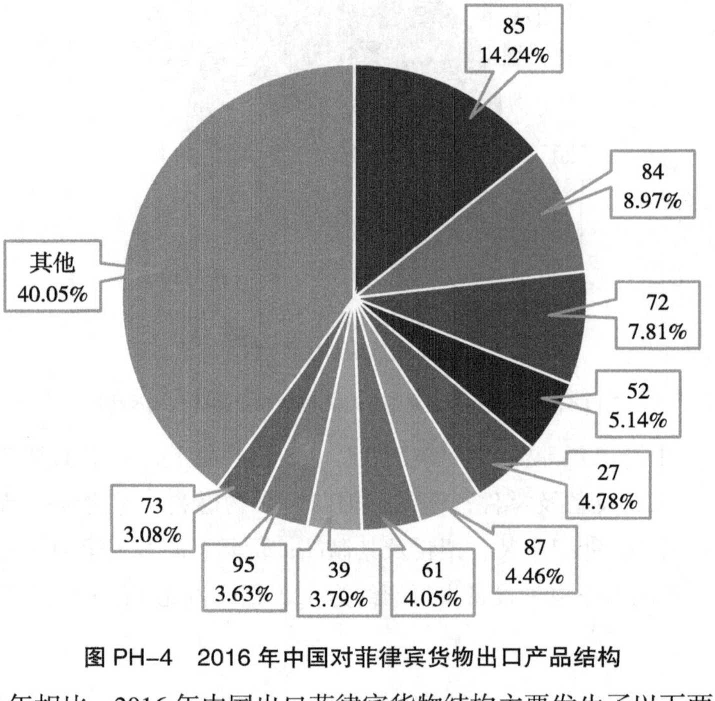

图 PH-4　2016 年中国对菲律宾货物出口产品结构

与 2005 年相比，2016 年中国出口菲律宾货物结构主要发生了以下两个变化：第一是出口货物产品仍然集中在工业产品领域，但是部分非工业产品出口额度上升，例如棉花出口额占比由2005年的2.12%增长到5.14%，排名由第九位增长到第四位；其次是部分货物出口额度上升，但是占比下降，总体上各货物出口占比由2005年较为集中变成较为均匀分散，主要出口产品占比差距缩小，例如，2005年排名第一的电子电气设备出口额度约为14.82亿美元，占比达到31.61%，但是2016年同样排名第一的电子电气设备出口额达到42.5亿美元左右，占比却下降到14.24%。

（2）中国从菲律宾进口的情况

总体趋势上，从2005年至2016年中国自菲律宾进口额是动荡不稳定的，2007年为近十年最高额，进口额为231.18亿美元，同比增长30.8%；随着国际金融危机的爆发，2008年和2009年两年出现大幅度下跌，分别下跌了15.63%、38.75%，2009年为近十年最低值，进口额为119.47亿美元。2010年触底反弹后，进口额增长趋势只保持了两年，随后又开始新的波动，2016年中国自菲律宾进口173.96亿美元，同比下降8.28%。值得注意的是，总体上，中国自菲律宾进口占总进口比例以及同各国进口排名中都处于下降趋势，2005年中国自菲律宾进口占总进口1.95%，2016年下降为1.10%；2005年菲律宾在中国进口来源国中进口额排名第12，2016年下降到22名（见表PH-6和图PH-5）。

表 PH-6　2005 年中国自菲律宾进口情况

单位：百万美元、%

年份	进口总额	增长率	排名	占比
2005年	12869.69	—	12	1.95
2006年	17674.56	37.33	10	2.23
2007年	23117.84	30.80	9	2.42
2008年	19504.74	–15.63	17	1.72
2009年	11946.61	–38.75	21	1.19
2010年	16220.26	35.77	21	1.16
2011年	17992.32	10.92	23	1.03
2012年	19643.21	9.18	22	1.08
2013年	18181.83	–7.44	24	0.93
2014年	20984.13	15.41	24	1.07
2015年	18965.65	–9.62	20	1.13
2016年	17395.89	–8.28	22	1.10

数据来源：联合国商品贸易统计数据库与WITS数据库

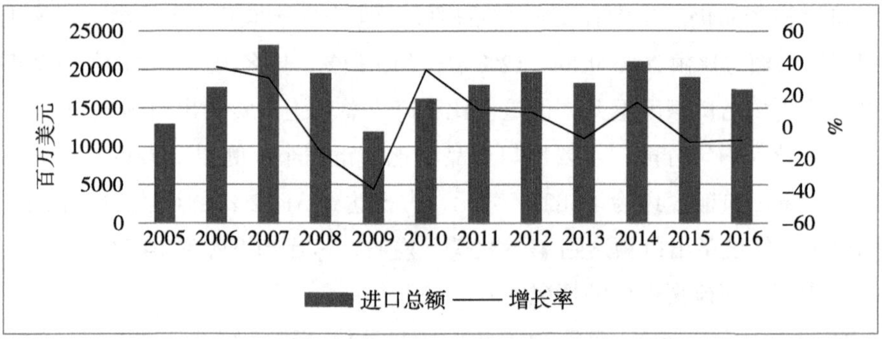

图 PH-5　2016 年中国自菲律宾进口情况

2005 年中国自菲律宾进口主要产品为电子电气设备；机械设备及零件；精密仪器及设备；铜及其制品；矿物燃料、矿物油、沥青；食用水果及坚果；矿石、矿渣和灰；钢铁；塑料及其制品；铝及其制品等。中国自菲律宾进口产品主要为工业产品，且集中度很高，仅仅电子电气设备；机械设备及零件；精密仪器及设备三项占比就超过了 93%，特别是电子电气设备最为突出，进口额达到 91.46 亿美元，占进口总额的 71.07%（见表 PH-7 和图 PH-6）。

表 PH-7　2005 年中国从菲律宾进口货物情况及占比

单位：百万美元、%

代码	物品	进口额	排名	占比
85	电子电气设备	9146.02	1	71.07
84	机械设备及零件	2484.32	2	19.30
90	精密仪器及设备	378.98	3	2.94
74	铜及其制品	252.59	4	1.96
27	矿物燃料、矿物油、沥青	142.60	5	1.11
8	食用水果及坚果	92.14	6	0.72
26	矿石、矿渣和灰	58.96	7	0.46
72	钢铁	54.15	8	0.42
39	塑料及其制品	48.75	9	0.38
76	铝及其制品	28.47	10	0.22

数据来源：联合国商品贸易统计数据库与 WITS 数据库

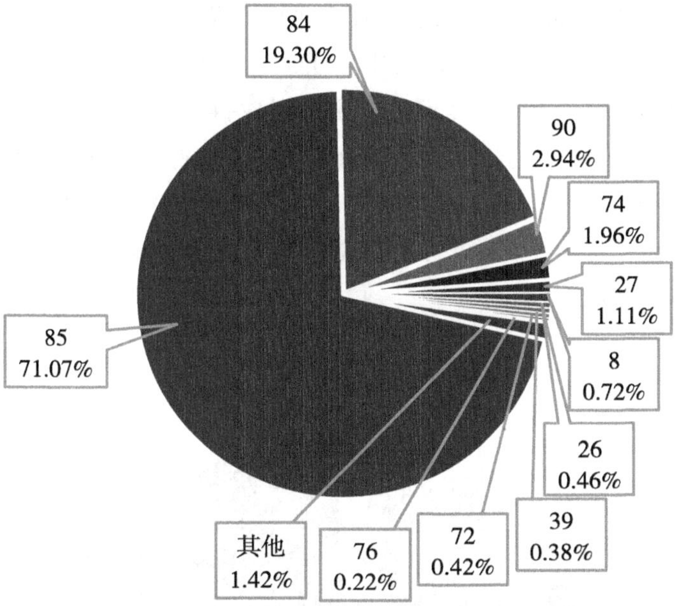

图 PH-6　2005 年中国从菲律宾进口货物情况及占比

2016 年中国从菲律宾主要进口的货物有电子电气设备；机械设备及零件；矿石、矿渣和灰；矿物燃料、矿物油、沥青；精密仪器及设备；食用水果及坚果；铜及其制品；塑料及其制品；有机化学品；车辆及零件（轨道除外）等，其中排在第一的是电子电气设备，出口额为 94.62 亿美元，占比达到了 54.39%（见表 PH-8 和图 PH-7）。

表 PH-8　2016 年中国从菲律宾进口货物情况及占比

单位：百万美元、%

商品代码	进口物品	进口额	排名	占比
85	电子电气设备	9462.22	1	54.39
84	机械设备及零件	3804.31	2	21.87
26	矿石、矿渣和灰	1296.54	3	7.45
27	矿物燃料、矿物油、沥青	611.51	4	3.52
90	精密仪器及设备	510.04	5	2.93
8	食用水果及坚果	492.47	6	2.83
74	铜及其制品	258.60	7	1.49
39	塑料及其制品	209.00	8	1.20
29	有机化学品	139.87	9	0.80
87	车辆及零件（轨道除外）	57.13	10	0.33

数据来源：联合国商品贸易统计数据库与 WITS 数据库

与2005年相比，2016年中国自菲律宾进口商品结构发生以下两个变化，第一是部分非工业产品出口额度的大幅上升，2005年进口食用水果及坚果额度不足1亿美元，2016年则进口接近5亿美元，增幅约5倍左右；第二是排名靠前的工业产品进口额度变化小，但是所占比例呈下降趋势，且各工业产品进口比例差异呈现缩小趋势；2005年和2016年中国自菲律宾进口的电子电气设备都为当年各类商品进口额度中的第一位，且额度相差很小，但是2005年，电子电气设备占总进口额度的71.07%，2016年下降为54.39%。

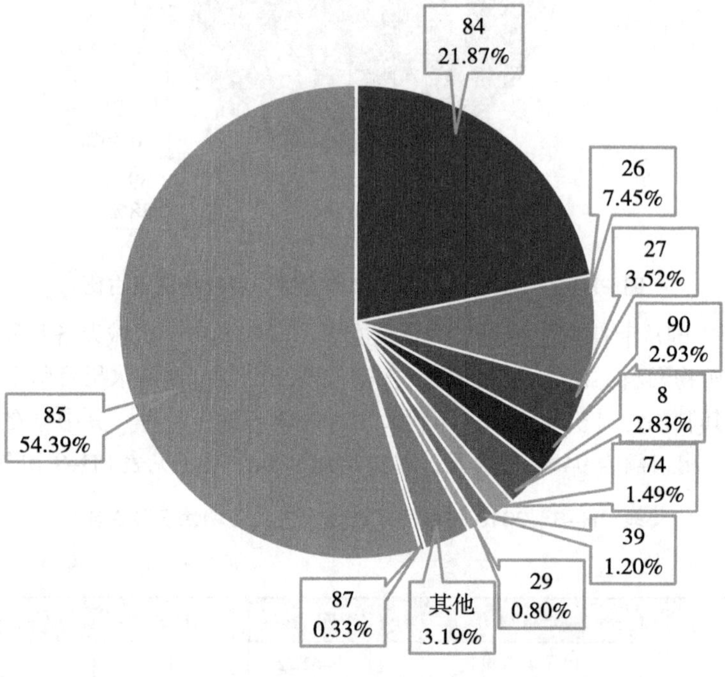

图 PH-7　2016年中国从菲律宾进口货物情况及占比

（3）中国与菲律宾的贸易关系分析

中国与菲律宾的贸易互补关系总体不算很强。2016年，以中国出口计算的贸易互补指数为0.2811，在“一带一路”相关国家中排名第38位；以中国进口计算的贸易互补指数为0.1653，在“一带一路”相关国家中排名第26位。

中国与菲律宾的贸易互补指数有增强的趋势，两国应加强贸易联系。以中国出口计算，2005年、2016年TCI分别为0.21、0.2811，相比较2005年，2016年中国与菲律宾贸易互补指数增加了0.0711，增长率为33.86%，贸易互补有增强的趋势，中国应与菲律宾加强贸易联系。

以中国出口计算的贸易互补指数大于以中国进口计算的贸易互补指数，利于中国出口，同时又利于菲律宾进口。2005 年，以中国出口计算的 TCI 值 0.21 大于以菲律宾出口计算的 TCI 值 0.1575，说明在贸易互补关系利于中国出口，利于菲律宾进口；2016 年，以中国出口计算的 TCI 值 0.2811，仍然大于以中国进口计算的 TCI 值 0.1653，在中国与菲律宾贸易关系上，利于中国出口，同样利于菲律宾进口。

中国与菲律宾之间的贸易竞争关系不稳定，且有较强的减弱趋势。2005 年中国与菲律宾的贸易竞争指数（CS）为 0.3274，贸易竞争关系较为强烈，在与“一带一路”相关国家贸易竞争指数中排名为第 2 位。2016 年 CS 值为 0.1827，在与“一带一路”相关国家贸易竞争指数中排名为第 21 位。相比较 2005 年，2016 年中国与新加坡的贸易竞争指数下降了 0.1447，排名下降了 19 位（见表 PH–9）。

表 PH–9　中国与菲律宾贸易竞争互补关系

年份	竞争指数 CS	互补指数 TCI	
		以中国出口计算	以中国进口计算
2005 年	0.3274	0.2100	0.1575
2016 年	0.1827	0.2811	0.1653

数据来源：重庆“一带一路”投资与贸易研究实验室

6. 总结

尽管杜特尔特表现出要求脱离对美国的依赖，不断强调实行独立的外交政策，但是传统的美国因素在中菲交往中的影响仍然不可小觑，特别是在全球经济不稳定，区域政治局势不明朗的背景下，美国对东南亚地缘政治的干预以及对菲律宾外交影响依旧存在。美国是菲律宾的主要援助国之一，并且美菲之间具有长久的军事同盟关系。当前，美菲双方将继续以《加强防务合作协议》为基础，保持紧密的安全合作关系。即使杜特尔特对于美菲关系没有那么“狂热”，在竞选期间还扬言执政后要与美国和澳大利亚中断外交关系，但是，美菲军事关系并不会因为菲律宾的政府更迭而发生大的变化，这是由美国“亚太再平衡”战略的需求所决定，也是菲律宾固化其在南海“主权”的现实需要①。在美国因素的影响下，日本、澳大利亚等国也成为了中菲关系的重要影响因素。美国对于菲律宾的影响深入到外交内政，菲律宾国内政治形势极复杂，亲美派也制约着杜特尔特对华态度的选择，因此，美国因素仍热是中菲关系中的一大不确定性因素。

① 张洁．南海博弈：美菲军事同盟与中菲关系的调整［J］．太平洋学报，2016，24（07）：31-33+62.

不过，中菲自古以来就有着深厚的联系，中菲建交以后中菲关系总体上在中国台湾问题、南海争议等波澜中向好发展，特别杜特尔特执政以后，中菲发表联合声明重申南海争议问题不是中菲双边关系的全部，重申维护及促进和平稳定、在南海的航行和飞越自由的重要性，以及不诉诸武力或以武力相威胁，由直接有关的主权国家通过友好磋商和谈判，以和平方式解决领土和管辖权争议等等使得中菲关系重返正轨。当下菲律宾政府倡导的以建设为主题的“杜特尔特经济学”与我国倡议的一带一路合作建设高度契合，杜特尔特政府在任期内将消除贫困、发展经济；打击毒品、整顿交通和惩治腐败，建立国内稳定的环境；消除国内反政府武装和极端主义势力，实现全国和解进程等作为政府主要的任务，这些任务的完成离不开对外务实合作，当下中菲关系转暖，政治互信不断加深，一带一路合作倡议深入推进，两国合作发展出现了新的机遇以及更加广阔的空间。

八、中国与马来西亚历史渊源与“五通”状况研究

马来西亚（Malaysia，以下简称马）位于东南亚核心地带，扼守马六甲海峡，连接海上东盟和陆上东盟，地理位置优越；国土面积约 33 万平方公里，被南中国海分隔成东、西两部分；人口总数约 3240 万，其中城镇人口为 2266 万（2015 年）；自然资源丰富，盛产橡胶、棕油和胡椒。2015 年，马来西亚人均 GDP9766 美元，属中上等收入水平经济体。马来西亚是第一个与中国建交的东盟国家，近年来，两国高层往来频繁，各领域友好合作不断深化。作为“21 世纪海上丝绸之路”重要节点国家，马来西亚率先响应我国“一带一路”倡议及国际产能合作。中马两国贸易往来历史悠久，战略依存度高，合作规模大；双方在投资、工程、劳务等领域合作项目不断涌现，呈现出“西马升级、东马拓展”的态势[①]。

（一）中国与马来西亚的历史渊源

中国与马来西亚的友好交往已有 2000 多年的历史，两国人民深厚友谊源远流长。两国地缘相近、自然环境相似，历史文化共通。广西、广东、海南等地与马来西亚有着密切的民族文化关系，形成了椎髻跣足、干栏建筑、使用铜鼓、嗜好槟榔、信仰佛教等多种共同的民族文化特征[②]。

1. 历史渊源

自商周起，古代中国各个朝代和东南亚各个王国、公国之间就形成了“朝贡制度”[③]。早在公元前 2 世纪，就有中国人到马来半岛南部及婆罗洲北部，将中国的铜

---

① 资料来源：中华人民共和国商务部走出去公共服务平台：http：//fec.mofcom.gov.cn

② 廖国一，白爱萍 . 泛北部湾地区的历史发展共性及其当代影响［J］. 广西师范大学学报：哲学社会科学版，2011（5）.

③ 马丁·斯图尔特·福克斯 . 东南亚和中国：历史对形成未来关系所起和文化的作用［J］. 南洋资料译丛，2005（1）.

鼓、铁器、钱币带到这些地区[①]。中国史籍记载的“狼牙修”“丹丹”“盘盘”等东南亚古国均位于马来半岛地区。汉代以后，这些邦国不断遣使到中国，与中国建立了友好关系。7世纪中叶，唐王朝册封了室利佛逝国王（室利佛逝国包括了马来半岛南部的大部分领土）。宋元时期，中国重视海外贸易，派往的使者以及前往的商人增多。马六甲王国建立后，中马友好关系达到鼎盛。公元1405年，明成祖正式承认拜里迷苏拉的国王地位，并赠诰印。郑和下西洋也曾5次到达马六甲，拜里迷苏拉国王以君主相待。马六甲被葡萄牙和荷兰殖民期间，中国商船坚持不到马六甲港口，而驶往柔佛、吉兰丹等地，以示支持当地人民的反殖民斗争。现代史上，马来西亚是东盟成员国中第一个与中国建交的国家，在推动及促进东盟与中国的友好关系方面做出重要贡献。

2. 文化共性

从官方到民间，两国往来频繁，许多民族通过迁移分居在两国，形成众多具有历史渊源关系的跨国民族，在语言、风俗习惯、信仰等方面相似。比如，中国的苗民和马来人在语言、民族创世神话以及风俗等方面有许多相似之处，文化上的众多相似性是双方长期交往与联系的结果。华人是中国与马来西亚进行文化交流的重要桥梁。600年前，大批中国商人穿过马六甲海峡定居此地，华商和当地人通婚形成了独具一格的“答答”和“娘惹”群落[②]。明朝时，东南亚国家的语言被正式列入我国外语教程，《满剌加国译语》是中国最早的汉语–马来语词典[③]。19世纪起，大量的“契约华工”到马来亚开矿、开荒、种橡胶，建设马来亚的铁路、公路、桥梁、港口及城市[④]。众多的跨国民族，佛教、语言文化的传播，使中马双方进入共同的文化圈[⑤]。

马来半岛凭借其地处海上丝绸之路中端的优越地理位置，成为15世纪东南亚的国际贸易中心。中国和马六甲王国的密切关系，促进了双方的经济和文化交往。双方的使者互访，都有商船随后。除官方贸易外，民间贸易也有很大发展。历史上和平交往的优良传统为今天中马双方经济合作提供了借鉴与基础。深厚的历史渊源，共同的民族文化特征形成了共同的文化价值观念，在经济合作中容易达成文化上的

---

① 苏莹莹. 中国文化在马来西亚的传播与传承［J］. 中国高校社会科学，2015（6）.

② 黄家定.21世纪的中马关系——在“全球化时代的中国与马来西亚”研讨会的主题演讲［J］. 南洋问题研究，2006（2）.

③ 苏莹莹. 中国文化在马来西亚的传播与传承［J］. 中国高校社会科学，2015（6）.

④ 朱振明. 中国与马来西亚关系史概述［J］. 东南亚，1994（4）.

⑤ 史继忠.“东方文化圈”与东南亚文化［J］. 贵州民族研究（季刊），2000（3）.

认同和理解，为双方今后的合作起到积极促进作用。

（二）中国与马来西亚的现实往来

1. 建交情况

1971 年 5 月，马来西亚派出以国家贸易公司董事长东姑·哈姆扎为团长的马来西亚贸易代表团访问中国，周恩来总理会见了代表团，中马两国之间从此开始了正式接触。1974 年 5 月 28 至 6 月 2 日，马来亚西亚政府总理敦·阿卜杜勒·拉扎克应中国政府邀请，率领马来西亚政府代表团访问中国。毛泽东主席和周恩来总理会见了拉扎克总理一行；同年 5 月 31 日，中马两国发表联合公报，宣布自即日起两国政府互相承认，并建立外交关系①。建交后，两国关系总体发展顺利。1999年，两国签署关于未来双边合作框架的联合声明。2004 年，两国领导人就发展中马战略性合作达成共识。2013 年，两国建立全面战略伙伴关系②。

2. 高层互访

近年来，两国高层互访和接触日益频繁。2009 年 6 月，马来西亚总理纳吉布访华，11 月胡锦涛主席（时任）访马，中马友好合作进入了新的历史时期。2011 年 4 月温家宝总理（时任）访马，中马双方共签署了包括《中华人民共和国政府和马来西亚政府关于扩大和深化经济贸易合作的协定》在内的 8 项经贸、教育等领域合作协议，双边政治、经贸关系进入历史最好时期。2012 年，时任全国政协主席贾庆林、中央纪委书记贺国强、全国人大常委会委员长吴邦国、国务委员孟建柱等国家领导人先后访马，双边友好合作关系得到进一步提升。2013 年 2 月，时任全国政协主席贾庆林专程前往彭亨州与马总理纳吉布共同出席了中马两国标志性经贸合作项目马中关丹产业园的启动仪式，并见证了园区投资主体、入园项目以及周边设施开发等经贸协议的交换。2013 年 10 月，习近平主席访马，中马双方共同签署了包括《中华人民共和国政府和马来西亚政府经贸合作五年规划》在内的 6 项经贸、文化、金融等领域合作协议。2014 年 5 月，马来西亚总理纳吉布访华，双方签署中马建交 40 周年联合公报，指明了中马关系未来 40 年的发展方向。2014 年 9 月，国家主席习近平在北京人民大会堂会见马来西亚最高元首哈利姆夫妇。2014 年 11 月，国家主席习近平在人民大会堂会见马来西亚总理纳吉布。2015 年 2 月，马来西亚总理纳吉布在吉隆坡会见习近平主席特使、中共中央政治局委员、中央政法委书记孟建柱。

---

① 朱振明 . 中国与马来西亚关系史概述［J］. 东南亚，1994（4）.

② 资料来源：中华人民共和国外交部官网：http：//www.fmprc.gov.cn

系，两国在传统友谊基础上，共同致力于维护区域和平稳定，不断推动经济贸易等各领域合作。尤其是中马双方全面战略伙伴关系的建立，“一带一路”倡议的提出，以及东盟与中国（10+1）领导人会议等多边合作机制的建立，对双方在贸易投资、产能合作，基础设施建设、金融合作、产业园区建设和旅游开发等方面的发展起到很大促进作用。

表 MY-1　中国与马来西亚外交往来部分词频列表

单位：%

序号	单词	计数	加权百分比	序号	单词	计数	加权百分比
1	合作	1164	19.72	12	产业	58	0.98
2	东盟	514	8.71	13	文化	50	0.85
3	经济	215	3.64	14	一体化	39	0.66
4	建设	163	2.76	15	共同体	39	0.66
5	和平	152	2.57	16	科技	34	0.58
6	投资	116	1.97	17	丝绸之路	31	0.53
7	贸易	110	1.86	18	能源	31	0.53
8	金融	106	1.80	19	产能	24	0.41
9	安全	85	1.44	20	海洋	22	0.37
10	南海	74	1.25	21	铁路	16	0.27
11	互信	58	0.98	22	港口	6	0.10

数据来源：中华人民共和国外交部官网新闻

（三）中国与马来西亚的“五通”状况

1. 政策沟通

马来西亚是第一个与中国建交的东盟国家，第一个邀请中国加入东盟与中国（10+1）领导人会议，第一个邀请中国参加东亚峰会的国家。两国于 1974 年 5 月 31 日正式建立外交关系。2004 年，两国领导人就发展中马战略性合作达成共识。2013 年，两国建立全面战略伙伴关系。中国在马来西亚古晋、哥打基纳巴卢和槟城设有总领馆，马来西亚在中国上海、广州、昆明、南宁、西安和香港设有总领馆[①]。

（1）签署文件

① 资料来源：中华人民共和国外交部官网：http：//www.fmprc.gov.cn

两国签署的重要双边文件主要有：1999年5月《中华人民共和国政府和马来西亚政府关于未来双边合作框架的联合声明》、2005年12月《中华人民共和国和马来西亚联合公报》、2009年6月《中华人民共和国政府与马来西亚政府关于中马战略性合作共同行动计划》、2014年5月《中华人民共和国和马来西亚建立外交关系40周年联合公报》、2015年11月《中华人民共和国和马来西亚联合声明》、2016年11月《中华人民共和国和马来西亚联合新闻声明》。两国还签有《避免双重征税协定》《贸易协定》《投资保护协定》《海运协定》《民用航空运输协定》等10余项经贸合作协议。1988年成立双边经贸联委会。2002年4月成立双边商业理事会。2016年，两国签署了《农业合作谅解备忘录》以及《防务合作谅解备忘录》。此外，中国政府与马来西亚政府还签署了政府间“一带一路”合作谅解备忘录①。这些文件是两国政策沟通的重要成果。

（2）合作机制

中马双方还通过亚太经合组织（APEC）、亚欧会议、亚洲合作对话（ACD）、亚信会议等多边合作机制，以及博鳌亚洲论坛、中国—东盟博览会等国际论坛形式积极进行战略层面沟通和经贸等领域合作，双边关系突飞猛进。

中国与马来西亚政策沟通顺畅。马来西亚始终重视发展对华关系，设立了对华事务特使专门负责与中国的沟通与合作，两国坚持平等互利、合作共赢的合作方针，坚持密切沟通、互谅互让的合作方式，政治互信不断增强，双边关系持续深化，对中国各项政策的理解认同不断提升，合作共建意识持续升温②。

2. 设施联通

（1）基础设施

目前，中国与马来西亚两国基础设施的相互联通状况较为良好③。在交通基础设施方面，两国已开通多条直航，组建了“中马港口联盟”，泛亚铁路中国段进展顺利，公路连接以泰国为枢纽。

中国前往马来西亚有多条航线可供选择，航空公司有中国国际航空公司、马来西亚航空公司、中国南方航空、东方航空、厦门航空、深圳航空及香港国泰航空，每周定期往返于中马两国多个城市之间。此外，亚航近年来陆续开通了多条前往中国旅游城市的航线，包括广州、桂林、海口、杭州、深圳、成都、香港和澳门等，

---

① 资料来源：中华人民共和国外交部官网：http：//www.fmprc.gov.cn

② 卢潇潇 .“中国—中南半岛经济走廊”建设重点关注区域分析——以中马关系为视角 . 中国 – 东盟研究院 .

③ 中国 – 东盟“五通指数”比较研究，北京大学全球互联互通研究课题组 . 经济日报出版社，2017.

往返吉隆坡和北京的直航也于2012年正式开通[①]。

2015年11月，中马两国共同签署了两国间《建立港口联盟关系的谅解备忘录》，正式组建了“中马港口联盟”，联盟成员涵盖大连港、太仓港、上海港、舟山港、福州港、厦门港、广州港、深圳港、北部湾港、海口港等10个中方港口以及巴生港、民都鲁港、柔佛港、关丹港、马六甲港、槟城港等6个马方港口。2017年9月，中国的京唐港和天津港，以及马来西亚的甘马挽、沙巴港和古晋港口也加入“中马港口联盟”[②]。

中国与马来西亚被泛亚铁路规划的东线、中线和西线三条线路覆盖。东线由新加坡经马来西亚、泰国，然后由泰国曼谷进入柬埔寨金边，再经过河内、老挝到昆明；中线由新加坡—吉隆坡—曼谷—廊开—万象—磨丁—磨憨—玉溪—昆明；西线由新加坡—吉隆坡—曼谷—仰光—木姐—瑞刚—大理—昆明。这三条线路中，新加坡经吉隆坡到曼谷是公用路段，已有铁路连通。中国境内段进展顺利；中国境外段中线取得较大进展，东线、西线阻力巨大[③]。由中方承建的马来西亚东海岸铁路项目也已开工，建成后将为中马两国的互联互通和共同体建设提供有力支撑[④]。

中国与马来西亚的公路连接主要通过曼昆公路经泰国枢纽。马来西亚计划兴建一条从新加坡直达马来西亚东海岸的高速公路，将北上衔接泰国，最终通往中国[⑤]。

中国和马来西亚都是中国—中南半岛经济走廊的国家[⑥]。该经济走廊东起珠三角经济区沿南广高速公路、桂广高速铁路，经南宁、凭祥、河内至新加坡。最终将以中国—老挝—泰国—马来西亚—新加坡铁路的建成为标志，形成中南半岛经济发展走廊[⑦]。届时，中马两国互联互通水平将上一个新的台阶。

（2）能源合作

中马两国在能源领域的合作逐渐密切。2017年5月，在北京举行的“一带一路”高峰论坛上，中国政府与马来西亚政府签署了水资源领域谅解备忘录。马来西亚成为中国在东南亚的三大石油进口国之一。

总之，马来西亚基础设施比较完善，政府重视对高速公路、港口、机场、通信网络和电力的投资和建设，但马来西亚在铁路联通及电力输送方面建设状况较差。

---

① 资料来源：中华人民共和国商务部走出去公共服务平台：http：//fec.mofcom.gov.cn

② 资料来源：中国新闻网：http：//finance.chinanews.com/gj/2017/09-04/8322309.shtml

③ 中国农业银行国际金融部课题组．农村金融研究［J］．2015（6）．

④ 资料来源：人民网：http：//world.people.com.cn/n1/2017/0810/c1002-29460992.html

⑤ 资料来源：新加坡眼：http：//www.yan.sg/xinmagaosu/

⑥ 卢伟，公丕萍，李大伟．中国—中南半岛经济走廊建设的主要任务及推进策略［J］．经济纵横，2017（2）．

⑦ 全毅，尹竹．中国—东盟区域、次区域合作机制与合作模式创新［J］．东南亚研究，2017（6）．

因此，两国设施联通建设潜力较大。

3. 资金融通

（1）融资渠道

中国与马来西亚的资金融通建设顺畅。2013 年 10 月亚洲基础设施投资银行（简称“亚投行”）正式成立。2015 年，马来西亚接任东盟轮值主席国，并以创始成员国身份加入“亚投行”。同年 11 月，中国提出将出资 400 亿美元成立丝路基金，为“一带一路”沿线国家基础设施、资源开发、产业合作等与互联互通有关项目提供投融资支持。目前，丝路基金新增资金 1000 亿元人民币。中国国家开发银行、中国进出口银行都分别设立“一带一路”专项贷款。中国国家开发银行与马来西亚马来亚银行开展融资、债券承销等领域务实合作。中国进出口银行与马来西亚进出口银行等“亚洲进出口银行论坛”成员机构签署授信额度框架协议，开展转贷款、贸易融资等领域务实合作。2017 年 7 月，亚洲金融合作协会也正式成立，为马来西亚等“一带一路”沿线国家搭建金融创新推广平台①。

（2）货币互换

为使以本币作为融资的过程更为顺畅，2009 年，中国人民银行与马来西亚国家银行签署了双边货币互换协议。并于 2012 年和 2015 年续签该协议。2010 年 8 月，两国批准在各自银行间外汇市场开办人民币兑林吉特即期交易业务。2014 年 11 月，两国央行在吉隆坡就建立人民币清算安排签署合作谅解备忘录。2015 年 11 月，李克强总理访问马来西亚期间宣布密切双方金融合作，包括货币互换和跨境抵押安排、人民币和马币间直接交易、在吉隆坡指定人民币清算行等以促进两国间日益紧密的经济联系。目前，人民币与马币还不可直接兑换，进行结算需以美元搭桥。

与中国合作较多的马方银行主要有：马来亚银行、丰隆银行、土著隧联昌银行等；在马来西亚的中方银行主要有中国银行、中国工商银行和中国建设银行②。

（3）双边投资

“一带一路”倡议提出以来，中国对马来西亚投资持续升温。2016 年当年，中国对马来西亚直接投资流量为 18.30 亿美元，主要集中在制造业、房地产业、建筑业和金融业。截至 2016 年底，中国对马来西亚直接投资存量 36.34 亿美元，主要集中于制造业、租赁和商务服务业、批发和零售业、建筑业和房地产业。其中，制造业投资存量最大，为 12.39 亿美元，是马来西亚 2016 年制造业领域批准的最大外资来源。

---

① 资料来源：新华网：http：//www.xinhuanet.com/silkroad/2017-05/16/c_1120976848.htm

② 资料来源：中华人民共和国商务部走出去公共服务平台：http：//fec.mofcom.gov.cn

马来西亚还是中国设立境外企业数量排名前20位的国家（截至2016年末）[①]。中国在马来西亚投资的重点项目和企业主要有马中关丹产业园、广西北部湾国际港务集团关丹港项目、中广核 Edra 电站项目、中国银行马来西亚分行、中国工商银行马来西亚分行、华为技术有限公司、中兴通讯马来西亚有限公司等。

马来西亚对华投资始于1984年，以马来西亚华商企业为主。近年来，马来西亚对华投资开始逐年增加，投资领域逐渐扩大，从机械制造、电力开发、橡胶、食品加工、家具、饲料等行业扩展到电子器件等新兴制造业和金融、保险、零售等服务业领域[②]。2016年当年，马来西亚对华直接投资项目242个，实际投资金额22.1亿美元；截至2016年底，马来西亚累计在华投资项目6033家，实际投资金额74.7亿美元[③]。

4. 民心相通

“一带一路”的民心相通可大致归纳为教育、文化、旅游、卫生、科技、就业等。翟崑、王丽娜（2016）从旅游活动、科教文化、民间往来三个层面来衡量民心相通的程度，经测算，中国与新加坡、泰国、马来西亚和印度尼西亚的民心相通建设顺畅且均衡。

（1）旅游合作

旅游活动与民心相通息息相关，是促进两国交流增进彼此了解最直接的方式。旅游人数的增加可反映两国国民之间的好感度、文化的认同度、观念的融合度以及民众交往的密集度[④]。中马双方签署了《旅游合作谅解备忘录》，双方旅游资源均很丰富，中国已成为马来西亚海外重要客源国之一[⑤]。根据国家旅游局数据统计，2015年，马来西亚来华旅游人数约108万[⑥]，比2014年减少5.41万；与2006年相比，增加约17万，增长18.68%。2013年中国赴马来西亚游客为219万，受马航 MH370 事件影响，2014年赴马中国游客骤减22%。近年来，马来西亚采取包括免除中国游客签证费及有条件免签等措施，吸引中国游客回流；据马方统计，中国游客人数居赴马游客总数的第三位[⑦]。

---

① 资料来源：2016年度中国对外直接投资统计公报 .

② 邓洲，李灏 . 马来西亚产业竞争力现状及中国与马来西亚产业合作展望［J］. 东南亚纵横，2015（11）.

③ 资料来源：中华人民共和国商务部走出去公共服务平台：http：//fec.mofcom.gov.cn/

④ 翟崑，王丽娜 . 一带一路背景下的中国—东盟民心相通现状实证研究［J］. 云南师范大学学报（哲学社会科学版），2016（6）.

⑤ 资料来源：中华人民共和国外交部官网：http：//www.fmprc.gov.cn

⑥ 数据来源：中华人民共和国国家旅游局 http：//www.cnta.gov.cn/zwgk/lysj/index_2.shtml

⑦ 数据来源：新华网 http：//www.xinhuanet.com/overseas/2016-05/03/c_128953951.htm

（2）科教文化合作

中马两国在科技、教育等领域的合作进展顺利。科技方面，两国于1992年签署了《科技合作协定》并成立科技联委会；2002年签署了《中马航空合作谅解备忘录》；2003年签署了《空间合作及和平利用外层空间的协定》。教育方面，双方于1992年签署了《广播电视节目合作和交流协定》；1993年签署了《促进中马体育交流、提高体育水平的谅解备忘录》；1997年签署了《教育交流谅解备忘录》；2004年签署《在外交和国际关系教育领域合作谅解备忘录》；2005年签署《教育合作谅解备忘录》，并于2016年续签；2009年签署《高等教育合作谅解备忘录》；2011年签署《关于高等教育学位学历互认协议》等合作协议①。2015年，厦门大学马来西亚分校建成，并于2016年2月正式开学②。此外，马来西亚是国外唯一拥有从幼儿园、小学、中学到大专院校完整华文教育体系的国家。马来西亚有1200多所华文小学，60所华文独立中学，3所大专院校。这些华文教育机构对于传播中华文化，促进民心相通起到不可替代的作用③。

在文化合作方面，两国于1999年签署《文化合作协定》；2015年签署《在马来西亚设立中国文化中心的谅解备忘录》。新华社、中新社在吉隆坡设立分社，中央电视台在马来西亚设立记者站，央视4套和9套节目在马落地，《人民日报》海外版在马出版发行。马新社在北京设立分社，《星报》在华设立办事处。

此外，两国文化交流顺畅。2017年7月，在吉隆坡成功举行的“妈祖下南洋·重走海丝路”暨中国—马来西亚妈祖文化交流会，为推动妈祖文化的弘扬和传播，促进中马两国人民相互理解、相互尊重和相互信任发挥积极作用④。同年7月，马来亚大学（马大）成立了马来西亚首个《红楼梦》研究资料中心，马大中文系将开办《红楼梦》课程并招收对红学研究感兴趣的学生，促进马中文化交流⑤。

（3）孔子学院

孔子学院作为推广汉语和传播中国文化与国学的机构，可间接反映马来西亚民众对中国文化的认可程度。目前，马来西亚共有2所孔子学院，一所是位于吉隆坡的马来亚大学孔子学院，由马来亚大学和北京外国语大学合作，于2012年10月启动。另一所是由位于哥打白沙罗市的世纪大学孔子学院，由世纪大学和海南师范大

① 资料来源：中华人民共和国外交部官网：http：//www.fmprc.gov.cn

② 韦朝晖．马来西亚：2015年回顾与2016年展望［J］．东南亚纵横，2016（3）．

③ 许培源，陈乘风．马来西亚在“海上丝绸之路”建设中的角色［J］．亚太经济，2016（5）．

④ 资料来源：新华网：http：//www.xinhuanet.com/overseas/2017-07/02/c_1121249589.htm

⑤ 资料来源：新华网：http：//www.xinhuanet.com/2017-07/01/c_1121247545.htm

学合作[①]。孔子学院的对象多为青少年学生，说明马来西亚民众尤其是青少年对中国及中国文化的接受程度高，两国教育文化交流顺畅。

（4）民间往来

民间往来更能够直观地反映两国民众的相交程度。本文以两国网民的关注度和友好城市数量来反应中国和马来西亚两国人民民心相通程度。

根据百度指数显示，2011 年 1 月至 2017 年 12 月，中国网民对马来西亚的百度搜索指数平均维持在 20000 左右，表明中国网民对马来西亚保持持续稳定的关注度。但由于 2014 年 3 月马航 MH370 事件的发生，2014 年 3 月 9 日至 3 月 15 日，中国网民对马来西亚的百度搜索指数达到近年来最高值，周平均指数为 13.86 万，中国网民对马来西亚的关注度空前高涨。

友好城市数量可直观地反映两国民众民心相通的程度。据统计，马来西亚 7 个省州、8 个城市与我国建立了友好城市关系[②]。这表明中马两国人民民众好感度和民心相通现状良好。

总之，中国政府积极的周边战略，“亲诚惠容”理念、“建设中国—东盟命运共同体”的倡议以及马来西亚相对稳定的政治环境、多元包容的政治文化为中马两国人民民心相通发展营造了良好的氛围。

5. 贸易畅通

马来西亚于 1957 年加入《关税和贸易总协定》，是世界贸易组织（WTO）的创新成员国，也是东盟的创始成员国。近年来，中马两国贸易合作不断升温，中国已成为马来西亚最大贸易伙伴国。目前，中国是马来西亚第一大进口来源地及第二大出口目的国。

（1）中马贸易总额

2005 年至 2016 年，中国对马来西亚货物贸易均呈逆差状态。2005 年，中国对马来西亚货物进出口总额约 307 亿美元，其中出口约 106 亿美元，进口约 201 亿美元，净出口约 -95 亿美元（见表 MY-2 和图 MY-1）。2016 年，中国对马来西亚货物进出口总额约 869 亿美元，其中出口约 377 亿美元，进口约 493 亿美元，净出口约 -116 亿美元。与 2005 年相比，2016 年中国对马来西亚货物进出口总额增加约 562 亿美元，增长约 183.16%，其中出口增长 255.07%，进口增长 145.21%。

---

① 数据来源：孔子学院总部官方网站 http：//www.hanban.edu.cn

② 资料来源：中国国际友好城市联合会 http：//www.cifca.org.cn/web/index.aspx

表 MY-2　中国对马来西亚货物进出口贸易情况

单位：百万美元

年份	出口总额	进口总额	净出口	进出口总额
2005 年	10606.35	20093.21	−9486.86	30699.55
2016 年	37660.17	49269.64	−11609.47	86929.80

数据来源：联合国商品贸易统计数据库

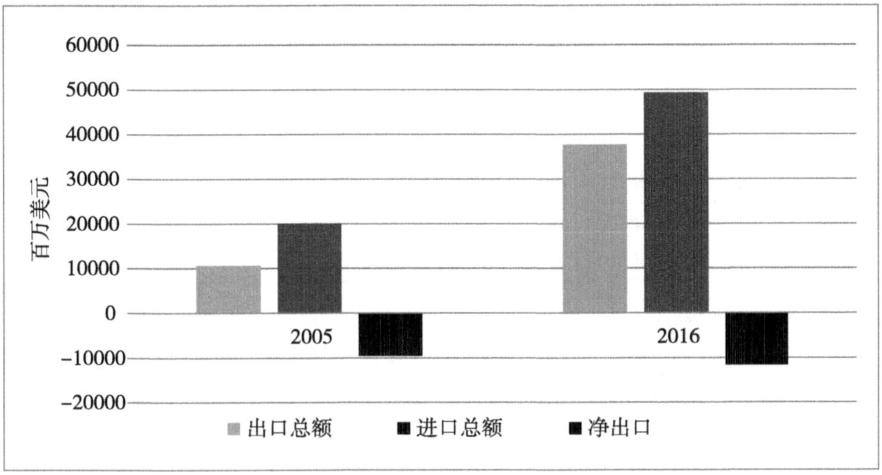

图 MY-1　中国对马来西亚货物进出口贸易情况

（2）中国出口马来西亚

2005 年至 2014 年，中国对马来西亚货物出口呈阶段性增长。其中，2005 年至 2008 年为第一增长阶段，货物出口总额逐年增加。2008 年中国对马来西亚出口约 215 亿美元，同比增长 20.91%，占中国出口全球市场总额的 1.50%，排名第 17 位。2009 年，受国际金融危机影响，中国货物出口马来西亚出现负增长，货物出口总额同比下跌 8.5%，但市场份额和排名均有所提升。2010 年至 2014 年为第二增长阶段，货物出口连年攀升。2014 年，中国对马来西亚货物出口总额约 464 亿美元，为近年来最高水平。2015 年至 2016 年，世界经济增长乏力，中马双边贸易也受此影响逐年下跌。2016 年，中国对马来西亚出口约 377 亿美元，同比下跌 14.37%；占中国出口全球市场总额的 1.80%，排名第 12 位（见表 MY-3 和图 MY-2）。

2005 年，中国出口至马来西亚的产品主要有机械设备及零附件；电子电气设备；精密仪器及设备；钢铁；矿物燃料、矿物油、沥青等；针织服装；车辆及零件（轨道除外）；钢铁制品；塑料及制品；食用蔬菜等。其中，机械设备及零附件类产品出口额最高，约29亿美元，占中国出口至马来西亚市场总额的27.56%（见表MY-4和图MY-3）。

表 MY-3　中国对马来西亚货物出口情况

单位：百万美元、%

年份	出口总额	增长率	排名	占比
2005 年	10606.35	——	15	1.39
2006 年	13537.07	27.63	16	1.40
2007 年	17744.20	31.08	16	1.45
2008 年	21455.17	20.91	17	1.50
2009 年	19631.94	-8.50	14	1.63
2010 年	23802.06	21.24	16	1.51
2011 年	27886.05	17.16	18	1.47
2012 年	36525.70	30.98	13	1.78
2013 年	45930.59	25.75	11	2.08
2014 年	46353.39	0.92	12	1.98
2015 年	43980.39	-5.12	12	1.93
2016 年	37660.17	-14.37	12	1.80

数据来源：联合国商品贸易统计数据库

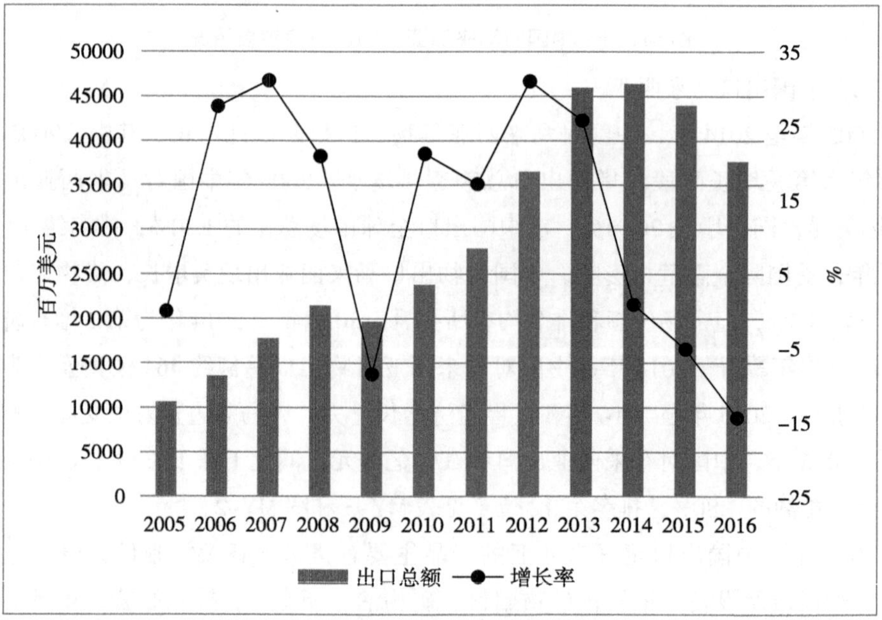

图 MY-2　中国对马来西亚货物出口情况

表 MY-4　2005 年中国对马来西亚货物出口产品结构

单位：百万美元、%

商品代码	产品名称	出口额	占比	排名
84	机械设备及零附件	2922.94	27.56	1
85	电子电气设备	2641.49	24.90	2
90	精密仪器及设备	872.82	8.23	3
72	钢铁	379.05	3.57	4
27	矿物燃料、矿物油、沥青等	259.45	2.45	5
61	针织服装	236.92	2.23	6
87	车辆及零件（轨道除外）	208.77	1.97	7
73	钢铁制品	200.38	1.89	8
39	塑料及制品	167.64	1.58	9
7	食用蔬菜	153.62	1.45	10

数据来源：联合国商品贸易统计数据库

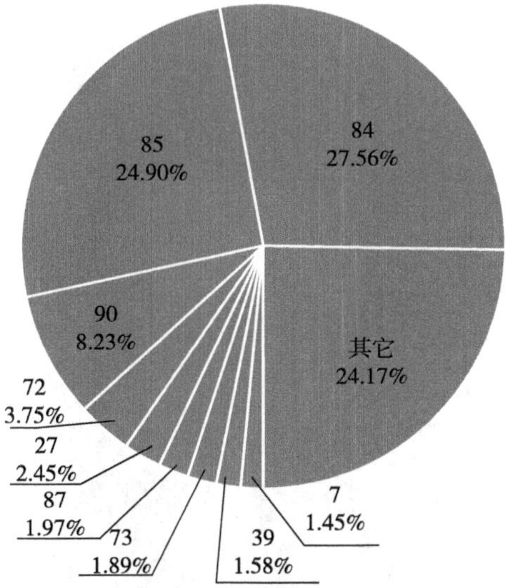

图 MY-3　2005 年中国对马来西亚货物出口产品结构

2016 年，中国出口至马来西亚的产品主要有电子电气设备；机械设备及零附件；家具、寝具、灯具；塑料及制品；精密仪器及设备；钢铁；钢铁制品；矿物燃料、矿物油、沥青等；非针织服装、车辆及零件（轨道除外）等。其中，电机电气设备类产品出口额最高，约 80 亿美元，占中国出口至马来西亚市场总额的 21.27%（见表 MY-5 和图 MY-4）。

表 MY-5 2016 年中国对马来西亚货物出口产品结构

单位：百万美元、%

商品代码	产品名称	出口额	占比	排名
85	电子电气设备	8011.84	21.27	1
84	机械设备及零附件	4677.92	12.42	2
94	家具、寝具、灯具	1835.43	4.87	3
39	塑料及制品	1528.67	4.06	4
90	精密仪器及设备	1388.19	3.69	5
72	钢铁	1257.52	3.34	6
73	钢铁制品	1255.11	3.33	7
27	矿物燃料、矿物油、沥青等	1035.33	2.75	8
62	非针织服装	1004.70	2.67	9
87	车辆及零件（轨道除外）	917.68	2.44	10

数据来源：联合国商品贸易统计数据库

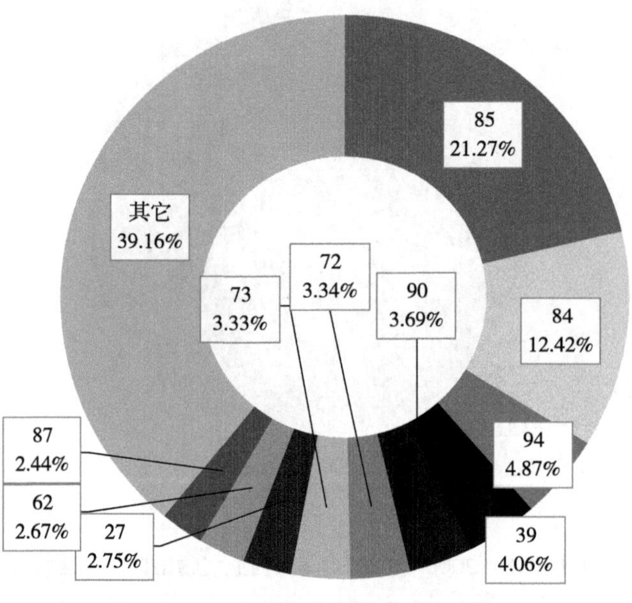

图 MY-4 2016 年中国对马来西亚货物出口产品结构

与 2005 年相比，2016 年中国出口至马来西亚的主要产品出口额明显增加。其中，电子电气设备出口额增加约 54 亿美元，增长 203.31%，市场份额减少 3.63 个百分点，排名提升 1 位；机械设备及零附件出口增长 60.04%，市场份额减少 15.14 个百分点，排名下跌 1 位；塑料及制品、钢铁制品出口额分别增长 811.86% 和 526.37%，市场份额分别增加 2.48 和 1.44 个百分点，排名分别提升 5 和 1 位；精密仪器及设备和钢铁类产品市场份额分别减少 4.54 和 0.23 个百分点，排名均下跌 2 位；矿物燃料、矿物油、沥青等和车辆及零件（轨道除外）类产品市场份额分别增加 0.30 和 0.47 个百分点，排名均下跌 3 位；家具和非针织服装类产品排名纷纷挤进前十。

（3）中国从马来西亚进口

马来西亚在中国全球进口市场中占据比较稳定的市场份额和排名。2005 年至 2016 年，中国从马来西亚进口呈先增后跌的趋势。其中，2005 年至 2008 年稳定增长，年增长率超过 10%。2009 年受国际金融危机影响，增速缓慢，同比增长 0.71%，在中国全球进口市场中排名第 8 位，即马来西亚为中国第八大进口来源国，市场份额为 3.22%。2010 年至 2011 年，中国从马来西亚货物进口快速增长，其中，2011 年进口总额约 621 亿美元，为近年来最高水平，占中国全球进口市场总额的 3.56%。2012 年，受欧债危机影响，中国从马来西亚进口总额跌至约 583 亿美元，跌幅 6.17%。2013 年有所回升，同比增长 3.17%。然而，中国从马来西亚进口恢复之路崎岖，2014 年至 2016 年，进口总额连年下跌，2016 年仅约 493 亿美元，市场份额为 3.10%，排名仍居第 8（见表 MY–6 和图 MY–5）。

表 MY–6　中国从马来西亚货物进口情况

单位：百万美元、%

年份	进口总额	增长率	排名	占比
2005 年	20093.21	——	7	3.04
2006 年	23572.43	17.32	7	2.98
2007 年	28723.28	21.85	7	3.00
2008 年	32101.40	11.76	8	2.83
2009 年	32330.69	0.71	8	3.22
2010 年	50430.15	55.98	8	3.61
2011 年	62136.64	23.21	8	3.56
2012 年	58304.94	–6.17	8	3.21
2013 年	60153.18	3.17	8	3.08
2014 年	55652.24	–7.48	8	2.84
2015 年	53277.33	–4.27	8	3.17
2016 年	49269.64	–7.52	8	3.10

数据来源：联合国商品贸易统计数据库

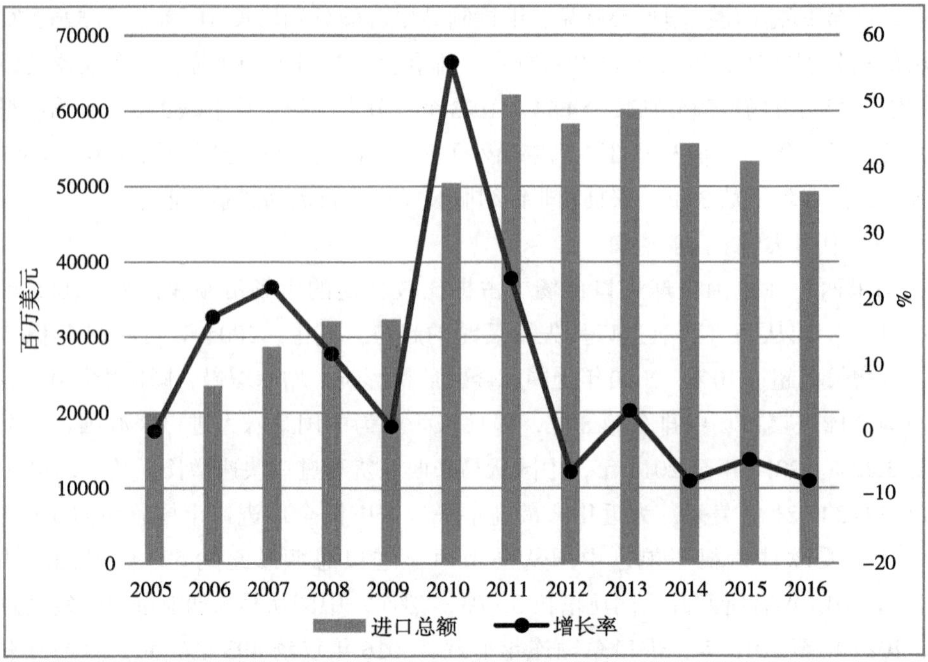

图 MY-5 中国从马来西亚货物进口情况

2005 年，中国从马来西亚进口的产品主要有电子电气设备、机械设备及零附件；动植物油及油脂、油蜡；塑料及制品；橡胶及制品；木及木制品；有机化学品；矿物燃料、矿物油、沥青等；精密仪器及设备；杂项化学产品等。其中，电子电气设备类进口额最高，约 127 亿美元，占中国从马来西亚进口市场总额的 63.03%（见表 MY-7 和图 MY-6）。

表 MY-7 2005 年中国从马来西亚货物进口产品结构

单位：百万美元、%

商品代码	产品名称	进口额	占比	排名
85	电子电气设备	12664.24	63.03	1
84	机械设备及零附件	1725.50	8.59	2
15	动植物油及油脂、油蜡	1271.08	6.33	3
39	塑料及制品	867.59	4.32	4
40	橡胶及制品	685.25	3.41	5
44	木及木制品	521.92	2.60	6
29	有机化学品	476.48	2.37	7
27	矿物燃料、矿物油、沥青等	469.81	2.34	8

续表

商品代码	产品名称	进口额	占比	排名
90	精密仪器及设备	251.23	1.25	9
38	杂项化学产品	202.26	1.01	10

数据来源：联合国商品贸易统计数据库

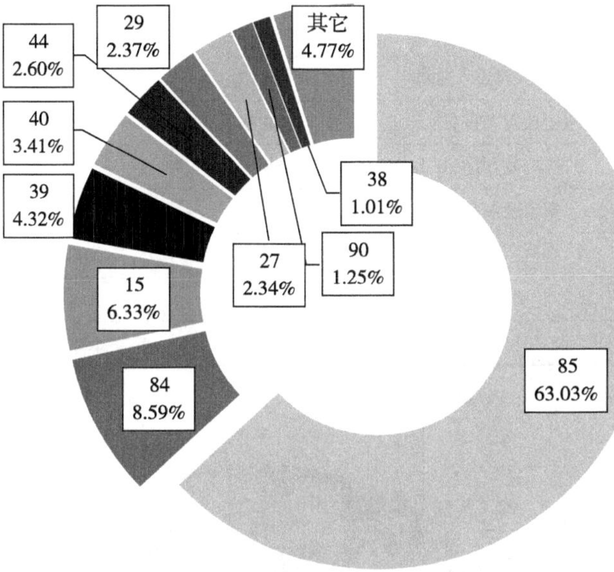

图 MY-6　2005 年中国从马来西亚货物进口产品结构

2016 年，中国从马来西亚进口的产品主要有电子电气设备；矿物燃料、矿物油、沥青等；机械设备及零附件；动植物油及油脂、油蜡；精密仪器及设备；橡胶及制品；塑料及制品；有机化学品；矿砂、矿渣及矿灰；杂项化学产品等。其中，电机电气设备类产品进口额最高，约 319 亿美元，占中国从马来西亚进口市场总额的 64.75%（见表 MY-8 和图 MY-7）。

与 2005 年相比，2016 年中国从马来西亚进口的主要产品进口额明显增加。其中，电子电气设备出口额增加约 192 亿美元，增长 151.92%，市场份额增加 1.72 个百分点，排名仍居第 1；矿物燃料及矿物油、沥青等和精密仪器及设备类产品进口额成倍增长，市场份额分别增加 5.89 和 1.41 个百分点，排名分别提升 6 位和 4 位；机械设备及零附件；动植物油及油脂；橡胶及制品；塑料及制品；有机化学品类产品虽然进口额大幅增长，但市场份额却分别减少 2.43、3.39、1.00、2.05 和 0.37 个百分点，排名也纷纷下跌 1 至 3 位；杂项化学品类市场份额波动较小，排名未发生变化；

矿砂、矿渣及矿灰市场份额明显增加，排名跻身前十。

表 MY-8　2016 年中国从马来西亚货物进口产品结构

单位：百万美元、%

商品代码	产品名称	进口额	占比	排名
85	电子电气设备	31903.62	64.75	1
27	矿物燃料、矿物油、沥青等	4055.06	8.23	2
84	机械设备及零附件	3032.73	6.16	3
15	动植物油及油脂、油蜡	1444.17	2.93	4
90	精密仪器及设备	1309.86	2.66	5
40	橡胶及制品	1189.15	2.41	6
39	塑料及制品	1115.88	2.26	7
29	有机化学品	986.00	2.00	8
26	矿砂、矿渣及矿灰	559.77	1.14	9
38	杂项化学产品	531.11	1.08	10

数据来源：联合国商品贸易统计数据库

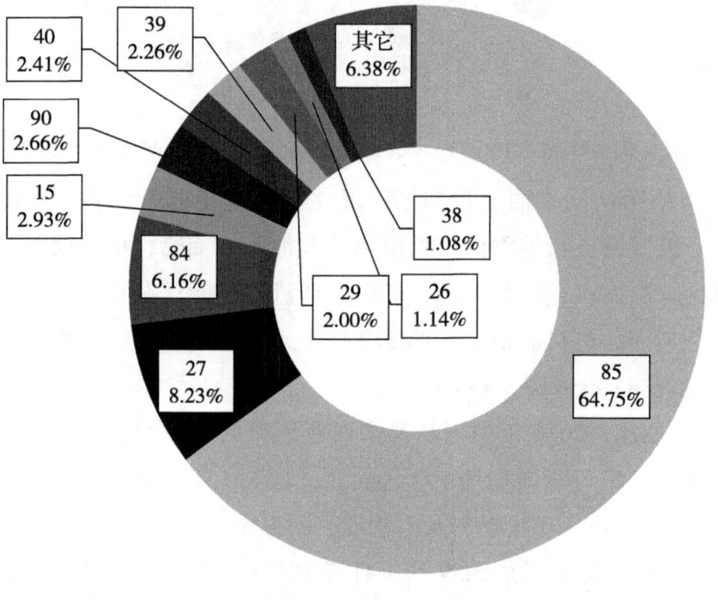

图 MY-7　2016 年中国从马来西亚货物进口产品结构

（4）中国与马来西亚的贸易竞争互补关系

中国与马来西亚的贸易互补关系很强。2016 年，以中国出口计算的贸易互补指数为 0.4034，在中国与“一带一路”国家贸易互补关系中排名第 10。

中国与马来西亚贸易互补关系呈继续增强的趋势。从以中国出口计算的贸易互补指数看，2005 年，中国与马来西亚贸易互补指数为 0.3269；2016 年为 0.4034。与 2005 年相比，中国与马来西亚贸易互补指数增长了 23.40%，两国贸易互补关系得到一定提升和改善。

以中国进口计算的贸易互补指数大于以中国出口计算的贸易互补指数，表明有利于马来西亚出口，同时有利于中国进口。如表 MY–9 所示，2005 年，以中国进口计算的贸易互补指数为 0.4245，以中国出口计算的贸易互补指数为 0.3269；2016 年，以中国进口计算的贸易互补指数为 0.4055；以中国出口计算的贸易互补指数为 0.4034。

表 MY–9　中国与马来西亚贸易竞争、互补指数

年份	竞争指数	互补指数	
		以中国出口计算	以中国进口计算
2005 年	0.6166	0.3269	0.4245
2016 年	0.3264	0.4034	0.4055

数据来源：重庆“一带一路”投资与贸易研究实验室

（4）中国与马来西亚的贸易竞争激烈，两国出口产品结构相似度高。2005 年，两国贸易竞争指数为 0.6166，贸易竞争白热化，在中国与“一带一路”国家贸易竞争关系中排名第 1。2016 年，中国与马来西亚的贸易竞争指数为 0.3264，贸易竞争关系仍然激烈，在中国与“一带一路”国家贸易竞争关系中排名第 5。与 2005 年相比，2016 年中国与马来西亚的贸易竞争指数减少了 47.06%，排名下跌 4 位，两国贸易竞争逐渐缓和，出口产品结构相似度呈变弱的趋势。虽然两国贸易竞争激烈，但整体仍有利于中国产品出口。

6. 总结

（1）中国与马来西亚的“五通”情况

马来西亚是东盟第一个与中国建立外交关系的国家，是“一带一路”倡议的重要支点，是“海上丝绸之路”产能合作的理想平台。双方在“五通”合作共建方面已经硕果累累。一是中国与马来西亚政策沟通顺畅，政治互信不断增强。中马两国已经先后通过《中华人民共和国政府与马来西亚政府经贸合作五年规划》（2013 — 2017 年）和《中华人民共和国和马来西亚建立外交关系 40 周年联合公报》两个文件，为未来合作指明了方向。二是两国基础设施的相互联通状况较为良好。马来西亚是海上丝绸之路经过南中国海后的第一个通道，也是泛亚铁路计划的重要一环。两国港口建设、能源合作密切。三是在资金融通方面，"亚投行"、丝路基金、"一带一路"专项贷款、双边货币互换协议等，保证了融资渠道和以本币作为融资的过程更加顺畅。中国对马来西亚投资持续升温，投资领域不断扩大。四是民心相通方面，两国旅游活动、科教文化、民间往来合作进展顺利。双方旅游资源均很丰富，中国游客人数居赴马游客总数的第三位。成立孔子学院、华文教育机构、马来西亚《红楼梦》资料研究中心，以及友好城市建设等对于传播中华文化，促进马中文化交流、促进民心相通起到不可替代的作用。五是两国贸易合作畅通。中国是马来西亚第一大贸易伙伴，而马来西亚是中国在亚洲的第三大、在东盟的第一大贸易伙伴。中马双方的五通建设在东盟国家中具有积极的示范作用。

（2）中国在马来西亚投资的政治风险

虽然马来西亚国家政权更迭平稳，社会治安稳定，但仍存在潜在的政治风险。首先，马来西亚国内日益激烈的党派斗争在一定程度上为马来西亚的投资环境带来了不确定因素和负面影响；其次，美国"亚太再平衡战略"的提出，对马来西亚政局的影响加强，对中马关系存在着潜在威胁；第三，马来西亚与邻国菲律宾的领土争端情况严重，已多次发生武装冲突，增加了中国对马方投资的风险；第四，马来西亚的毒品交易猖獗，并由此引发一系列社会治安问题；第五，马来西亚社会仍存在排华势力，华人难以进入政治决策高层。此外，贪腐问题、应对 IS 潜在威胁等，都将给马来西亚国内政局带来动荡和不确定性，也在一定程度上增加了中马双方开展经贸合作的政治风险。

总的来说，马来西亚政通人和，社会稳定，法律健全，商业、贸易、投资和金融制度均比较完善，经济自由度高，营商环境指数在东盟位列第二。中马关系传统友好、历史悠久，近年来高层频繁互访，民间积极互动，两国经贸合作稳步推进。当前中国与马来西亚正处于深化全面战略伙伴关系的重要阶段，在全力推动"一带一路"倡议的背景下，双方应借助中国—东盟"10+1"、亚太经合组织（APEC）、博鳌亚洲论坛和中国—东盟博览会等多边合作平台，大力加强基础设施建设、双边贸易、双向投资、金融合作等领域的合作，携手共赢，促进两国及周边区域的繁荣与稳定，共筑 21 世纪海上丝绸之路伟大构想。

九、中国与文莱历史渊源与“五通”状况研究

文莱（Brunei）位于亚洲东南部，加里曼丹岛西北部，北濒中国南海，东南西三面与马来西亚的沙捞越州接壤，并被沙捞越州的林梦分隔为不相连的东西两部分。文莱人口42.13万，其中马来族占65.8%，华人占10.2%。文莱属于伊斯兰教君主制国家，苏丹为国家元首、政府首脑和宗教领袖，拥有崇高威望，深受民众爱戴。文莱社会和谐，民风淳朴，政局长期保持稳定。文莱是世界上最富有的国家之一，2016年人均GDP为26939美元，位居世界第26，堪称是“东亚的迪拜”。文莱属于“21世纪海上丝绸之路”沿线国家，其稳定的政治、经济和社会环境，优美的自然环境，良好的国际环境、众多的优惠政策，以及中国和文莱（以下简称“中文”）两国的友好关系，正吸引越来越多中资企业前来投资兴业①。

（一）中国与文莱的历史渊源

中国与文莱的交往可追溯到南北朝时期，当时随着航海和贸易事业发展，中文两国人民也有了往来。南北朝时期（420年至589年），当时我国史书称文莱为婆黎（又称婆利）。南北朝《高僧传》卷七《慧严传》中记载了婆利国派遣使者来访问中国。到宋朝时，建立了朝贡贸易关系，还开辟了一条从福建泉州港经由菲律宾群岛通往文莱的贸易航线。《宋书》中记载“元徽元年二月丙甲（公元473年5月2日）婆利国遣使献方物②。”根据韩国磐著的《隋唐五代史纲》记载，自唐贞观四年（630年）婆利国派使者来中国朝贡之后，两国通使通商络绎不绝。文莱盛产优质的龙脑、樟脑和犀角等名贵药材深受中国人欢迎，成为文莱出口中国的主要商品。中国的陶瓷、器皿、金属器、丝绸和珠宝等物品也大量出口到文莱。

① 资料来源：中华人民共和国商务部走出去公共服务平台：http：//fec.mofcom.gov.cn

② 冯承钧，《西域南海史地考证译丛九篇》，商务印书馆出版，1999.

文莱自古就是海上丝绸之路的重要枢纽。宋元时期，中国和文莱的海路贸易非常活跃。到了明代，郑和船队曾两次到过文莱。后文莱被英国殖民，中国与文莱两国的官方关系被迫中断，但是两国民间及贸易往来并没有中止。据姜衰英《海防总论》记载，当时中国商船经常来往于占城、暹罗、真腊、马六甲、渤泥（即文莱）、吕宋、苏禄等国①。

文莱独立后，两国频繁接触，继续贸易往来。两国的贸易往来建立在互通有无的基础之上，进出口商品具有极强的互补性。1991年，根据两国人民的利益和愿望，中国与文莱正式建交。

（二）中国与文莱的现实往来

1990年，文莱奥委会主席苏弗瑞·博尔基亚亲王率团参加在北京举行的第11届亚运会②。1991年4月，中国外交部副部长徐敦信率外交部官员团对文莱进行访问，双方就两国建交和共同关心的国际和地区问题交换了意见，这是中国政府高级官员首次访问文莱。会谈中文莱外交大臣穆罕默德亲王接受了访华的邀请，同时他也邀请钱其琛外长访问文莱③。同年9月30日，中国外交部部长钱其琛和文莱国外交大臣穆罕默德·博尔基亚亲王在联合国总部签署了关于两国建立外交关系的联合公报。根据两国人民的利益和愿望，决定从同年9月30日起建立外交关系。建交以来，双边关系发展顺利，各领域友好交流与合作逐步展开。1993年两国外交部建立定期磋商制度，迄今已举行15次磋商。1999年，两国签署联合公报，进一步发展在相互信任和相互支持基础上的睦邻友好合作关系。2013年，两国建立战略合作关系④。

自建交后，两国高层一直保持着密切接触。2004年9月，文莱苏丹哈桑纳尔访华，2005年4月，胡锦涛主席（时任）把文莱作为东南亚三国之行的第一站，与苏丹陛下就加强双边关系达成广泛共识，推动中文关系进入新的发展阶段。2011年11月，时值中文建交20周年，温家宝总理（时任）访问文莱，巩固了同文莱的睦邻友好合作关系。2013年4月，文莱苏丹哈桑纳尔访华，习近平主席接见，中文关系从此提升为战略合作关系，并签署了《中华人民共和国和文莱达鲁萨兰国联合声明》。2013年10月，李克强总理访问文莱，2014年11月，文莱苏丹哈桑纳尔再次访华。

① 《中菲友好史上的一件大事》，载《新华文摘》，1981（4）.

② 刘新生，潘正秀．列国志：文莱［M］．北京：社会科学文献出版社，2005：240.

③ 刘新生，潘正秀．列国志：文莱［M］．北京：社会科学文献出版社，2005：240.

④ 资料来源：中华人民共和国外交部官网：http：//www.fmprc.gov.cn

2017 年 9 月，文莱苏丹哈桑纳尔访华，文方表示愿加强“一带一路”倡议同东盟发展规划对接，推动双方关系提质升级，助力东盟共同体建设，并欢迎中方参与到文莱“2035 宏愿”进程中。两国高层签署了“一带一路”建设、基础设施建设、卫生等领域双边合作文件[①]。

根据中华人民共和国外交部官网显示的新闻统计，2005 年至 2017 年，共有 81 篇新闻报道中文两国交往情况。本文通过 NVivo 软件（NVivo11）对汇总后的所有新闻进行分析并统计出 89 个高频词汇，

双方高度关注“合作”“关系”“发展”“东盟”“战略”“南海”“和平”“稳定”“贸易”“建设”等。

“合作”一词出现次数最多，共 685 次，占所统计词频的加权百分比为 6.81%，这表明中文两国的核心关注点为双边合作。合作的主要内容涵盖：经贸合作，投资合作，南海问题合作，战略合作，农业、卫生、文化、高等教育、旅游、劳务、航空、海上等领域合作。

其次，中文两国高度重视伙伴关系和传统友谊。“关系”一词出现 439 次，双方都致力于推动中文双边关系，尤其是建立战略合作关系，推进全面经济伙伴关系，促进两国共同发展。“发展”一词出现 403 次，“战略”一词出现 121 次，“伙伴”一词出现 78 次，主要涉及全面深化发展两国关系，深化推进中国 - 东盟战略伙伴关系等。“友谊”出现 48 次，“传统”出现 32 次，双方外交新闻多次表明中文传统友谊深厚，两国有着友好和互利的传统。

第三，双方共同致力于东盟共同体建设、推进区域经济一体化进程。“东盟”和“东亚”作为中文双边最大的合作机制和共同载体，在近年来双边往来新闻报道中出现的词频分别为 367 次和 121 次。文莱作为东盟轮值主席国，积极推动中国与东盟的关系，建立中国—东盟对话关系，推进中国 - 东盟各领域合作，完善中国—东盟自贸区升级、建设中国—东盟互联互通、加强中国—东盟海上合作等。另外，两国高层频繁出席东亚领导人系列等会议，积极推动东亚区域在经济、财金等各领域的合作，共同维护东亚的和平、发展。

第四，“和平”“南海”“稳定”出现的频次分别为 118 次、117 次、93 次。“和平”是双方对于各种问题的一贯原则，以和平共处为原则，推动东亚和平发展、互利共赢，促进地区和平、稳定。双方就南海合作问题，一致认为以共同开发的精神妥善解决南海争议，积极推动南海共同开发，使南海成为友谊之海、合作之海，文

---

① 资料来源：中华人民共和国商务部走出去公共服务平台：http：//fec.mofcom.gov.cn

莱积极支持中国同东盟国家签署的《南海各方行为宣言》。

第五，“贸易”“经济”“投资”“基础”“建设”“能源”是中文两国合作的重点。其中，“贸易”“经济”“投资”出现的频次分别为93次、79次、49次。中文两国贸易往来自古频繁，在建交后一直加强各领域合作，扩大贸易规模。中国高层与文莱外交与贸易部长保持密切接触，充分发挥中国－东盟自贸区政策优势，推动双边贸易持续快速增长，突破双边贸易额。近年来，中文两国经贸合作持续升温，双边积极推动中国的“一带一路”倡议同文莱的“2035宏愿”更好对接，推进广西－文莱经济走廊建设。当前中文两国都面临推进经济转型升级、加快可持续发展的任务，双方高度重视发展中文战略合作关系，本着共商共建共享原则，利用两国各自经济特点合作互补。中国－东盟自贸区建成后，双边投资越来越多，拓展了双边经贸、能源、农业领域合作。由中国倡议设立的亚洲基础设施投资银行，文莱作为创始成员国积极参与建设。“基础”“建设”“能源”出现频次分别为78次、64次、60次，基础设施建设、能源是中文两国重点合作领域。文莱为实现“2035宏愿”，积极引进中国企业参与基础设施建设。双方在能源领域合作密切，原油贸易已成为双方经贸合作的支柱，两国企业可进一步加强交流和合作。

另外，中文双方在旅游、教育、医药、人文、科技、种植、农渔业、数字经济、石化、港口等领域也保持着密切合作。多领域的合作增进了中文两国的双边关系，支持了东盟一体化进程，为推进东亚一体化建设打下基础。

表 BN-1　中国与文莱外交往来部分词频列表

单位：%

序号	单词	计数	加权百分比	序号	单词	计数	加权百分比
1	合作	685	6.81	12	能源	60	0.60
2	东盟	367	3.65	13	投资	49	0.49
3	和平	118	1.17	14	互信	46	0.46
4	南海	117	1.16	15	教育	34	0.34
5	稳定	93	0.92	16	旅游	34	0.34
6	贸易	93	0.92	17	文化	30	0.30
7	积极	91	0.90	18	农业	27	0.27
8	交流	88	0.87	19	一体化	16	0.16
9	经济	79	0.78	20	金融	16	0.16
10	基础	78	0.77	21	丝绸之路	4	0.04
11	建设	64	0.64	22	港口	3	0.03

数据来源：中华人民共和国外交部官网新闻

（三）中国与文莱的“五通”状况

1. 政策沟通

文莱是东盟国家中最后一个与中国建立外交关系的国家。中国和文莱建立外交关系，标着中国同东盟六国的友好关系进入全面发展的新阶段。

两国签署的重要双边文件主要有：1999 年和 2004 年《中华人民共和国与文莱达鲁萨兰国联合公报》、2005 年《中华人民共和国和文莱达鲁萨兰国联合新闻公报》、2013 年《中华人民共和国和文莱达鲁萨兰国联合声明》。两国还签有《鼓励和相互保护投资协定》（2000 年）、《避免双重征税和防止偷漏税的协定》（2004 年）、《促进贸易、投资和经济合作谅解备忘录》（2004 年）、《农业合作谅解备忘录》（2009 年）、《中华人民共和国农业部与文莱达鲁萨兰国工业及初级资源部农业合作谅解备忘录》（2009 年）等经贸合作协议。

同时，两国在民航、卫生、文化、旅游、体育、教育、司法等领域的交流与合作也逐步展开。先后签署了《民用航空运输协定》（1993 年）、《卫生合作谅解备忘录》（1996 年）、《文化合作谅解备忘录》（1999 年）、《中国公民自费赴文旅游实施方案的谅解备忘录》（2000 年）、《高等教育合作谅解备忘录》（2004 年）、《旅游合作谅解备忘录》（2006 年）。两国于 2002 年和 2004 年分别签署了《中华人民共和国最高人民检察院和文莱达鲁萨兰国总检察署合作协议》和《最高法院合作谅解备忘录》。2010 年 3 月，文莱皇家航空公司重开斯里巴加湾至上海航线。2013 年 10 月，两国政府签署《关于海上合作的谅解备忘录》。

另外，中文两国在 2014 年 9 月签署了《文莱 - 广西经济走廊经贸合作谅解备忘录》，创新两国经贸合作新模式。双方确定在农业、工业、物流、清真食品加工医疗保健、制药、生物医药等领域开展全面合作，推动“文莱 - 广西经济走廊”成为 21 世纪“海上丝绸之路”的重要组成部分。2016 年，文莱苏丹哈桑纳尔在会见外交部部长王毅时也明确表示愿意推动“一带一路”倡议同文莱“2035 宏愿”更好对接，在提升能源开采、基础设施建设等重点领域合作，并且共同推进“广西 - 文莱经济走廊”建设。

但由于文莱国家体量小，国际影响力弱，与中国政策沟通的需求不强烈，导致中国与文莱的政策沟通状况不佳①。不过中国政府倡导的“一带一路”建设和国际产能合作得到了文莱政府及其社会各界的积极响应与热忱参与。中国 - 东盟自由贸

① 中国 - 东盟“五通指数”比较研究，北京大学全球互联互通研究课题组 .

易区合作“升级”务实推进为中文双边贸易合作发展与战略升级创造了新机遇、新平台。秉承两国友好合作传统，增进政治与战略互信，立足两国资源禀赋和产业优势，培植和拓展两国民间合作根基，中文双边贸易合作发展潜力巨大，前景看好①。

2. 设施联通

中国同文莱的设施联通现状堪忧，但是发展潜力较大②。文莱有直航航班飞往中国香港和上海，但文莱与中国通航的航空公司只有一家，在东盟国家中与中国通航的航空公司最少。

目前，文莱国内没有铺设铁路设施。

水运是文莱重要的交通渠道，文莱与中国香港港口有运输渠道。文莱有 162 公里的海岸线，有 33 个岛屿，总面积为 5765 平方公里，有四个海港，分别是摩拉港、斯里巴加湾市港口、马来奕港、诗里亚和卢穆特港口。但根据《中国 – 东盟国家统计年鉴 2017》的数据显示，文莱的港口集装箱吞吐量在东盟国家中最低。

文莱的基础设施较差，这给了中国企业投资的机会。2017 年，中文合资成立摩拉港有限公司，公司正式接管文莱唯一的深海港口摩拉港集装箱码头的运营。

文莱油气资源丰富，是东南亚主要产油国和世界主要液化天然气生产国，中国是石油进口大国，中文双方在能源领域合作密切，原油贸易已成为双方经贸合作的支柱，2011 年 11 月签署的《中华人民共和国政府和文莱达鲁萨兰国政府关于能源领域合作谅解备忘录》。

文莱已基本完成对全国固定电话网络的改造，全面使用由华为公司提供的“下一代网络（NGN）”服务，可与 160 多个国家直通电话和数据交换服务。华为与文莱最大的移动通信服务商 DST 合作开发的 4G 网络已正式启用。文莱互联网普及率在东南亚地区位居前列。文莱政府大力推动电子政务建设和 IT 技术在教育、培训领域的普及。文莱希望通过提高通讯技术水平配套产业发展，进而实现“2035 宏愿”③。

3. 资金融通

中国与文莱的资金融通建设良好，在金融监管合作、投资银行合作、信贷便利度、信用市场规模度、公共债务规模、货币稳健性等各项指标上的建设相对成熟，但是由于国家体量原因，文莱的总储备量相对较少④。

2013 年 10 月亚洲基础设施投资银行（简称“亚投行”）正式成立，文莱作为

---

① 郑国富．“一带一路”建设背景下中国与文莱双边贸易合作发展的提升路径［J］．东南亚纵横 .2016（4）

② 中国 – 东盟“五通指数”比较研究，北京大学全球互联互通研究课题组．

③ 资料来源：中华人民共和国商务部走出去公共服务平台：http：//fec.mofcom.gov.cn

④ 中国 – 东盟“五通指数”比较研究，北京大学全球互联互通研究课题组．

第一批意向创始成员国参与“亚投行”建设，为文莱响应“一带一路”倡议提供了资金融通的基础。近年来，文莱的政治局势稳定，金融环境不断改善，外汇管制宽松，为外国投资营造了良好的环境。

在货币融通方面，文莱货币为文莱元，人民币与文莱元可直接兑换。2016 年 4 月中国银行获批在文莱开设首家分行，同年 12 月 20 日在斯里巴加湾市正式开业。另外，中国银联已与文莱佰都里银行合作，开通银联卡客户在佰都里银行 ATM 机终端提款业务。

双边在投资方面合作成效显著，截至 2016 年 5 月底，文莱累计对华投资 27.3 亿美元。据美国企业研究所的“中国全球投资追踪”数据，目前中国在文莱的投资总额约为 41 亿美元。报道称，随着中国推进“一带一路”倡议，这个数字肯定会上升[①]。中国对文莱的投资主要集中在油气行业，其中 2017 年浙江恒逸石化文莱大摩拉岛（PMB）综合炼化项目，建成后将是文莱迄今为止规模最大的外国投资项目。

而根据中国－东盟博览会官方网站的介绍，为了吸引外资，实现经济发展多元化，促进私营经济发展，文莱政府实施了一系列优惠政策，包括免除个人所得税、进出口税、薪工税、销售税、营业税和生产税，外国投资者还可以享受免除 20 年公司税的优惠待遇。与其他国家和地区相比，文莱所征收税相对较少，可以降低企业生产成本。

4. 民心相通

北京大学全球互联互通研究课题组大致用以下指标衡量中国－东盟民心相通指数：旅游目的热度、来华旅游人数、科研合作、百万人拥有孔子学院数量、我国网民对该国的关注度、友好城市数量、民众好感度。经测算，中国与文莱的民心相通建设有潜力但很不均衡，由于文莱国家体量小，经济发展水平低，与中国互动关系少，民心相通建设的总体水平较低，在课题组发布的中国－东盟“五通指数”中排名最低[②]。

旅游业是文莱除油气业外大力发展的又一产业，文莱政府采取多项鼓励措施吸引海外游客，根据《中国－东盟国家统计年鉴 2017》的数据显示，2012 年到 2016 年入境游客保持平稳，其中中国游客数量排名保持第二。由于文莱国家体量较小，旅游目的热度、来华旅游人数依然是东盟国家中最低的。目前与中国的友好城市数也只有一个。另外，在东盟十国中，仅文莱和缅甸没有设立孔子学院。

5. 贸易畅通

文莱是个以原油和天然气为主要经济支柱的国家，占整个国家国内生产总值

---

① 资料来源：凤凰网财经 http：//finance.ifeng.com/a/20180311/16021328_0.shtml

② 中国－东盟“五通指数”比较研究，北京大学全球互联互通研究课题组 .

50%。在东南亚，石油储量和产量仅次于印度尼西亚，居第2位。据文莱官方统计，2016年中国是文莱的主要贸易伙伴之一。

2005年至2016年，中国对文莱货物贸易由逆差转为顺差。2005年，中国对文莱货物进出口总额约2.6亿美元，其中出口约0.53亿美元，进口约2.1亿美元，净出口约-1.5亿美元（见表BN-2和图BN-1）。2016年，中国对文莱货物进出口总额约7.3亿美元，其中出口约5.1亿美元，进口约2.2亿美元，净出口约2.9亿美元。与2005年相比，2016年中国对文莱货物进出口总额增加约4.7亿美元，增长约180.75%，其中出口增长861.33%，进口增长6.65%。

表BN-2　中国对文莱货物进出口贸易情况

单位：百万美元

年份	出口总额	进口总额	净出口	进出口总额
2005年	53.14	207.73	-154.59	260.87
2016年	510.85	221.55	289.3	732.4

数据来源：联合国商品贸易统计数据库

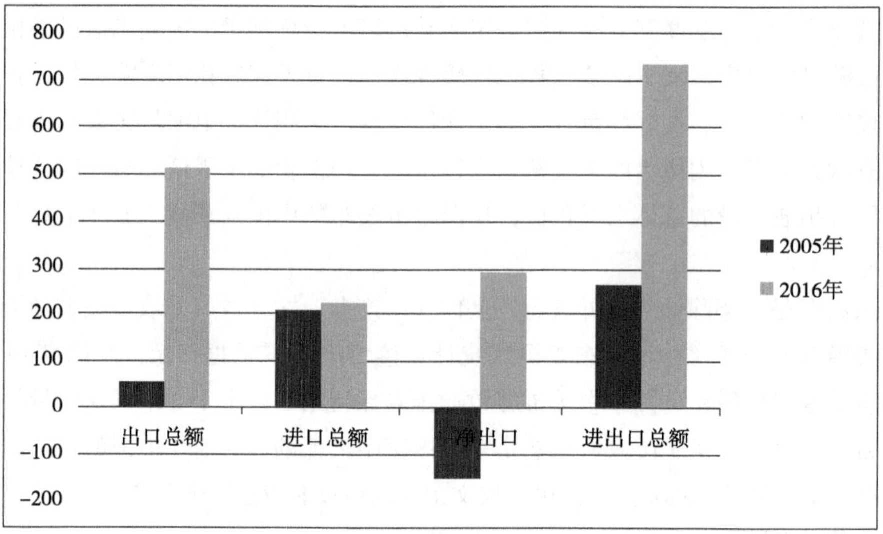

图BN-1　中国对文莱货物进出口贸易情况

（1）中国出口文莱

2005年至2014年，中国对文莱货物出口呈阶段性增长。其中，2010年、2011年出现爆发式增长，增长率超100%。2013年，中国对文莱货物出口占比中国出口全球市场份额达到顶峰，占比为0.08%，排名第93位。2014年，中国对文莱货物出口总额继续小幅攀升至约17亿美元，达到近十年的最高值。2015年至2016年，受世界经济增长乏力影响，中文双边贸易也受此影响逐年大幅下跌。2016年，中国对文莱出口约5亿美元，同比下跌63.70%；占中国出口全球市场份额的0.02%，排名第127位（见表BN-3和图BN-2）。

表BN-3　中国对文莱货物出口情况

单位：百万美元、%

年份	出口总额	增长率	排名	占比
2005年	53.14	——	141	0.01
2006年	99.63	87.49	139	0.01
2007年	113.149	13.57	140	0.01
2008年	130.54	17.391	145	0.01
2009年	140.46	7.60	147	0.01
2010年	367.61	161.72	125	0.02
2011年	744.39	102.49	111	0.04
2012年	1252.44	68.25	99	0.06
2013年	1703.78	36.04	93	0.08
2014年	1746.82	2.52	95	0.07
2015年	1407.41	–19.43	101	0.06
2016年	510.85	–63.70	127	0.02

数据来源：联合国商品贸易统计数据库

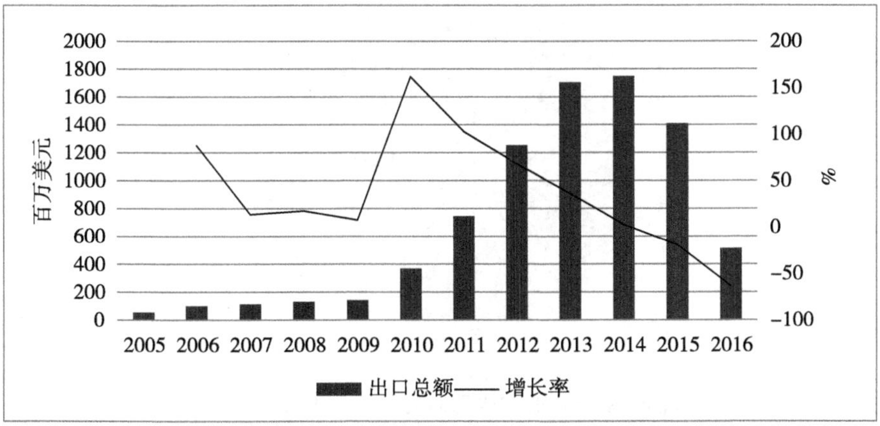

图BN-2　中国对文莱货物出口情况

2005 年，中国出口至文莱的产品主要有电子电气设备；钢铁；机械设备及零件；针织物及钩编织物；塑料及制品；钢铁制品；陶瓷产品；车辆及零件（轨道除外）；玻璃及其制品；家具、寝具、灯具、活动房等。其中，电子电气设备类产品出口额最高，约 748 万美元，占中国出口至文莱市场总额的 20.73%（见表 BN–4 和图 BN–3）。

表 BN–4　2005 年中国对文莱货物出口产品结构

单位：百万美元、%

商品代码	产品名称	出口额	占比	排名
85	电子电气设备	7.48	20.73	1
72	钢铁	6.08	16.85	2
84	机械设备及零件	5.23	14.50	3
60	针织物及钩编织物	3.84	10.64	4
39	塑料及制品	3.08	8.54	5
73	钢铁制品	3.06	8.48	6
69	陶瓷产品	2.66	7.37	7
87	车辆及零件（轨道除外）	1.70	4.71	8
70	玻璃及其制品	1.52	4.21	9
94	家具、寝具、灯具、活动房	1.43	3.96	10

数据来源：联合国商品贸易统计数据库

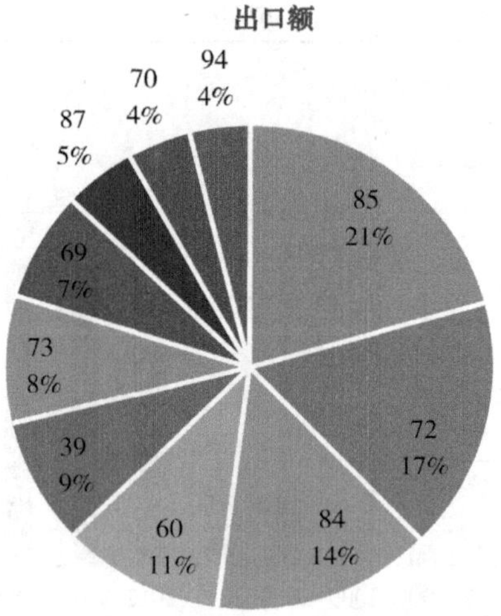

图 BN–3　2005 年中国对文莱货物出口产品结构

2016 年，中国出口至文莱的产品主要有家具、寝具、灯具、活动房；机械设备及零件；电子电气设备；钢铁；钢铁制品；陶瓷产品；塑料及制品；纸或纸板制品；鞋靴类；橡胶及制品等。其中，家具、寝具、灯具、活动房类产品出口额最高，约 6970 万美元，占中国出口至文莱市场总额的 19.26%（见表 BN-5 和图 BN-4）。

表 BN-5　2016 年中国对文莱货物出口产品结构

单位：百万美元、%

商品代码	产品名称	出口额	占比	排名
94	家具、寝具、灯具、活动房	69.70	19.26	1
84	机械设备及零件	63.38	17.51	2
85	电子电气设备	54.68	15.11	3
72	钢铁	42.15	11.65	4
73	钢铁制品	41.24	11.40	5
69	陶瓷产品	27.52	7.60	6
39	塑料及制品	19.74	5.45	7
48	纸或纸板制品	15.85	4.38	8
64	鞋靴类	14.08	3.89	9
40	橡胶及制品	13.57	3.75	10

数据来源：联合国商品贸易统计数据库

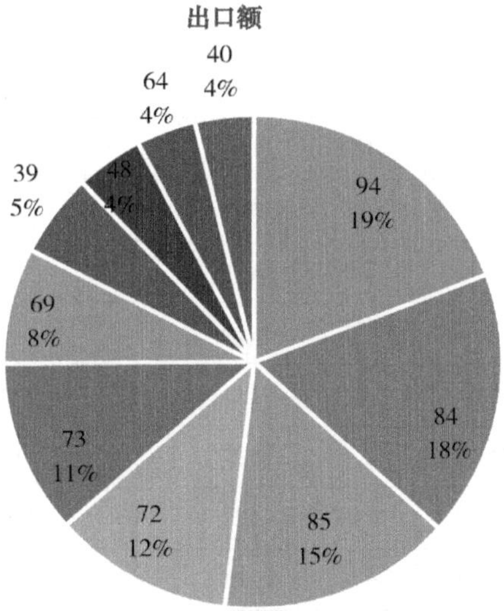

图 BN-4　2016 年中国对文莱货物出口产品结构

与2005年相比，2016年中国出口至文莱的主要产品出口额明显增加。其中，家具、寝具、灯具、活动房出口额增加约6827万美元，增长4774.13%，市场份额增加15.3个百分点，排名从第10名一跃成为第1名；机械设备及零件出口增长1111.85%，市场份额增加3.01个百分点，排名上升1位；电子电气设备、钢铁类产品出口额分别增长631.02%和593.27%，市场份额分别减少5.62和5.2个百分点，排名均下跌2位；钢铁制品、陶瓷产品出口额分别增加1247.71%和934.59%，市场份额分别减少2.92和0.23个百分点，排名均上长升1位；塑料及制品出口额增加540.91%，市场份额减少3.09个百分点，排名下跌2位。纸或纸板制品，鞋靴类，橡胶及制品类产品排名挤进前十。

（2）中国从文莱进口

文莱在中国全球进口市场中市场份额较少，大约在0.01%–0.03%之间。2005年至2016年，中国从文莱进口市场份额时高时低，其中进口额最高为2010年的6.6亿美元，2008年和2013年进口额均不足1亿美元（见表BN–6和图BN–5）。

表BN–6　中国对文莱货物进口情况

单位：百万美元、%

年份	进口总额	增长率	排名	占比
2005年	207.73	——	79	0.03
2006年	215.31	3.65	85	0.03
2007年	246.08	14.29	84	0.03
2008年	88.89	–63.88	107	0.01
2009年	282.15	217.41	86	0.03
2010年	664.33	135.45	80	0.05
2011年	566.82	14.68	86	0.03
2012年	373.06	–43.84	98	0.02
2013年	89.80	–75.93	133	0.00
2014年	189.72	111.27	116	0.01
2015年	101.16	–46.68	130	0.01
2016年	221.55	119.01	105	0.01

数据来源：联合国商品贸易统计数据库

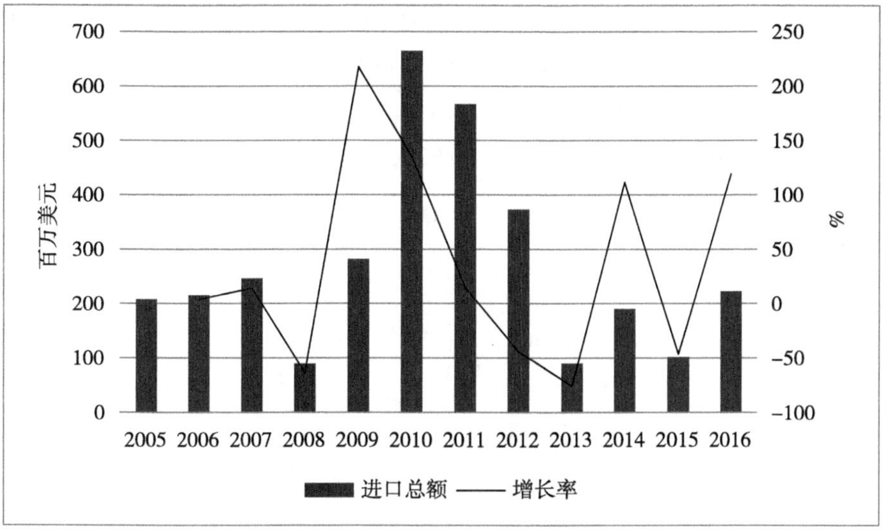

图 BN-5　中国对文莱货物进口情况

2005 年，中国从文莱进口的产品有矿物燃料、矿物油、沥青；鱼、甲壳动物、软体动物、水生无脊椎动物；针织服装；书籍、报纸、印刷图画及其他印刷品，手稿、打字稿及设计图纸；电子电气设备；纸或纸板制品等。其中主要是矿物燃料、矿物油、沥青产品，约 2.1 亿美元，占中国从文莱进口市场总额的 99.95%。其他产品进口额均不足十万美元（见表 BN-7 和图 BN-6）。

表 BN-7　2005 年中国对文莱货物进口产品结构

单位：百万美元、%

商品代码	产品名称	进口额	占比	排名
27	矿物燃料、矿物油、沥青	207.63	99.95	1
3	鱼、甲壳动物、软体动物、水生无脊椎动物	0.09	0.00	2
61	针织服装	0.004	0.00	3
49	书籍、报纸、印刷图画及其他印刷品；手稿、打字稿及设计图纸	0.003	0.00	4
85	电子电气设备	0.002	0.00	5
48	纸或纸板制品	0.0005	0.00	6

数据来源：联合国商品贸易统计数据库

2016 年，中国从文莱进口的产品有矿物燃料、矿物油、沥青；有机化学品；木浆及其他纤维状纤维素浆，回收（废碎）纸或纸板；鱼、甲壳动物、软体动物、水生无脊椎动物；针织服装；电子电气设备；新疆棉和内地棉；非针织服装；机械设备及零件；精油及香膏、芳香料制品及化妆盥洗品等。其中依然主要是矿物燃料、矿物油、沥青，约 1.6 亿美元，占中国从文莱进口市场总额的 72.32%（见表 BN-8 和图 BN-7）。

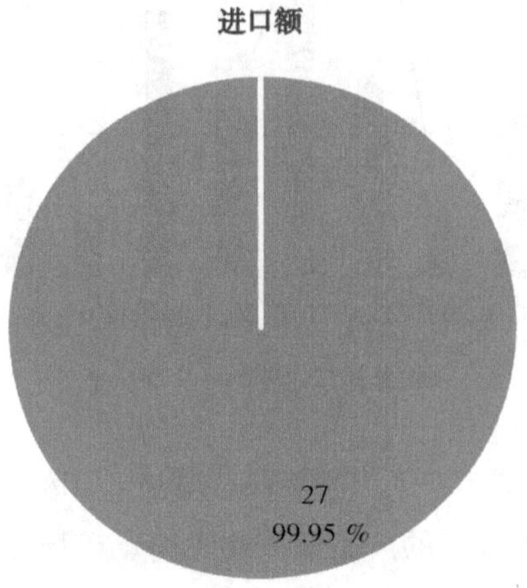

图 BN-6 2005 年中国从文莱货物进口产品结构

与 2005 年相比，2016 年中国从文莱进口的产品改变了仅矿物燃料、矿物油、沥青类产品的单一产品状况，一些其他产品的进口额有所增加。其中，矿物燃料、矿物油、沥青类产品进口额减少约 4742 万美元，市场份额减少 27.63 个百分点，排名仍居第 1；增加了有机化学品；木浆及其他纤维状纤维素浆、回收（废碎）纸或纸板等的进口。其中有机化学品进口额 5838 万美元，占据了 26.35% 的市场份额，排名居第 2。

表 BN-8 2016 年中国对文莱货物进口产品结构

单位：百万美元、%

商品代码	产品名称	进口额	占比	排名
27	矿物燃料、矿物油、沥青	160.21	72.32	1
29	有机化学品	58.38	26.35	2
47	木浆及其他纤维状纤维素浆；回收（废碎）纸或纸板	1.96	0.88	3
3	鱼、甲壳动物、软体动物、水生无脊椎动物	0.77	0.00	4
61	针织服装	0.15	0.00	5

续表

商品代码	产品名称	进口额	占比	排名
85	电子电气设备	0.03	0.00	6
99	新疆棉和内地棉	0.01	0.00	7
62	非针织服装	0.008	0.00	8
84	机械设备及零件	0.005	0.00	9
33	精油及香膏，芳香料制品及化妆盥洗品	0.003	0.00	10

数据来源：联合国商品贸易统计数据库

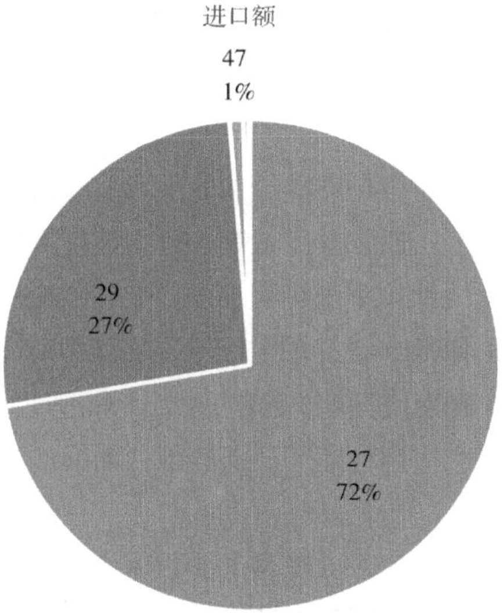

图 BN-7　2016 年中国从文莱货物进口产品结构

（3）中国与文莱的贸易竞争互补关系

中国与文莱贸易互补关系呈逐年减弱趋势。2012 年，从以中国出口计算的贸易互补指数看，中国与文莱贸易互补指数 0.3546，在中国与“一带一路”国家贸易互补关系中排名第 15。而 2015 年，以中国出口计算的贸易互补指数为 0.2787；与 2005 年相比，中国与文莱贸易互补指数减少了 21.40%.

以中国出口计算的贸易互补指数大于以中国进口计算的贸易互补指数，表明有利于中国出口，同时有利于文莱进口。如表 BN-9 所示，2012 年，以中国出口计算的贸易互补指数为 0.3546，以中国进口计算的贸易互补指数为 0.2502；2016 年，以中国出口计算的贸易互补指数为 0.2787；以中国进口计算的贸易互补指数为 0.1087。

表 BN-9 中国与文莱贸易竞争、互补指数

年份	竞争指数	互补指数	
		以中国出口计算	以中国进口计算
2012 年	0.0668	0.3546	0.2502
2015 年	0.0251	0.2787	0.1087

数据来源：重庆“一带一路”投资与贸易研究实验室

中国与文莱的贸易竞争不强，中国主要从文莱进口矿物油等产品，文莱则向中国进口制造业产品等。2012 年至 2015 年中，两国贸易竞争指数最高为 2012 年的 0.0668，在中国与“一带一路”国家贸易竞争关系中排名第 27。而 2013 年、2014 年、2015 年，两国贸易竞争指数分别为 0.0055，0.0025，0.0251，三年中最高的 2015 年排名也仅为第 48。

6. 总结

虽然文莱竞争优势明显，市场开放、税收优惠、投资与贸易的风险相对较低、政治稳定、政策透明度高、地理位置优越等。但文莱作为 TPP 最初的发起国，一直热衷于 TPP 谈判，美国若继续将中国排除在外，或许会对中文贸易和中国同整个亚太区域国家贸易造成冲击和影响。文莱实行较为温和的南海政策，非但没有派兵占领南海诸礁，而且主张维护南海地区的和平稳定。只不过从长远的角度考虑，并不排除中文关系因南海问题恶化的可能①。这给中文两国的经贸合作带来一定的不确定性。

从中文两国经贸联系来看，双方贸易起步较晚，但发展迅速，交往不断深化。从双边贸易的商品种类来看，中国从文莱进口产品主要是石油，石油占中国进口总量 90% 以上，较为单一，这点符合文莱国情。而中国对文莱出口产品较为多样化，包括粮食（文莱本国较少种植农业）、建材、家电、汽车等，各类产品都有。此外，民间领域中国近年来赴文莱旅游人数也大幅攀升，目前中国已成为文莱第二大旅游客源地，总的来说，双方经济合作领域广、潜力大，虽然双边经贸总量基数小，但是保持稳步增长趋势。

① 资料来源：中国网 http：//opinion.china.com.cn/opinion_68_133368.html

十、中国与印度尼西亚历史渊源与“五通”状况研究

印度尼西亚共和国（The Republic of Indonesia，以下简称印度尼西亚或印尼）位于亚洲东南部，处于亚洲大陆与澳大利亚之间，扼守马六甲海峡，与东帝汶、马来西亚接壤；由太平洋和印度洋之间约 17508 个大小岛屿组成，属马来群岛；陆地面积 190 万平方公里，海洋面积 317 万平方公里，是世界上最大的群岛国家。印尼是世界第四大人口大国，人口总数 2.56 亿（2015），华人约占人口总数的 3.79%（2010）。印尼有数百个民族，其中爪哇族人口占 45%，官方语言为印尼语。印尼自然资源丰富，有“热带宝岛”之称，盛产棕榈油、橡胶等农林产品。2015 年，印尼人均 GDP3346 美元，属中下等收入经济体。目前中国处于“十三五”规划的推进时期，而印尼政府也提出了 2015 年至 2019 年的中期发展规划，这为两国经贸合作提供了很多机遇。

（一）中国与印度尼西亚的历史渊源

中国和印度尼西亚自古便是友好的邻邦，两国人民的友谊深厚悠久，政府的使者、民间的商人、寺院的僧侣往来频繁。大约在两千年前，中国和印尼之间，不仅存在着统治者之间的“朝贡”关系，同时也建立了经济往来和文化交流[①]。中国和印尼两国地缘相近、自然环境相似，在历史文化上有许多共同的地方。我国广西、广东、海南等地与印尼有着密切的民族文化关系，形成了椎髻跣足、干栏建筑、使用铜鼓、信仰佛教等多种共同的民族文化特征[②]。这些共性，为中国与印尼双边交流合作奠定了基础。

---

① 陈造福．十九世纪以前中国和印度尼西亚关系考略［J］．历史研究，1980（3）．

② 廖国一，白爱萍．泛北部湾地区的历史发展共性及其当代影响［J］．广西师范大学学报（哲学社会科学版）.2011（5）．

1. 历史渊源

早在公元前 2 世纪，就已开辟了中国经马来半岛到印尼的海路交通，那时中国与马来群岛之间已有贸易往来了。《后汉书》第一次记载有关中国汉朝与爪哇的叶调于公元 131 年建立了正式关系。自唐代起，就有中国人定居印尼，而在唐末黄巢起义时，中国沿海居民为了逃避内战烽火和封建统治阶级的剥削奴役，纷纷移居南洋群岛，印尼各岛也是移民的一个重要目标。最早的旅居地可能是苏门答腊，以南部的巨港人数最多。宋元时期，海上航运更加发达，中国与印尼的贸易往来更加频繁。印尼的原住民十分欢迎中国商贾，《宋史》里提到中国商人如何受到原住民的热情款待："中国贾人至者，待以宾馆，饮食丰洁"①。唐宋时期的中国移民对促进印尼社会文明、经济建设、商务贸易、文化交流都有卓越的贡献。当时，中国发达的造船工业和航海业在国际航运事业上占有重要地位，与印尼有航船往来。苏门答腊的三佛齐，是中国商人集散货物和转运商品的重要港口，商业贸易繁盛②。

郑和七下西洋时期，共访问了 37 个国家，每一次航行都到达了印尼，先后访问了爪哇、苏门答腊、加里曼丹、卡里马塔、勿里洞和林加群岛。期间，爪哇也多次遣使中国，赠送珍珠、胡椒等物。双方友好往来增进了明代中国和印尼的邦交，扩大了两国间的贸易，促进了双边文化交流。随着郑和的七下西洋和中国对外交通、贸易的发展，前往印尼的中国人更多，他们带去了比较先进的生产工具和生产技术。定居印尼的华人不但能与原住民和睦相处，而且能以自己的勤劳智慧和开拓精神为当地的经济繁荣做出贡献。从 17 世纪起印尼便逐渐沦为荷兰的殖民地。而中国在 1840 年鸦片战争之后也逐渐沦为半殖民地国家，闽粤一带的中国人大规模移居东南亚谋生或者被拐掳去当劳工。中国和印尼有着相似的民族命运，当中国爆发抗日战争时，印尼的华人和不少原住民积极支援中国的抗战，以实际行动表达了他们的同情和支持③。

2. 文化共性

从官方到民间，两国往来频繁，许多民族通过迁移分居在两国，形成众多具有历史渊源关系的跨国民族，在语言、风俗习惯、信仰等方面相似。比如，随着华人的大量移入，汉语与当地语言结合形成了"中华－马来语"，而现代印尼语是在马来语的基础上发展起来的，华人则是最早把"市场马来语"提高成为印尼新闻语言和

---

① 梁立基 . 印度尼西亚华人的历史地位、作用和贡献［J］. 华侨华人历史研究，2004（3）.

② 陈造福 . 十九世纪以前中国和印度尼西亚关系考略［J］. 历史研究，1980（3）.

③ 梁立基 . 印度尼西亚华人的历史地位、作用和贡献［J］. 华侨华人历史研究，2004（3）.

文学语言的社会力量。中国古典名著《三国演义》《水浒传》《西游记》《红楼梦》等在印尼也有译本。印度尼西亚虽然有90%的居民信奉伊斯兰教，但历史上却是东南亚的佛教中心，大乘和小乘佛教都曾经盛行，密教一度成为国教，全国尚有佛寺六百多座，信徒一百多万人①。

历史上中国和印尼的密切关系，为今天中国与印尼双方经济合作提供了借鉴和基础。深厚的历史渊源，共同的民族文化特征形成了共同的文化价值观念，达成了文化上的认同和理解，为双方今后的经贸合作和文化交流起到积极促进作用。

（二）中国与印度尼西亚的现实往来

1. 建交情况

中国与印尼于1950年4月13日建交。1965年印尼发生“9·30事件”后，两国中断外交关系。1989年钱其琛外长在日本分别与印尼总统苏哈托和国务部长穆迪约诺就复交问题举行会晤。同年12月，两国就关系正常化的技术性问题进行会谈。1990年7月，印尼外长阿拉塔斯应邀访华，两国发表《关于恢复两国外交关系的公报》。1990年8月8日，李鹏总理访问印尼期间，两国外长分别代表本国政府签署《关于恢复外交关系的谅解备忘录》，宣布自当日起正式恢复两国外交关系。1999年底，两国就建立和发展长期稳定的睦邻互信全面合作关系达成共识。2000年5月两国共同发表《关于未来双边合作方向的联合声明》。2005年4月两国共同发表中印尼战略伙伴关系联合宣言。2008年10月，印尼国会通过《消除种族歧视法》。2013年两国共同发表中印尼全面战略伙伴关系未来规划。2015年3月两国共同发表关于加强全面战略伙伴关系的联合声明②。

2. 高层互访

近年来，中国和印尼两国高层访问和接触频繁。副总理级对话机制、经贸联委会、防务磋商、海上技术合作委员会等磋商合作机制运行顺畅，经贸合作成果丰硕。2010年，两国签署战略伙伴关系行动计划，为两国关系开启了新的篇章。2011年4月，温家宝总理对印尼进行正式访问，双方发表进一步加强战略伙伴关系的联合公报，同意建立领导人定期会晤机制。2012年3月，苏希洛总统对中国进行国事访问，双方发表联合声明。2012年4月，中共中央政治局常委李长春访问印尼，并在印度尼西亚大学发表了重要演讲。2013年10月，国家主席习近平访问印尼并出席

① 史继忠．“东方文化圈”与东南亚文化［J］．贵州民族研究（季刊），2000（3）．

② 资料来源：中华人民共和国外交部官网：http：//www.fmprc.gov.cn

亚太经合组织第二十一次领导人非正式会议。2014年11月佐科总统出席北京APEC领导人非正式会议并与习近平、李克强分别举行了双边会谈。2015年1月，印尼经济统筹部长索菲安来华主持召开两国高层经济对话首次会议。同年2月，中共中央政治局委员、中央政法委书记孟建柱访问印尼。同年3月，印尼总统佐科来华进行国事访问并出席博鳌亚洲论坛2015年年会。同年4月，习近平主席赴印尼出席亚非领导人会议和万隆会议60周年纪念活动。同年7月，全国政协主席俞正声访问印尼。2016年3月，印尼副总统卡拉来华出席博鳌亚洲论坛年会。同年4月，印尼政治法律安全统筹部长卢胡特访华并与杨洁篪国务委员共同主持中印尼副总理级对话第五次会议。同年9月，习近平主席同印尼总统佐科在二十国集团杭州峰会期间举行会见①。

3. 外交往来关系分析

根据中华人民共和国外交部官网显示的新闻统计，2005年至今，共有27篇新闻报道中印尼两国交往情况。本文通过NVivo软件（NVivo11）对汇总后的所有新闻进行分析并统计出40个高频词汇，双方高度关注“合作”“海上”“安全”“战略”“经济”“经贸”“文化”“海洋”“旅游”等。“合作”一词出现次数最多，共134次，占所统计词频的加权百分比为7.13%，这表明中国和印尼两国的核心关注点为双边合作。合作的主要内容涵盖：教育培训合作、反恐安全合作、经济技术合作、北部湾经济合作、经贸与投资合作、基础设施建设领域合作、海洋领域合作、医疗科技合作、杂交水稻技术合作、农业合作、国家电台合作、“一带一路”合作、“三北综合经济走廊”项目合作、东亚区域合作等。

第一，海上合作是中国和印尼战略伙伴关系的重点领域，中印尼海上合作委员会和中印尼海上合作基金的建立，是两国深化海洋领域合作的有力举措。2005年，两国成立海上合作技术委员会，已举行9次会议。2012年3月，两国外长签署《中印尼海上合作谅解备忘录》。双方多次强调中印尼海上合作重要性，并将继续加强两国在海上安全、航行安全、海军交往、海洋科研与环保及渔业等领域对话与合作，推动两国海上务实合作实现更大发展。

第二，双方共同致力于东盟共同体建设、推进区域经济一体化进程。“东盟”出现的频次为37次，占所统计词频的加权百分比为1.97%。

印尼愿同中方进一步深化东盟同中国的关系，共同引领区域合作方向，促进地区和平稳定。中方重视印尼在东盟中的重要作用，愿同印尼方共同努力，推动中

① 资料来源：中华人民共和国商务部走出去公共服务平台：http://fec.mofcom.gov.cn

国—东盟关系提质升级，在东盟东部增长区框架下探讨合作新模式，为东盟共同体建设和区域一体化进程注入新动力。双方积极承担国际责任，携手应对重大国际地区问题，推进区域一体化，共同构建新型国际关系。

第三，经济、贸易是中印尼双方合作的重点。中印尼互为重要邻国，同为全球发展中大国和新兴经济体，在双边地区和国际层面拥有广泛共同利益，因此，中方高度重视同印尼的经贸合作关系。双方共同签署了《中印尼经济技术合作无偿援助谅解备忘录》，积极推进“全球海洋支点”同“21 世纪海上丝绸之路”倡议对接，共同探讨“三北综合经济走廊”、泛北部湾经济合作、中国—印尼经贸合作区等务实合作，加强广西与印尼经贸与投资合作，高度关注区域全面经济伙伴关系协定（RCEP）达成一致。中印尼经贸合作实现多项突破，两国签订了《投资保护协定》《海运协定》《避免双重征税协定》；由广西农垦局承建的中印尼经贸合作区是中国政府在印尼设立的第一个经贸合作区。印尼愿加强同中国的对话与合作，进一步扩大两国贸易规模，以实际行动推动区域一体化和贸易自由化进程。

第四，科技、文化、旅游也是中国和印尼双方高度关注的领域。在科技方面，中国和印尼加强肝移植领域医疗科技合作。2013 年 10 月，两国签署《关于探索与和平利用外层空间的合作协议》，同意成立航天合作联委会。中国航天友好代表团与“远望五号”航天测量船访问印尼，体现了中方对加强中印尼科技合作和促进人文交流的重视。在文化旅游方面，“中国・印尼 2010 伊斯兰文化展演”活动通过图片、歌舞、书法等多种形式，展示了两国悠久灿烂的伊斯兰文化，传递和平、友谊、合作、进步的理念。《墨韵和风—中国国画展》对于推动两国文化及各领域的交流与合作产生了重要影响。中印尼建交 60 周年暨“2010 中印尼友好年”全球百城世博旅游推广活动为促进中国和印尼旅游合作创造了新的契机。

第五，中国企业积极参与印尼基础设施建设，先后承建泗水—马都拉大桥、加蒂格迪大坝等重大工程。中国公司承包的拉布湾电站一号机组和风港电站、四川成达工程公司和中国机械设备进出口总公司分别承包的印尼万丹省拉布湾电站一号机组和北苏门答腊省风港电站项目、中国华电集团公司控股投资兴建的阿萨汉一级水电站为印尼第二大水电站。此外，“一带一路”建设、“两廊一圈”建设、区域一体化建设、东盟共同体建设、海上合作机制建设等也是双方共同关注的重点。

第六、两国还逐步推进能源、农业等领域的合作。双方在能源领域互补性很强，通过拓宽能源合作领域、深化能源投资合作、扩大双边能源贸易、加大资源合作力度等进一步加强两国能源合作。中国愿意与印尼共同分享杂交水稻成熟的栽培技术和经验，在互利共赢的基础上进一步开展农业合作和交流，优势互补，共同为提高亚太地区的粮食安全能力，消除贫困做出新的贡献。

此外，“安全”一词出现的频次为25次，占所统计词频的加权百分比为1.38%。双方重视海上安全、航行安全、生命和财产安全；致力于共同提高亚太地区的粮食安全能力；面对国际地区日趋严峻的反恐形势，中印尼双方进一步加强反恐安全合作，维护两国共同安全利益。

表 ID–1 中国与印度尼西亚外交往来部分词频列表

单位：%

序号	单词	计数	加权百分比	序号	单词	计数	加权百分比
1	合作	134	7.13	12	旅游	5	0.27
2	海上	47	2.5	13	投资	5	0.27
3	东盟	37	1.97	14	渔业	4	0.21
4	安全	25	1.33	15	救灾	5	0.27
5	经济	13	0.69	16	科技	4	0.21
6	经贸	13	0.69	17	粮食	4	0.21
7	贸易	12	0.64	18	渔业	4	0.21
8	文化	11	0.59	19	一体化	4	0.21
9	海洋	9	0.48	20	科研	3	0.16
10	建设	8	0.43	21	能源	3	0.16
11	电站	5	0.27	22	水稻	3	0.16

数据来源：中华人民共和国外交部官网新闻

（三）中国与印度尼西亚的“五通”状况

1. 政策沟通

政策沟通是中国和印尼开展各项合作的基础。根据《“一带一路”沿线国家五通指数报告》，中国和印尼两国政策沟通顺畅[①]。印尼是东南亚国家联盟创立国之一，也是东南亚最大经济体及20国集团成员国。中国与印尼于1950年4月13日建交。2015年3月两国共同发表关于加强全面战略伙伴关系的联合声明。双方除互设使馆外，我国在印尼泗水、棉兰、登巴萨设有总领馆，印尼在香港、广州、上海设有总

① 中国–东盟“五通指数”比较研究，北京大学全球互联互通研究课题组．经济日报出版社，2017.

领馆。

（1）签署文件

两国签署的重要双边文件主要有：1990 年 7 月《中华人民共和国政府和印度尼西亚共和国政府关于恢复两国外交关系的公报》、2000 年 5 月《中华人民共和国和印度尼西亚共和国关于未来双边合作方向的联合声明》、2005 年 4 月《中华人民共和国与印度尼西亚共和国关于建立战略伙伴关系的联合宣言》、2005 年 7 月《中华人民共和国与印度尼西亚共和国联合声明》、2010 年 1 月《中华人民共和国政府和印度尼西亚共和国政府关于落实战略伙伴关系联合宣言的行动计划》、2012 年 3 月《中华人民共和国和印度尼西亚共和国联合声明》、2013 年 10 月《中华人民共和国和印度尼西亚共和国全面战略伙伴关系未来规划》、2015 年 3 月《中华人民共和国和印度尼西亚共和国关于加强全面战略伙伴关系的联合声明》、2015 年 4 月《中华人民共和国与印度尼西亚共和国联合新闻公报》[①]。这些文件是两国政策沟通的重要成果。

（2）合作机制

两国建有副总理级对话、高层经济对话、副总理级人文交流三大副总理级合作机制。两国还建有政府间双边合作联委会、经贸合作联委会、防务与安全磋商以及航天、农业、科技、国防工业等领域副部级合作机制。

中印尼双方还通过中国—东盟“10+1”、亚太经合组织、亚欧会议、亚洲合作对话、亚信会议等现有多边合作机制，以及博鳌亚洲论坛、中国—东盟博览会、中国国际投资贸易洽谈会等国际论坛形式积极进行战略层面沟通，推动两国经贸、文化等领域友好合作。

总的来说，中国与印度尼西亚政策沟通整体进展顺利，两国政治互信不断增强，合作共建意识持续升温。2013 年 10 月，两国领导人宣布全方位推进各领域合作，在更高水平、更宽领域、更大舞台上开展交流合作。印尼总统佐科在 2014 年 10 月就任时把“全球海洋支点”作为该国未来的发展战略，这与中国“21 世纪海上丝绸之路”战略不谋而合。两国的海洋发展战略具有高度的契合性。海洋经济对于未来的中国经济和印尼经济而言意味着新的经济增长点，具有十分重要的意义，同时也是未来两国战略合作的重点领域[②]。

---

① 资料来源：中华人民共和国外交部官网：http：//www.fmprc.gov.cn

② 林梅 . 印度尼西亚佐科政府的“全球海洋支点”战略及中国与印度尼西亚合作的新契机［J］. 东南亚纵横，2015（9）.

2. 设施联通

（1）基础设施

目前，中国与印尼两国基础设施的相互联通状况较为良好，印尼在铁路联通及电力输送方面建设状况较差[①]。由于基础设施建设发展相对滞后，印尼经济增长和投资环境受到严重制约。因此，加强基础设施建设也是政府工作的重点。同时，印尼是群岛国家，与邻国直接接壤较少，外界互联互通主要通过海路、航空等方式，各省、市及偏远的地区均通航。

1991年1月，中印尼两国签署航运协定，开辟直飞航线[②]。目前，北京、厦门、广州、福州、上海、天津、郑州、南宁、鄂尔多斯等城市均已开通直飞印尼首都雅加达的航班。随着经济发展和旅游业旺盛，为吸引更多中国游客，印尼史利威查雅航空公司开辟了往返中国的不定期航班，包括雅加达至张家界、棉兰至广州、万鸦老至广州，以及巴厘岛至南宁、成都、上海、南昌、宁波、杭州、南京、重庆、武汉、长沙和福州航线[③]。史利威查雅公司还于2016年末开辟了4个飞往中国的定期航班：登巴刹往返杭州、南京、武汉和长沙[④]。印尼狮子航空公司开通了北苏拉威西省首府万鸦老至中国上海、深圳、广州、武汉、成都和重庆等地的直飞航班[⑤]。

作为世界上最大的群岛国家，印尼运输高度依赖海运。雅加达丹绒不碌港是印尼最大的国际港，年吞吐量约250万个标准箱。2015年7月，中海集运中印尼直航航线（由中国到印尼泗水拉梦湾码头的直达集装箱班轮）开通，该航线在国内挂靠天津、大连、连云港、青岛、上海、宁波、蛇口等主要港口，在印尼挂靠雅加达、泗水、三宝垄三个主要港口，是连接两国的海上新丝绸之路。拉梦湾码头是印尼首个绿色码头，该航线是挂靠拉梦湾码头的首条国际集装箱航线[⑥]。根据规划，2014年至2019年内，印尼将兴建24个大型港口项目，因基建耗资巨大，印尼积极吸引国外资金投入。

印尼的铁路尚未建成全国性的交通网络，但大规模的运输任务都由铁路承担。爪哇岛和苏门答腊岛铁路运输相对比较发达。根据规划，2014年至2019年内，印尼将新建3258公里的铁路网[⑦]。中国和印尼全面合作的印尼雅加达至万隆高铁作为印尼

---

① 中国－东盟“五通指数”比较研究，北京大学全球互联互通研究课题组．经济日报出版社，2017.

② 资料来源：中华人民共和国外交部官网：http：//www.fmprc.gov.cn

③ 资料来源：新华网：http：//www.xinhuanet.com/air/2016-08/31/c_1119483716.htm

④ 资料来源：民航资源网：http：//news.carnoc.com/list/353/353007.html

⑤ 资料来源：搜狐新闻：http：//www.sohu.com/a/76306056_361715

⑥ 资料来源：人民网：http：//world.people.com.cn/n/2015/0730/c1002-27387716.html

⑦ 资料来源：中华人民共和国商务部走出去公共服务平台：http：//fec.mofcom.gov.cn

和东南亚地区的首条高铁，是中印尼两国最高领导人亲自决策和推动的重大战略合作项目，是印尼乃至东盟地区开工建设的第一条高速铁路。雅万高铁是中国与印尼发展战略对接下的“早期收获”成果，对于深化我国与东南亚相关国家铁路合作，实现我国与“一带一路”沿线国家交通基础设施互联互通具有十分重要的意义①。

此外，两国在桥梁、电站、港口等合作也不断深化。中国企业先后承建泗水－马都拉大桥、加蒂格迪大坝等重大工程。中国企业还积极参与印尼第一期1000万千瓦电站和3500万千瓦电站项目建设②。中国与印尼东爪哇省丹戎北腊港口和马杜拉邦卡兰县的梭闸港口工程合作，给印尼港口发展带来了很大的契机。近年来，两国在海港建设上加快了合作步伐，双方已签订谅解备忘录，共同开发比通和苏朗等东部海港。雅加达丹戎不碌港口扩建工程也受到中国企业的高度关注③。

（2）能源合作

两国在能源领域的合作逐渐密切。印尼是全球第二大煤炭出口国，第五大液化天然气出口国，也是中国在东南亚的三大石油进口国之一。中石油、中石化等在印度尼西亚拥有油气项目，中国罕王、中国有色、中国铝业、中国神华、江西能源等也在印尼进行投资④。2002年3月成立两国能源论坛。2015年，两国签署关于基础设施和产能合作的谅解备忘录⑤。

为解决基础设施落后问题，印尼政府提出了建设“海上高速公路”战略。根据规划，2015年至2019年间建设的重点项目主要包括供水、电力、交通、港口和公共卫生设施等基础设施项目⑥。目前，印尼正逐渐迎来基础设施建设的新高潮，印尼政府十分希望外资参与，并积极为投资创造各种有利条件。因此，两国设施联通建设潜力较大。

3. 资金融通

（1）融资渠道

中国与印尼资金融通建设顺畅。2009年，中国进出口银行发起“中国－东盟投资合作基金”（简称“东盟基金”）。2013年10月亚洲基础设施投资银行（简称“亚投行”）正式成立，印尼迅速表达了加入的意愿。同年11月，中国提出将出资400

---

① 中国印尼铁路合作项目雅加达至万隆高速铁路正式开 习近平致贺信 印度尼西亚总统佐科出席仪式并致辞［N］. 人民铁道，2016.1.23，第A01版.

② 资料来源：中华人民共和国外交部官网：http：//www.fmprc.gov.cn

③ 薛松，许利平. 印尼“海洋强国战略”与对华海洋合作［J］. 国际问题研究，2016（3）.

④ 高骏，王小烈等. 东南亚矿业及相关产业产能合作研究［J］. 地球学报，2017（3）.

⑤ 资料来源：中华人民共和国外交部官网：http：//www.fmprc.gov.cn

⑥ 资料来源：中华人民共和国商务部走出去公共服务平台：http：//fec.mofcom.gov.cn

亿美元成立丝路基金，为“一带一路”沿线国家基础设施、资源开发、产业合作等与互联互通有关项目提供投融资支持。中国国家开发银行、中国进出口银行都分别设立“一带一路”专项贷款。中国国家开发银行与印度尼西亚—中国高铁有限公司签署雅万高铁项目融资协议；与印尼有关机构签署相关领域基础设施融资合作协议以及化工、冶金、石化等领域产能合作融资合作协议等。2017 年 7 月，亚洲金融合作协会也正式成立，为印度尼西亚等“一带一路”沿线国家搭建金融创新推广平台①。2017 年 8 月，中国国家开发银行与印尼曼迪利银行签署战略合作谅解备忘录，共同助力中印尼两国深化经贸领域合作。两家银行在 2015 年就已开展等值 10 亿美元授信合作，用于支持印尼基础设施建设及中印尼双边经贸合作项目②。

（2）货币互换

为使以本币作为融资的过程更为顺畅，印尼央行与中国、日本和韩国在清迈协议框架下签有双边货币互换协议，分别为 40 亿美元、60 亿美元和 10 亿美元。2009 年印尼同中国签署为期三年、总额为 1000 亿人民币的双边本币互换协议。2013 年 10 月，两国续签该协议。2015 年 11 月，两国同意将现有本币互换规模扩大至 1300 亿人民币。印尼曼迪利银行是印尼最大的国有银行之一，目前在上海设有分行，是支持印尼基础设施建设及产业发展的主要银行。在印尼的中方银行主要有中国银行、中国工商银行③。

（3）双边投资

“一带一路”倡议提出以来，中国对印尼投资持续升温。2016 年当年，中国对印尼直接投资流量为 14.6 亿美元，占中国对外直接投资流量总额的 0.7%，在 2016 年中国对外直接投资流量排名中排第 14 位；主要集中在制造业，电力、热力、燃气及水的生产和供应业，建筑业及金融业。2016 年末，中国对印尼投资存量为 95.46 亿美元，占中国对外直接投资存量总额的 0.7%，在 2016 年末中国对外直接投资存量排名中，排第 11 位；在中国对“一带一路”沿线国家的直接投资存量排名中，排第 3 位；主要集中于制造业（28.87 亿美元），租赁和商务服务业，采矿业，批发和零售业，电力、热力、燃气及水的生产供应业，金融业，农、林、牧、渔业。印尼还是中国设立境外企业数量排名前 20 位的国家（截至 2016 年末，排名第 12 位）④。2010 年中国—东盟自贸区全面建成后，对双边投资产生明显的促进作用，印尼华商在中

① 资料来源：新华网：http：//www.xinhuanet.com/silkroad/2017-05/16/c_1120976848.htm

② 资料来源：中国政府网：http：//www.gov.cn/xinwen/2017-08/30/content_5221561.htm

③ 资料来源：中华人民共和国商务部走出去公共服务平台：http：//fec.mofcom.gov.cn/

④ 资料来源：2016 年度中国对外直接投资统计公报 .

国的投资项目也在逐年增加，尤其是中国西南地区①。

印尼利用外资快速增长，作为东南亚最大的国家，已成为东盟 10 国中最具有吸引力的投资目的国之一。中国是 2016 年印尼外国投资的第三大来源国。到印尼寻求投资合作的中国企业不断增多，涉及领域日益广泛，大型投资项目不断涌现。中国企业在印尼主要投资和承包的项目有：风港电站、达延桥等工程项目，爪哇 7 号、南苏 1 号等一大批电站建设项目，以及青山镍铁工业园、西电变电器生产项目等；新签大型工程承包项目包括中铁国际集团有限公司承建中加里曼丹煤炭铁路专用线项目第一期施工项目；华为技术有限公司承建印度尼西亚电信；中国交通建设股份有限公司承建印度尼西亚 DM 房地产项目等②。

4. 民心相通

“一带一路”的民心相通可大致归纳为教育、文化、旅游、卫生、科技、就业等。翟崑、王丽娜（2016）从旅游活动、科教人文交流、民间往来三个层面来衡量民心相通的程度，经测算，中国与印度尼西亚的民心相通建设顺畅且均衡③。

（1）旅游合作

旅游活动与民心相通息息相关，是促进两国交流增进彼此了解的直接的方式。中国和印尼旅游资源丰富，互为对方的游客来源国。2001 年印尼正式成为中国公民自费出境旅游目的地国。双方联合开展旅游推介活动，促进旅游便利化，鼓励扩大对旅游产业的投资。2013 年两国签署《中国—印尼旅游合作谅解备忘录》。印尼政府通过邀请中国明星作为印尼旅游大使、举办印尼经贸旅游投资推介会、推出“郑和旅游线”计划等活动吸引中国游客④。2015 年 7 月，印尼政府宣布给予赴印尼旅游中国公民免签待遇。2016 年赴印尼旅游的中国游客达 142.9 万人次，比上一年增长 13.96%，成为印尼第一大旅游客源国⑤。根据国家旅游局数据统计，2015年，印尼来华旅游人数约 54.48 万人，比 2014 年减少 2.21 万人；与 2006 年相比，增加约 11.18 万人，增长 25.82%⑥。

---

① 印度尼西亚投资与经贸风险分析报告［J］. 国际融资（哲学社会科学版），2011（7）.

② 资料来源：中华人民共和国商务部走出去公共服务平台：http：//fec.mofcom.gov.cn/

③ 翟崑，王丽娜. 一带一路背景下的中国 – 东盟民心相通现状实证研究［J］. 云南师范大学学报（哲学社会科学版），2016（6）.

④ 潘玥.“一带一路”背景下中印尼合作：成果、问题与对策［J］. 战略决策研究，2018（1）.

⑤ 资料来源：中华人民共和国外交部官网：http：//www.fmprc.gov.cn/web/

⑥ 数据来源：中华人民共和国文化和旅游部官网：http：//www.cnta.gov.cn/zwgk/lysj/201506/t20150610_18230.shtml

（2）科教文化合作

两国在科教人文交流方面取得许多重要成果。首先，中印尼两国建立了人文交流机制，这是中国与发展中国家建立的首个高级别人文交流机制。其次，在电影、出版、文艺表演等方面，双方开展了从官方到民间的交流与合作。雅加达“2014 年中国电影周”活动、五洲传播出版社《我们和你们：中国和印度尼西亚的故事》的出版、丝绸之路国际电影节的举办等，为中印尼两国之间文化互通、民心相通提供了平台。印尼电影《来自天堂的香气》（AROMA OF HEAVEN）获得第一届丝绸之路国际电影节纪录片奖。第三，中国与印尼在教育领域的交流与合作蓬勃发展。2014 年，印尼来华留学生人数为 13689 人，是第六大来华留学生源国。国内现有 17 个大专院校开设印尼语专业，设立 6 个印尼研究中心。此外，还成立了“中国—印尼高校智库联盟”“中国—印度尼西亚人文交流研究中心”①。但是，印尼科研水平整体不高，在基础科学和高新技术发展方面比较落后②。

（3）孔子学院

孔子学院作为推广汉语和传播中国文化与国学的机构，可间接反映印度尼西亚民众对中国文化的认可程度。目前，印尼共有 6 所孔子学院、2 个孔子课堂③。孔子学院的对象多为青少年学生，说明印度尼西亚民众尤其是青少年对中国及中国文化的接受程度高，两国教育文化交流顺畅（见表 ID–2）。

表 ID–2　印度尼西亚孔子学院开办情况

名称	所在城市	承办机构	合作机构	启动时间
丹戎布拉大学孔子学院	坤甸	丹戎布拉大学	广西民族大学	2011 年 11 月
阿拉扎大学孔子学院	雅加达	阿拉扎大学	福建师范大学	2010 年 11 月
玛琅国立大学孔子学院	玛琅	玛琅国立大学	广西师范大学	2011 年 3 月
玛拉拿达基督教大学孔子学院	万隆	玛拉拿塔基督教大学	河北师范大学	2011 年 1 月
泗水国立大学孔子学院	泗水	泗水国立大学	华中师范大学	2011 年 5 月

① 潘玥．“一带一路”背景下中印尼合作：成果、问题与对策［J］．战略决策研究，2018（1）．
② 中国 – 东盟“五通指数”比较研究，北京大学全球互联互通研究课题组．经济日报出版社，2017.
③ 数据来源：孔子学院总部官方网站 http：//www.hanban.edu.cn

续表

名称	所在城市	承办机构	合作机构	启动时间
哈山努丁大学孔子学院	锡江	哈山努丁大学	南昌大学	2011 年 2 月

资料来源：孔子学院官方网站

（4）民间往来

民间往来更能够直观地反映两国民众的相交程度。本文以两国网民的关注度和友好城市数量来反映中国和马来西亚两国人民民心相通程度。

根据百度指数显示，2011 年 1 月至 2017 年 12 月，中国网民对印度尼西亚的百度搜索指数呈逐步上升趋势，表明中国网民对印尼的关注度持续增加。其中，2013 年和 2014 年分别有一个小高峰出现。第一个小高峰出现在 2013 年习近平主席对印尼进行国事访问期间：2013 年 9 月 29 日至 2013 年 10 月 5 日，百度指数周平均值为 4956，为 2011 年至 2013 年的最高值。2013 年 10 月 2 日，习近平主席访问印尼，这是中国新任国家主席就任后到访的第一个东南亚国家，充分体现了印尼在中国周边外交战略中的重要地位。同年 10 月 3 日，习主席在印尼国会发表“携手建设中国—东盟命运共同体”的重要演讲，提出中国愿同东盟国家加强海上合作，使用好中国—东盟海上合作基金，发展好海洋合作伙伴关系，共同建设 21 世纪“海上丝绸之路”。同年 10 月 5 日，习近平抵达印尼巴厘岛，出席亚太经合组织第二十一次领导人非正式会议。

第二次小高峰出现在 2014 年 12 月 28 日至 2015 年 1 月 3 日期间，周平均值高达 6396，为近年来最高值，期间发生印尼航班失联事件。2014 年 12 月 28 日 7 时 17 分，亚洲航空公司从印尼泗水国际机场飞往新加坡的 QZ8501 航班失联。事件发生后，习近平主席代表中国政府和人民向印尼方表示诚挚慰问。中方向印尼方表示，愿紧急参与搜救行动，并根据印尼方需求提供其他协助。广大中国网民对此予以高度关注。

友好城市数量可直观地反映两国民众民心相通的程度。印度尼西亚 12 个省州、14 个城市与我国建立了友好城市关系[①]，表明中印尼两国人民民众好感度和民心相通现状良好。双方地方政府交流活跃，两国结好省市包括北京市—雅加达特区、广东省—北苏门答腊省、福建省—中爪哇省、云南省—巴厘省、上海市—中爪哇省、

① 资料来源：中国国际友好城市联合会 http：//www.cifca.org.cn/web/index.aspx

海南省—巴厘省、河南省—马鲁古省、天津市—东爪哇省、成都市—棉兰市、漳州市—巨港市、柳州市—万隆市、广州市—泗水市、厦门市—泗水市、北海市—三宝隆市、汕尾市—日里昔利冷县、防城港市—槟港市、济南市—徐图利祖市、东营市—巴里巴班市等[①]。

总之，中国政府积极的周边战略，“亲诚惠容”理念、“建设中国—东盟命运共同体”倡议的提出，印尼佐科政府“全球海洋支点”发展战略与我国“21世纪海上丝绸之路”战略的高度契合性，以及印尼相对稳定的政治环境为中印尼两国人民民心相通发展营造了良好的氛围。

5. 贸易畅通

印尼于1950年加入《关税与贸易总协定》，1995年成为世界贸易组织（WTO）的正式成员。参与的区域贸易协定有《中国—东盟自由贸易区协定》《共同有效优惠关税》等。近年来，中印尼两国贸易合作不断升温，中国已成为印尼第一大贸易伙伴。

（1）中印尼贸易总额

近年来，中国对印度尼西亚货物贸易基本呈顺差状态，货物出口大于进口（2005年、2006年和2011年除外，这三年中国对印度尼西亚贸易呈逆差状态，出口略小于进口）。2005年，中国对印度尼西亚货物进出口总额约168亿美元，其中出口约83.5亿美元，进口约84.4亿美元，净出口约–8659万美元。2016年，中国对印度尼西亚货物进出口总额约535亿美元，其中出口约321亿美元，进口约约214亿美元，净出口约107亿美元。与2005年相比，2016年中国对印度尼西亚货物进出口总额增加约367亿美元，增长约218.88%，其中出口增长284.62%，进口增长153.81%（见表ID–3和图ID–1）。

表ID–3 中国对印度尼西亚货物进出口贸易情况

单位：百万美元

年份	出口总额	进口总额	净出口	进出口总额
2005年	8350.37	8436.96	–86.59	16787.33
2016年	32117.50	21414.04	10703.46	53531.53

数据来源：联合国商品贸易统计数据库

① 资料来源：中华人民共和国外交部官网：http：//www.fmprc.gov.cn

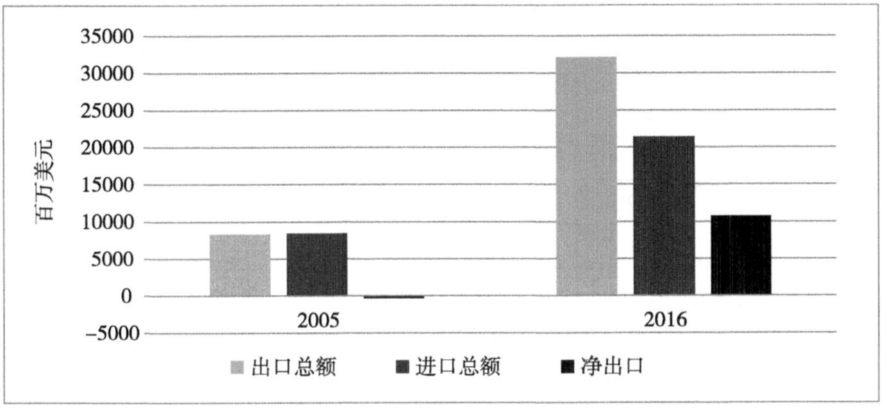

图 ID-1　中国对印度尼西亚货物进出口贸易情况

（2）中国出口印尼

2005 年至 2014 年，中国对印度尼西亚货物出口呈阶段性增长。其中，2005 年至 2008 年为第一增长阶段，货物出口总额连年攀升。2008 年中国对印尼出口约 172 亿美元，同比增长 35.43%，占中国出口全球市场总额的 1.20%，排名第 20 位。2009 年，受国际金融危机影响，中国货物出口印度尼西亚出现负增长，货物出口总额同比下跌 14.38%，但市场份额和排名均有所提升。2010 年至 2014 年为第二增长阶段，货物出口不断攀升。2014 年，中国对印度尼西亚货物出口总额约 391 亿美元，为近年来最高值，同比增长 5.77%；占中国出口全球市场总额的 1.67%，排名第 15 位。2015 年至 2016 年，世界经济增长乏力，中国和印尼双边贸易也受此影响连续下跌。2016 年，中国对印尼出口约 321 亿美元，同比下跌 6.48%；占中国出口全球市场总额的 1.53%，排名第 17 位（见表 ID-4 和图 ID-2）。

表 ID-4　中国对印度尼西亚货物出口情况

单位：百万美元、%

年份	出口总额	增长率	排名	占比
2005 年	8350.37	——	19	1.10
2006 年	9449.71	13.17	21	0.98
2007 年	12695.66	34.35	19	1.04
2008 年	17193.11	35.43	20	1.20
2009 年	14720.62	-14.38	19	1.23
2010 年	21953.57	49.13	19	1.39
2011 年	29220.94	33.10	16	1.54

续表

年份	出口总额	增长率	排名	占比
2012 年	34285.24	17.33	14	1.67
2013 年	36930.49	7.72	15	1.67
2014 年	39059.61	5.77	15	1.67
2015 年	34341.97	−12.08	17	1.51
2016 年	32117.50	−6.48	17	1.53

数据来源：联合国商品贸易统计数据库

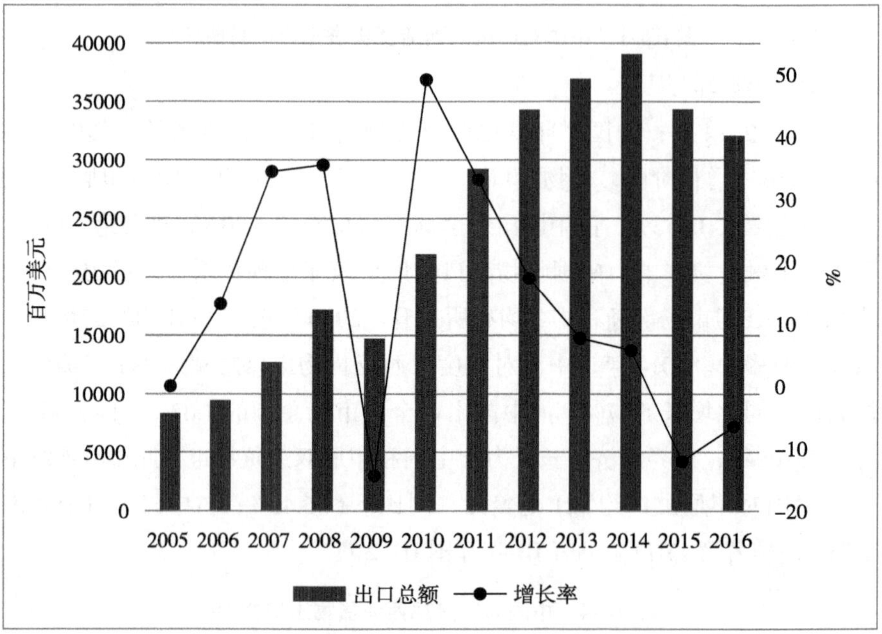

图 ID-2　中国对印度尼西亚货物出口情况

2005 年，中国出口至印度尼西亚的产品主要有矿物燃料、矿物油、沥青；机械设备及零附件；电子电气设备；钢铁；车辆及零件（轨道除外）；钢铁制品；棉花；有机化学品；无机化学品、贵金属；精密仪器及设备等。其中，矿物燃料、矿物油、沥青出口额最高，约 16 亿美元，占中国出口至印度尼西亚市场总额的 19%（见表 ID-5 和图 ID-3）。

表 ID–5　2005 年中国对印度尼西亚货物出口产品结构

单位：百万美元、%

商品代码	产品名称	出口额	占比	排名
27	矿物燃料、矿物油、沥青	1586.93	19.00	1
84	机械设备及零附件	1236.08	14.80	2
85	电子电气设备	1140.25	13.66	3
72	钢铁	561.61	6.73	4
87	车辆及零件（轨道除外）	364.58	4.37	5
73	钢铁制品	251.30	3.01	6
52	棉花	240.15	2.88	7
29	有机化学品	238.81	2.86	8
28	无机化学品、贵金属	214.80	2.57	9
90	精密仪器及设备	196.07	2.35	10

数据来源：联合国商品贸易统计数据库

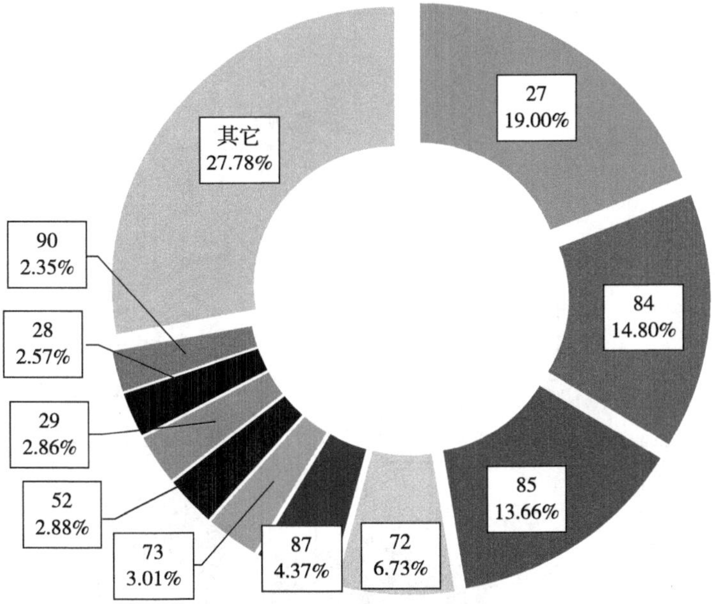

图 ID–3　2005 年中国对印度尼西亚货物出口产品结构

2016 年，中国出口至印度尼西亚的产品主要有机械设备及零附件；电子电气设备；钢铁；塑料及制品；钢铁制品；有机化学品；化学纤维长丝；车辆及零件（轨道除外）；家具、寝具、灯具；精密仪器及设备等。其中，机械设备及零附件类产品出口额最高，约58亿美元，占中国出口至印度尼西亚市场总额的18.14%（见表ID–6和图ID–4)。

表ID–6 2016年中国对印度尼西亚货物出口产品结构

单位：百万美元、%

商品代码	产品名称	出口额	占比	排名
84	机械设备及零附件	5827.16	18.14	1
85	电子电气设备	5546.07	17.27	2
72	钢铁	2017.21	6.28	3
39	塑料及制品	1151.87	3.59	4
73	钢铁制品	1077.49	3.35	5
29	有机化学品	997.39	3.11	6
54	化学纤维长丝	891.92	2.78	7
87	车辆及零件（轨道除外）	884.96	2.76	8
94	家具、寝具、灯具	743.86	2.32	9
90	精密仪器及设备	719.26	2.24	10

数据来源：联合国商品贸易统计数据库

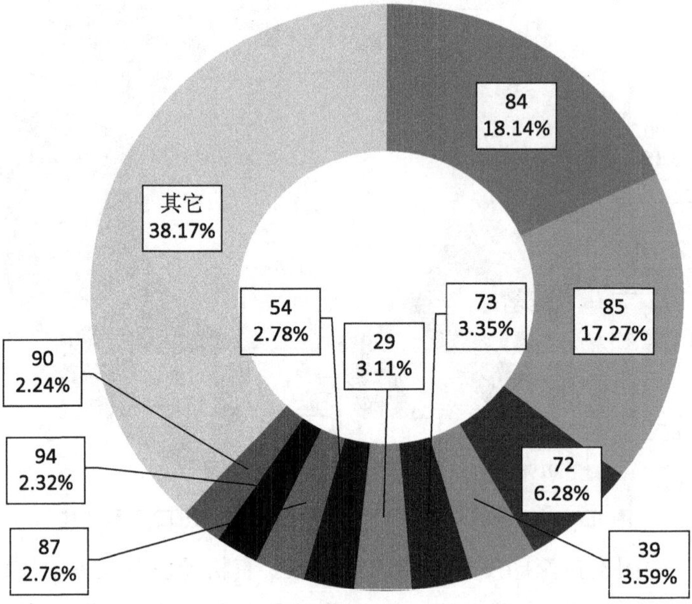

图ID–4 2016年中国对印度尼西亚货物出口产品结构

与2005年相比，2016年中国出口至印度尼西亚的主要产品出口额大幅增长。其中，机械设备及零附件、电子电气设备出口额分别增加46和44亿美元，增长371.42%和386.39%，市场份额也分别增加3.34和3.61个百分点，排名均提升1位；钢铁出口额增长259.18%，排名提升1位，但市场份额却减少0.45个百分点；钢铁制品和有机化学品出口额明显增长，市场份额分别增加0.34和0.25个百分点，排名分别提升1位和2位；车辆及零件（轨道除外）出口额明显增加，但市场份额却减少1.61个百分点，排名也下跌3位；精密仪器及设备类产品出口额增加5亿美元，市场份额略有减少，但排名未发生变化；塑料及制品、化学纤维长丝、家具类产品出口额大幅增加，排名纷纷挤进前十。

（3）中国从印尼进口

印度尼西亚在中国全球进口市场中占据比较稳定的市场份额和排名。2005年至2016年，中国从印度尼西亚进口呈波动性增长。其中，2005年至2008年进口总额逐年增长，年增长率超过10%。2009年受国际金融危机影响，进口额减少约7亿美元，同比下跌4.60%，在中国全球进口市场中排名第16位，即印度尼西亚成为中国第16大进口来源国，市场份额为1.36%。2010年至2012年，中国从印度尼西亚货物进口大幅增长，其中，2012年进口总额约319亿美元，为近年来最高水平，占中国全球进口市场总额的1.76%，排名第15位。2013年，受欧债危机持续影响，中国从印度尼西亚进口略有下跌，跌幅仅1.60%。2014年至2015年，中国从印度尼西亚进口总额持续下跌，其中2015年仅199亿美元，跌至2010年前水平。2016年，中国从印尼进口有所回升，同比增长7.68%，市场份额为1.35%，排名第18位（见表ID–7和图ID–5）。

表ID–7　中国从印度尼西亚货物进口情况

单位：百万美元、%

年份	进口总额	增长率	排名	占比
2005年	8436.96	——	18	1.28
2006年	9605.74	13.85	20	1.21
2007年	12464.21	29.76	20	1.30
2008年	14322.94	14.91	19	1.26
2009年	13663.78	–4.60	16	1.36
2010年	20795.19	52.19	16	1.49
2011年	31337.08	50.69	14	1.80
2012年	31935.99	1.91	15	1.76
2013年	31424.28	–1.60	16	1.61

续表

年份	进口总额	增长率	排名	占比
2014 年	24485.25	–22.08	20	1.25
2015 年	19886.19	–18.78	19	1.18
2016 年	21414.04	7.68	18	1.35

数据来源：联合国商品贸易统计数据库

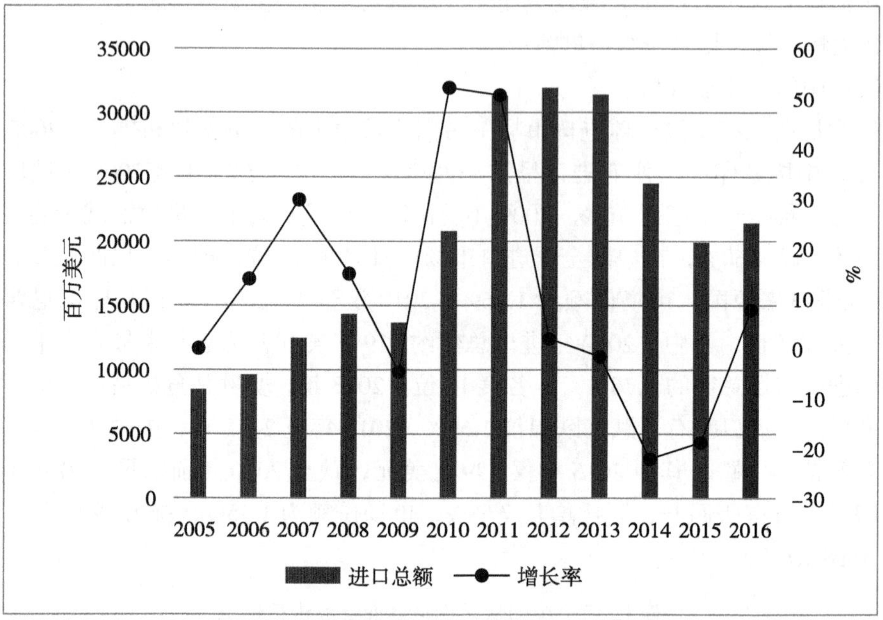

图 ID–5　中国从印度尼西亚货物进口情况

2005 年，中国从印度尼西亚进口的产品主要有矿物燃料、矿物油、沥青；机械设备及零附件；有机化学品；动植物油及油脂、油蜡；电子电气设备；木浆；木及木制品；橡胶及制品；矿砂、矿渣及矿灰；纸或纸板制品等。其中，矿物燃料、矿物油、沥青进口额最高，约 20 亿美元，占中国从印度尼西亚进口市场总额的 23.71%（见表 ID–8 和图 ID–6）。

表 ID–8　2005 年中国从印度尼西亚货物进口产品结构

单位：百万美元、%

商品代码	产品名称	进口额	占比	排名
27	矿物燃料、矿物油、沥青	2000.19	23.71	1
84	机械设备及零附件	945.37	11.21	2

续表

商品代码	产品名称	进口额	占比	排名
29	有机化学品	780.35	9.25	3
15	动植物油及油脂、油蜡	749.34	8.88	4
85	电子电气设备	668.22	7.92	5
47	木浆	659.43	7.82	6
44	木及木制品	429.23	5.09	7
40	橡胶及制品	402.48	4.77	8
26	矿砂、矿渣及矿灰	258.31	3.06	9
48	纸或纸板制品	233.63	2.77	10

数据来源：联合国商品贸易统计数据库

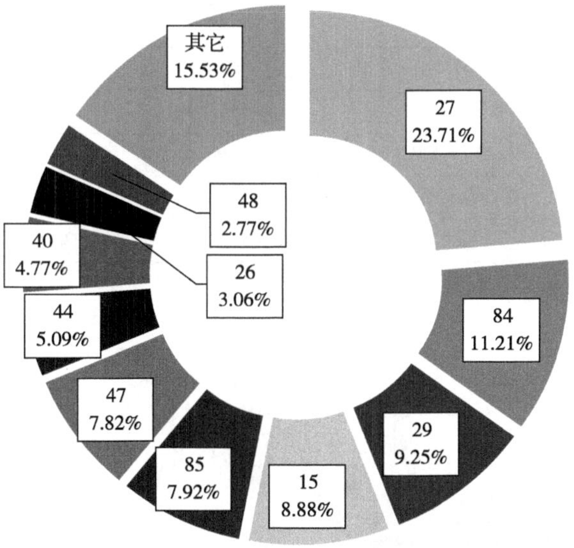

图 ID–6　2005 年中国从印度尼西亚货物进口产品结构

2016 年，中国从印度尼西亚进口的产品主要有矿物燃料、矿物油、沥青；动植物油及油脂、油蜡；电子电气设备；木浆；木及木制品；钢铁；杂项化学产品；矿砂、矿渣及矿灰；橡胶及制品及制品；鞋靴等。其中，矿物燃料、矿物油、沥青进口额最高，约 78 亿美元，占中国从印度尼西亚进口市场总额的 36.55%（见表 ID–9 和图 ID–7）。

与 2005 年相比，2016 年中国从印度尼西亚进口的主要产品进口额明显增加。其中，矿物燃料、矿物油、沥青进口额增加约 58 亿美元，增长 291.32%，市场份额增加 12.84 个百分点，排名仍居第一；动植物油及油脂、油蜡；矿砂、矿渣及矿灰进口额分别增长 263.87% 和 164.79%，市场份额分别增加 3.85 和 0.13 个百分点，排名分别提升 2 位和 1 位；电子电气设备、木浆、木及木制品类产品进口额均增加约 5 亿美元，市场份额却分别减少 2.32、2.29 和 0.64 个百分点，排名纷纷提升 2 位；橡胶及制品进口额增加约 1 亿美元，市场份额减少 2.25 个百分点，排名也下跌 1 位；钢铁、杂项化学品、鞋靴类产品进口额明显增加，排名纷纷跻身前十。

表 ID-9　2016 年中国从印度尼西亚货物进口产品结构

单位：百万美元、%

商品代码	产品名称	进口额	占比	排名
27	矿物燃料、矿物油、沥青	7827.07	36.55	1
15	动植物油及油脂、油蜡	2726.63	12.73	2
85	电子电气设备	1200.11	5.60	3
47	木浆	1182.42	5.52	4
44	木及木制品	952.50	4.45	5
72	钢铁	938.16	4.38	6
38	杂项化学产品	761.75	3.56	7
26	矿砂、矿渣及矿灰	683.98	3.19	8
40	橡胶及制品	539.53	2.52	9
64	鞋靴类	465.34	2.17	10

数据来源：联合国商品贸易统计数据库

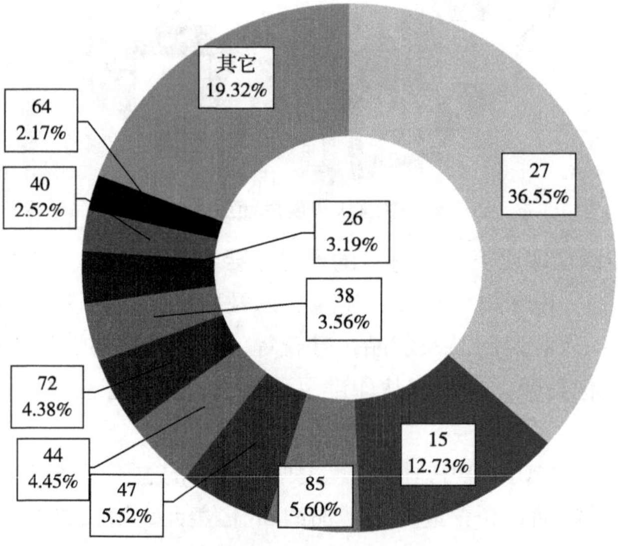

图 ID-7　2016 年中国从印度尼西亚货物进口产品结构

（4）中国与印尼的贸易竞争互补关系

中国与印尼的贸易互补关系很强。2016 年，以中国出口计算的贸易互补指数为 0.3869，在中国与“一带一路”国家贸易互补关系中排名第 12 位。

中国与印尼的贸易互补关系呈继续增强的趋势。从以中国出口计算的贸易互补指数看，2005 年，中国与印度尼西亚贸易互补指数为 0.2106；2016 年为 0.3869。与 2005 年相比，中国与印度尼西亚贸易互补指数增长了 83.71%，两国贸易互补关系得到一定提升和改善。

2016 年，以中国出口计算的贸易互补指数大于以中国进口计算的贸易互补指数，表明有利于中国产品出口，同时有利于印尼产品进口。如表 ID-10 所示，2016 年，以中国出口计算的贸易互补指数为 0.3869，以中国进口计算的贸易互补指数为 0.2254。但 2005 年刚好相反，以中国进口计算的贸易互补指数为 0.2462，以中国出口计算的贸易互补指数为 0.2106，进口大于出口，表明在 2005 年的两国贸易关系中，有利于中国产品进口，同时有利于印尼产品出口。

表 ID-10　中国与印度尼西亚贸易竞争、互补指数

年份	竞争指数	互补指数	
		以中国出口计算	以中国进口计算
2005	0.1360	0.2106	0.2462
2016	0.2379	0.3869	0.2254

数据来源：重庆“一带一路”投资与贸易研究实验室

中国与印度尼西亚的贸易竞争较为激烈，两国出口产品结构相似度不高。2005 年，两国贸易竞争指数为 0.1360，不存在激烈的贸易竞争，在中国与“一带一路”国家贸易竞争关系中排第 12 位。2016 年，中国与印度尼西亚的贸易竞争指数为 0.2379，贸易竞争趋向激烈，在中国与“一带一路”国家贸易竞争关系中排名第 17 位。与 2005 年相比，2016 年中国与印度尼西亚的贸易竞争指数增加了 74.93%，但排名下跌 5 位。虽然两国贸易竞争有变强的趋势，出口产品结构相似度也有所趋同，但印尼与中国不具有激烈的贸易竞争关系，整体仍有利于中国产品出口。

6. 总结

（1）中国与印尼的“五通”情况

印尼是东南亚地区最大的经济体，还是东盟创始成员国和 G20 成员国。双方在“五通”合作共建方面成绩斐然。一是中国和印尼两国政策沟通顺畅，两国高层互访和接触频繁，双方政治互信不断加强，双边关系发展总体健康稳定。两国建有副总理级对话、高层经济对话、副总理级人文交流三大副总理级合作机制。二是两国基础设施的相互联通状况较为良好。中国到印尼泗水拉梦湾码头的直达集装箱班轮、雅万高铁等重大工程的建设标志着两国在基础设施领域的合作不断深化，对实现我国与“一带一路”沿线国家交通基础设施互联互通具有示范意义。三是东盟基金、“亚投行”、丝路基金、“一带一路”专项贷款等保证了双方通畅的融资渠道。2016年中国对印尼直接投资14.6亿美元，在2016年中国对外直接投资流量排名中排第14位。四是在民心相通方面，两国建立了人文交流机制、签署了《中国—印尼旅游合作谅解备忘录》、合作建有6所孔子学院和2个孔子课堂。印尼还是第六大来华留学生源国。五是两国贸易合作畅通。近年来两国贸易额大幅攀升，中国已成为印尼第一大贸易伙伴，两国出口产品结构差异较大，贸易互补性强。

（2）中国在印尼投资的政治风险

虽然两国在五通建设方面，合作成绩斐然。但是，自“一带一路”倡议提出以来，印尼民众、学界和政府的态度与反应两极化，存在“中国威胁论”①。虽然我国与印尼不存在岛礁主权矛盾，但在南海海域“纳土纳海”的问题上存在分歧。历史上，印尼曾发生几次性质严重的排华事件，随着我国在南海施工的进度升级，一旦“纳土纳海”发生利益冲突时，有可能会引发新的排华事件。印尼是全球最大的穆斯林国家，存在一些宗教极端主义和恐怖主义分子，虽然人数不多，但组织较为严密，破坏力也比较强。因此，中印尼双方要居安思危，警惕滋生恐怖主义威胁。此外，印尼政策具有不稳定性，法律体系尚不完善，腐败现象也较为严重②。

由于投资环境持续改善，如今印尼已成为全球仅次于美国、中国和印度之后的第四大投资宝地。中国应充分利用亚太经合组织、二十国集团成员、中国—东盟自由贸易区、东盟与中日韩（10+3）、东亚峰会等区域经济体合作机制，鼓励中国企业到印尼投资，使中国企业走出去。除了能源和公共基础设施的投资外，中国企业更应当关注在信息技术、网络、旅游以及其他服务业的投资③。

总之，印尼人口众多、自然资源丰富、市场潜力大、劳动力廉价、金融市场稳定，投资环境良好，未来经济发展势头不可小觑。随着我国“21世纪海上丝绸之路”倡议和印尼佐科政府的“海洋强国”战略进一步对接，两国在海洋贸易与投

① 潘玥．“一带一路”背景下中印尼合作：成果、问题与对策［J］．战略决策研究，2018（1）．

② 资料来源：中国网（观点中国）：http：//opinion.china.com.cn/opinion_64_124264.html

③ 李伟．印度尼西亚深化经贸合作共建海上丝绸之路探析［J］．对外经贸实务，2018（1）．

资、海洋科技、海上互联互通、能源领域等方面具有广阔的合作空间。双方应大力加强双边贸易、双向投资，携手共赢，促进两国及周边区域的繁荣与稳定，共筑21世纪海上丝绸之路和海洋强国伟大构想。

十一、中国与越南历史渊源与“五通”状况研究

越南（Vietnam）位于中南半岛东南端，三面环海。越南地形狭长，南北长、东西狭，自然环境优越，资源矿产丰富，其中煤炭、铁矿、铝土矿、稀土等储量丰富。目前，越南全国人口 9432 万，适龄劳动人口 5440 万，是一个农村人口占比较重的农业大国，收入处于中低水平。中国与越南是山水相连的邻邦，也是冷战后仅存的几个共产党执政的社会主义国家之一。近年来，中越经贸合作稳步发展。截至 2017 年 6 月底，中国在越南有效投资项目 1683 个，投资总额达 104.3 亿美元。据不完全统计，中国有逾 13 万人在越南从事商务和旅游等活动，仅越南芒街市就有超过 1000家中国各类贸易企业[①]。虽然中越经贸合作也存在一些突出问题，但中国已成为越南最大的贸易伙伴，越南也以其独特的地理、经济、政治、文化特点及优势，成为“21 世纪海上丝绸之路”的重要一环。

（一）中国与越南的历史渊源

1. 宗藩关系

中越双方之间有着两千余年之久的友好交往历史，两国国情基本相似、文化相通、理想相同、经济相关。由于历史、地缘和政治等方面的原因，中越关系自古以来非常密切。两国人民不仅有长期的经贸往来历史，而且文化传统以至生活习惯都十分相似。

公元前 214 年秦始皇将现越南所在地加入中国版图，到唐代称为安南。将近一千一百年之久，越南属于中国的郡县。而公元 968 年丁部统一安南，建立“大瞿越国”，并请求北宋册封为藩属，有近千年越南是中国的“藩属”。在经济上，此时期，两国属于朝贡贸易。藩属国进贡，而宗主国回赠，这种关系也反映了两国互通

---

① 资料来源：中华人民共和国商务部走出去公共服务平台：http：//fec.mofcom.gov.cn

有无的贸易关系。明清时期，中越两国贸易往来频繁，中越两国由朝贡贸易向市场贸易过渡。随着两国商品经济和资本主义的发展，传统的朝贡贸易虽然仍在继续，但所占比重相对下降，市场贸易逐步成为双方经济往来的主要形式。直到1885年6月9日，法国殖民者强迫清政府在天津签订《中法会订越南条约》，清政府放弃了对越南的宗主权，同时承认越南是法国的保护国。从此结束了中越两国的宗藩关系，中越之间官方的朝贡贸易不复存在[①]。

2. 外交关系

中华人民共和国成立以后，中越两国于1950年1月18日正式建立了外交关系。中越建交初，正值越南抗法战争时期，中国政府从道义上和物质上给予越南人民无私的帮助。两国经贸关系，主要是中国对越南的无偿援助。

20世纪70年代中期，随着国际形势的转变，特别是中苏、中美关系的变化发展，给中越关系带来了许多负面影响。中越关系也逐步走向对抗，1979年2月，中越边境爆发战争，从此，中越两国开始了长达10年之久的对峙时期。两国经贸关系也因此中断。

20世纪80年代末，随着双方政治关系的解冻，经济关系也有所改善。在1991年中越关系正常化以后，两国的边境贸易得以恢复，特别是20世纪90年代以来，中越两国经贸关系发展加快。目前，由于两国政府的推动，中越经贸关系呈现出丰富的内容和众多层面[②]。中越两国关系密切，在政治、文化、投资、农业、旅游等领域也建立起全面合作。

此外，中越两国民间自古来往密切，医学、艺术以及民间信仰等都在两国之间有着深入的交流。随着“一带一路”倡议和“两廊一圈”发展规划对接取得积极进展，中越民间交往更加丰富多彩，两国赴对方国家的表演、商务往来、教育、旅游等越来越多。国之交在于民相亲。中越两国人员交往日益紧密将为中越进一步务实合作注入新的动力。

（二）中国与越南的现实往来

1. 建交情况

中国和越南于1950年1月18日建交，中越两国和两国人民之间的传统友谊源远流长。在长期的革命斗争中，中国政府和人民全力支持越南抗法、抗美斗争，越

① 中国社会科学院历史研究所．古代中越关系史资料选编［M］．北京：中国社会科学出版社，1985.

② 胡均民，赵修安．试论中国与越南经贸关系的历史沿革、现状及发展趋势［J］．学术论文，2005（8）．

南视中国为坚强后盾，两国在政治、军事、经济等领域进行了广泛的合作。70年代后期，中越关系恶化。1990年9月，时任中共最高领导人江泽民与越共最高领导人阮文灵在中国的成都举行会晤。1991年中越两国发表联合公报，中断了13年的两国关系开始走向全面恢复。

2. 高层互访

90年代后，两国领导人保持频繁互访和接触。1999年初，两党总书记确定了新世纪两国“长期稳定、面向未来、睦邻友好、全面合作”关系框架。2000年，两国发表关于新世纪全面合作的《联合声明》，对发展双边友好合作关系做出了具体规划。2008年5月，双方发表了《联合声明》，确定建立全面战略合作伙伴关系[①]。

近年来，中越两国外交互动日益频繁。2005年7月，越南社会主义共和国主席陈德良对中国进行国事访问，同年10月胡锦涛主席（时任）访越。2006年3月中共中央政治局常委、全国政协主席贾庆林对越南友好访问，同年8月越南共产党中央委员会总书记农德孟访华，同年11月胡锦涛主席（时任）访越。2007年5月越南社会主义共和国主席阮明哲对中国进行国事访问。2008年5月，越南共产党中央委员会总书记农德孟再次访华，同年8月越南社会主义共和国主席阮明哲出席北京奥运会开幕式，同年10月越南政府总理阮晋勇访华。2011年10月越南共产党中央委员会总书记阮富仲访华，同年12月习近平副主席（时任）访越。2013年6月，越南社会主义共和国主席张晋创访华，同年10月李克强总理访越。2014年12月，中共中央政治局常委、全国政协主席俞正声访越。2015年4月，越南社会主义共和国总书记阮富仲访华，同年7月张高丽副总理访越，同年9月越南政府副总理阮春福访华，同年11月习近平主席访越，同年12月越南国会主席阮生雄访华。2016年9月越南政府总理阮春福访华，同年11月中共中央政治局常委、全国人大常委会委员长张德江访越。2017年5月越南国家主席陈大光来华进行国事访问并出席“一带一路”国际合作高峰论坛，同年11月习近平主席访越。2018年中国国务委员兼外交部部长王毅访越[②]。

3. 外交关系往来分析

根据中华人民共和国外交部官网显示的新闻统计，2005年至2018年，共有248篇新闻报道中越两国交往情况。本文通过NVivo软件（NVivo11）对汇总后的所有新闻进行分析并统计出88个高频词汇，双方高度关注“合作”“关系”“战略”“经济”“稳定”“东盟”“经贸”“设施”“湄公河”“南海”“投资”“金融”“北部湾”

① 资料来源：中华人民共和国外交部官网：http://www.fmprc.gov.cn

② 资料来源：中华人民共和国外交部官网：http://www.fmprc.gov.cn

等。“合作”一词出现次数最多，共3070次，占所统计词频的加权百分比为6.70%，这表明中越两国的核心关注点为双边合作。中越两国在基础设施、贸易投资、金融、文化、农业、能源、旅游等各领域进行合作。“全面”一词出现570次，主要指向中越两国全面深化合作。中越两国频繁的外交互动，也表现出中越两国有着巨大的合作需求和发展空间。

其次，中越双方一直努力保持双边友好关系。中国与越南通过双边互访、热线电话、多边场合会晤等形式保持高层接触、加强战略沟通。“关系”一词出现1506次，其中包括政治关系、合作关系、伙伴关系、经贸关系等双边关系，两国致力于保持并深化两国关系的全面持续发展。“双边”一词出现422次，“互利”一词出现179次，在合作中重视双边互利共赢精神，互利合作是中越两国的基本原则。另外，“伙伴”一词出现469次，主要指两国全面战略伙伴关系、经贸伙伴关系，以及政治上的伙伴关系。“访问”一词出现257次，表明双方频繁的外交互动。

第三，从中国与东盟建设面向和平与繁荣的战略伙伴关系整体情况来看，越南和中国都应该是最具发展潜力的国家，双方的全面战略合作伙伴关系建立较早，已超越了中国与东盟整体关系的范畴①。在朝着实现东盟政治安全共同体的过程中，双方也努力促进更大范围的东亚共同体和亚太共同体建设。“东盟”“湄公河”“澜沧江”在近年来双边往来新闻报道中出现的词频分别为336次，169次，78次。一方面，双方积极推动中国与东盟的战略伙伴关系，建立中国－东盟自贸区、建设中国－东盟互联互通。两国积极推动中国－东盟自贸区经济、投资等领域的合作，并共同打造中国－东盟自贸区“升级版”。另一方面，通过澜沧江－湄公河合作高官会、沧江－湄公河合作外长会、澜沧江－湄公河合作领导人、大湄公河次区域经济合作工商峰会等推动大湄公河次区域合作。另外，“亚太地区”一词出现19次，双方还致力于促进亚太地区和平稳定、经济合作、自由贸易等。

第四，中越双方合作的重点是经济、经贸、设施、投资、金融。这五个词出现的频次分别为412次、314次、182次、152次和127次。双方加紧推进“一带一路”和“两廊一圈”发展对接，打造产能合作新平台，加紧推进基础设施重点合作项目和跨境经济合作区建设。利用中国－东盟自贸区的优惠政策，促进两国的投资和贸易服务，中国现为越南最大贸易伙伴。同时，近年来两国加强了在经贸、产能、基础设施、教育等领域的双边投资。在金融方面，双方按照海上、陆上、金融合作，

① 周士新．演进中的中越关系：转型与前瞻［J］．东南亚纵横，2016（6）．

“三线并举”的总体思路，推动双方各领域合作。两国利用亚洲基础设施投资银行、丝路基金等投融资平台，发挥金融对基础设施建设、产能合作的关键支持作用。另外，建立两国金融合作工作组，提高双方抵御金融风险的能力。

第五，“和平”“南海”“安全”“北部湾”出现的频次分别为270次、164次、134次、134次。这说明双方高度重视“安全”问题，双方通过在综合安全议题上实现互补性的合作，努力超越领土主权问题的安全竞争，在共同安全基础上促进两国关系的相对稳定。双方同意严格遵循两国高层共识和中国与东盟各成员国签署的《南海各方行为宣言》宗旨和原则，以实际行动维护南海局势的稳定。同时，两国已经解决了陆地边界和北部湾划界问题。双方积极加强执法安全合作，并积极推进在北部湾和南海的合作与共同开发。

此外，中越双方还加强产能、文化、旅游、科研、教育、交通等领域的合作。努力促进“一带一路”与“两廊一圈”的有效对接，共同建设21世纪海上丝绸之路、携手建设更为紧密的中国－东盟命运共同体，推动区域经济合作、加强不同文明交流、促进世界和平发展。

表 VN-1　中国与越南外交往来部分词频列表

单位：%

序号	单词	计数	加权百分比	序号	单词	计数	加权百分比
1	合作	3070	6.70	12	南海	164	0.36
2	关系	1506	3.29	13	投资	152	0.33
3	战略	528	1.15	14	安全	134	0.29
4	经济	412	0.90	15	北部湾	134	0.29
5	稳定	407	0.89	16	金融	127	0.28
6	建设	342	0.75	17	文化	106	0.23
7	东盟	336	0.73	18	共同体	86	0.19
8	经贸	324	0.71	19	农业	70	0.15
9	设施	182	0.40	20	能源	50	0.11
10	互利	179	0.39	21	旅游	46	0.10
11	湄公河	169	0.37	22	丝绸之路	6	0.01

数据来源：中华人民共和国外交部官网新闻

（三）中国与越南的“五通”状况

1. 政策沟通

1991年11月，应江泽民总书记和李鹏总理的邀请，越共中央总书记杜梅、部长会议主席武文杰率团访华，双方宣布结束过去，开辟未来，两党两国关系实现正常化。此后，两党两国关系全面恢复并深入发展。两国领导人保持频繁互访和接触，双方在各领域的友好交往与互利合作不断加强。近年来，中越双方的经济合作机制主要有三个：中国－东盟自由贸易区、大湄公河次区域合作与“两廊一圈”合作。

两国签署的重要双边文件主要有：2000年12月《中华人民共和国和越南社会主义共和国关于新世纪全面合作的联合声明》，2004年10月《中华人民共和国政府和越南社会主义共和国政府联合公报》，2005年7月《中越联合公报》，同年11月《中越联合声明》，2006年8月《中越联合新闻公报》，2006年11月《中越联合声明》、2007年5月《中越联合新闻公报》，2008年6月、10月《中越联合声明》，2013年6月《中越联合声明》，2015年11月《中越联合声明》，2017年5月《中越联合公报》，同年11月《中越联合声明》。两国还签署了《关于扩大和深化双边经济贸易合作的协定》《关于开展“两廊一圈”合作的谅解备忘录》《北部湾协议区油气合作框架协议》《共建“一带一路”和“两廊一圈”合作备忘录》《中越经贸合作五年发展规划》《关于加快推进中越跨境经济合作区建设框架协议谈判进程的谅解备忘录》《加快推进中越跨境经济合作区建设框架协议谈判进程的谅解备忘录》《关于成立电子商务合作工作组的谅解备忘录》《确定2017–2021年中越经贸合作五年发展规划重点合作项目清单的谅解备忘录》等数十条经贸合作文件。

另外，两国还签署了《关于指导解决中国和越南海上问题基本原则协议》《落实中越全面战略合作伙伴关系行动计划》《中越国防部边防合作协议（修订版）》《中华人民共和国外交部和越南社会主义共和国外交部关于加强新形势下合作的协议》《中越两国政府落实中越全面战略合作伙伴关系行动计划》《中越国防部边防合作协议（修订版）》《中国农业部与越南农业与农村发展部关于建立海上渔业活动突发事件联系热线的协议》《中越两国政府关于互设文化中心的谅解备忘录》《中国人民对外友好协会和越南友好组织联合会2013年–2017年合作备忘录》《关于合作设立河内大学孔子学院的协议》等关于国防、教育、农业等方面的合作文件[①]。

中越还通过亚太经合组织（APEC）、澜沧江－湄公河合作领导人会议、博鳌

① 资料来源：中华人民共和国外交部官网：http：//www.fmprc.gov.cn

亚洲论坛、中国—东盟博览会、东盟与中国（10+1）领导人会议等多种国际论坛形式积极进行战略层面沟通和经贸等领域合作，双边关系突飞猛进。总体来说，中国同越南政策沟通情况良好，但一些方面还有待完善，比如政策沟通效度及清廉指数较低。

2. 设施联通

中国同越南的设施联通较为良好，整体而言，在东盟国家中设施联通状况较为优秀[①]，尤其近年来中越两国的互联互通不断取得进展。

中越两国有漫长的陆地边界线和众多的口岸，越南海岸线长3260多公里。中方设有东兴、凭祥、友谊关（中）、水口、河口5个国家级口岸和其他10个省级口岸。越方设有芒街、谅山、友谊关（越）、老街4个国家级的口岸和11个省级口岸。众多的口岸通道、边贸互市点和跨境民族的存在为两国边贸的开展提供了便利的条件[②]。近年来，福州港、江阴港区添越南航线“一带一路”航线达10条，途经福建江阴－广东汕头－香港－深圳蛇口－南沙－越南卡莱，航程约9天。另外，中国和越南都是中国—中南半岛经济走廊的国家，广西的北部湾港已开通至新加坡、泰国、越南、缅甸等国的集装箱班轮航线，中国－东盟信息港在南宁正式挂牌成立。

公路运输方面，2012年中越两国开通了3条汽车运输线路。2012年8月18日中越启动中国昆明－河口－越南老街－河内－海防国际道路运输线路开通仪式；8月22日，启动中国南宁－友谊关－越南友谊－河内线、中国深圳－友谊关－越南友谊－河内线两条国际道路运输线路开通仪式。这标志着中国与越南之间实现了客货运输车辆的直达运输和公务车辆的相互驶入，打破了长期以来中越汽车运输只能在边境地区转运及换装的限制，将极大促进两国交通运输领域的合作，为双方商贸、务工、留学、旅游等提供便利[③]。而中越两国货运直通车于2014年6月9日正式开通，将以往接驳式的运输方式转变为门到门的直达运输，这在很大程度上提升了中越两国设施联通水平。

航空方面，2016年7月，越南坚江省富国岛县富国国际航空港与中国南方航空正式开通广州直飞富国岛航班。南航广州至富国岛航线于每周三、五、日执飞，机型为B737。2016年7月6日下午，该航线在富国国际航空港首次降落时除中国旅客外还有众多俄罗斯和欧洲旅客；当月，中国东方航空和越捷航空分别增设从中国

---

① 中国－东盟“五通指数”比较研究，北京大学全球互联互通研究课题组．

② 胡均民，赵修安．试论中国与越南经贸关系的历史沿革、现状及发展趋势［J］．学术论文，2005（8）．

③ 广西社会科学院东南亚研究所，中华人民共和国公安部东南研究所课题组．中国与越南关系2012–2013年回顾与展望势［J］．东南亚纵横，2013（1）．

浙江、昆明至越南富国岛的直飞航班；11 月，海南航空正式开通深圳 - 岘港直飞航线；12 月，越南越捷航空公司开通桂林 - 芽庄航线[①]。

在能源设施方面，中国与东盟在能源领域的合作逐渐密切，越南是中国在东南亚的三大石油进口国之一，同时，中国是越南最大的煤炭出口市场。这些都有助于双边设施联通状况的改善以及指数水平的提高。但越南在天然气输送和电力输送两个领域设施联通状况比较弱，从而造成越南的设施联通状况总体良好但不够顺畅。

3. 资金融通

中国与越南的资金融通建设良好，在东盟国家中其资金融通水平中等[②]。2013 年 10 月亚洲基础设施投资银行（简称“亚投行”）正式成立，越南作为第一批意向创始成员国参与“亚投行”建设，为越南响应“一带一路”倡议提供了资金融通的基础。2014 年 11 月，中国提出将出资 400 亿美元成立丝路基金，为“一带一路”沿线国家基础设施、资源开发、产业合作等与互联互通有关项目提供投融资支持。2017 年 5 月，中国向丝路基金增资 1000 亿元人民币。而这将受益于中越之间的基础设施建设项目，中越两国利用丝路基金发挥金融对基础设施、产能合作的支持作用。

在货币融通方面，越南货币为越南盾，不可自由兑换。人民币与越南盾不可直接兑换。外国投资者可根据越南外汇管理规定，在越南金融机构开设越盾或外汇账户。如需在国外银行开设账户，需经越南国家银行批准。外国投资者可向从事外汇经营的金融机构购买外汇，以满足项目往来交易、资金交易及其他交易的需求。如外汇金融机构不能满足投资者的需要，政府将根据项目情况，解决其外汇平衡问题。中资银行在越南设立机构较多时间较长，其中中国工商银行在河内设立了分行；中国银行、中国建设银行、中国交通银行在胡志明市设立了分行；中国农业银行在河内设立了代表处；国家开发银行在河内设立了工作组。另外，越南的信用市场规范度方面非常规范，处于东盟十国前列；但公共债务规模却没有数据显示。

“一带一路”倡议提出以来，中国对越南投资正不断加速。2017 年前，中国在越投资从未进入前五，但 2017 年以来，中国投资明显加速，投资额占越南吸引外资总额的 21.1%。越南是一个理想的投资地，不仅劳动力成本较国内低廉，同时还具备区位优势，便于从中国进口原材料，又便于出口欧美市场。目前主要集中在火电行业、纺织企业、造纸业、塑料业等。

另外，中国香港与越南一直保持紧密的经贸往来，随着“一带一路”与“两廊

---

① 资料来源：中华人民共和国商务部走出去公共服务平台：http：//fec.mofcom.gov.cn

② 中国 - 东盟“五通指数”比较研究，北京大学全球互联互通研究课题组 .

一圈”的有效对接，区内经济将进一步融合发展，中国香港和越南合作空间将不断扩大。据统计，2016年，68个国家和地区获越南政府新颁外资投资许可。其中，中国香港获新批外资额11亿美元，位居韩国、新加坡、中国内地之后，排名第四。2016年越南与香港双边贸易额达75亿美元，2017年第一季度已达20亿美元，目前正向全年达到80亿美元的目标而努力①。

4. 民心相通

民心相通是指国家之间通过实现心相近、民相亲，增进相互了解与传统友谊，为开展区域合作奠定坚实的民意基础。民心相通是“一带一路”建设的社会根基。总体来说，中国与越南的民心相通建设有潜力但不均衡。在“一带一路”沿线的63个国家中，越南总评分排在四十名开外②。

中越两国民心相通的亮点在于，在东盟十国中，越南是与中国建立友好城市关系最多的国家，共有37个省市，其中6个省州，31个城市③。根据百度指数，中国网民对越南的关注度较高，在东盟国家中排名前五位④。

虽然根据北京大学全球互联互通研究课题组的数据，中国网民对越南的好感度只有0.1，但中国游客却在赴越南旅游人数中占比是最多⑤。根据越南国家旅游局公布的数据，2017年前8个月，中国赴越南旅游的游客近270万人次，同比增长51.4%，而在游客中增幅最高的也是中国游客。但越南赴中国旅游的人数却相对较少，在中华人民共和国国家旅游局公布的入境的亚洲游客中，越南没有排进前十五名⑥。

在教育方面，孔子学院在亚洲设有101所，其中在越南设有1所－河内大学孔子学院。另外，越南一些高校还设有文化中心以推介汉文化，比如香港中华总商会会长、香港新华集团董事会主席蔡冠深捐建的越南蔡冠深文化中心，坐落于越南最高学府河内国家大学下属外国语大学校园内，以推介“汉语和儒家文化”为核心，成为越南汉语教学和儒学文化研究的重镇。

5. 贸易畅通

越南于2006年11月7日加入世界贸易组织，市场环境更加开放，投资环境进一

---

① 资料来源：紫荆网 http：//hk.zijing.org/2017/0427/733921.shtml

② 中国－东盟“五通指数”比较研究，北京大学全球互联互通研究课题组 .

③ 资料来源：中国国际友好城市联合会 http：//www.cifca.org.cn/web/index.aspx

④ 资料来源：百度搜索指数 http：//index.baidu.com/?tpl=trend&type=0&area=0&time=13&word=%B7%C6%C2%C9%B1%F6%2C%D0%C2%BC%D3%C6%C2%2C%D3%A1%B6%C8%C4%E1%CE%F7%D1%C7%2C%C3%E5%B5%E9%2C%CE%C4%C0%B3（根据百度搜索指数估算）

⑤ 资料来源：中国日报网 http：//news.163.com/14/0831/11/A4VL6RBV00014JB5.html?f=jsearch

⑥ 数据来源：中华人民共和国国家旅游局 http：//www.cnta.gov.cn/zwgk/lysj/index_1.shtml

步改善，为外国企业在越南经营提供了更加规范便利的条件。自 1995 年 7 月越南加入东盟以来，越南积极参与地区事务，2010 年担任东盟轮值主席。越南作为东盟成员国之一，先后与中国、智利、澳大利亚等 7 个国家建立区域贸易协定，签订这些区域贸易协议，加强了越南对外贸易，推动了经济增长。中越的经贸往来一直突破新高度，目前，越南已成为中国第六大出口国和第十一大进口国，而中国则连续 13 年成为越南第一大贸易伙伴。2016年，越南超越马来西亚发展成为中国在东盟的第一大贸易伙伴。

2005 年至 2016 年，中国对越南货物贸易均呈逆差状态。2005 年，中国对越南货物进出口总额约 82 亿美元，其中出口约 56 亿美元，进口约 26 亿美元，净出口约 -31 亿美元。2016 年，中国对越南货物进出口总额约 648 亿美元，其中出口约 611 亿美元，进口约 37 亿美元，净出口约 -574 亿美元。与 2005 年相比，2016 年中国对越南货物进出口总额增加约 566 亿美元，增长约 690.70%，其中出口增长 982.48%，进口增长 45.61%（见表 VN-2 和图 VN-1）。

表 VN-2　中国对越南货物进出口贸易情况

单位：百万美元

年份	出口总额	进口总额	净出口	进出口总额
2005 年	5643.90	2552.84	-3091.06	8196.74
2016 年	61094.10	3717.16	-57376.94	64811.26

数据来源：联合国商品贸易统计数据库

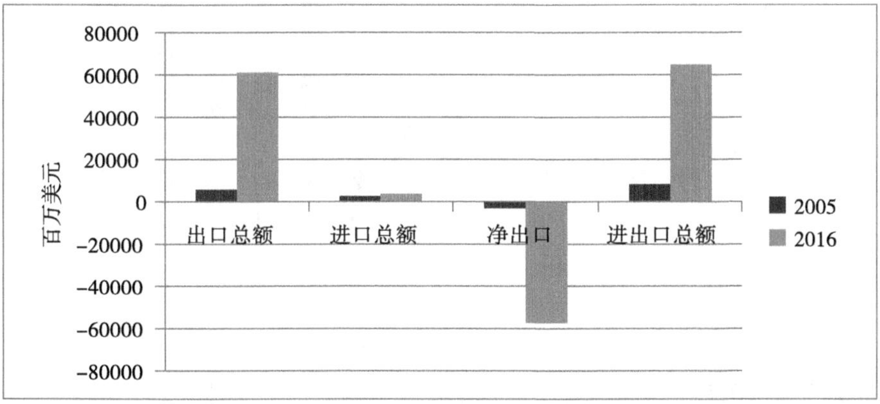

图 VN-1　中国对越南货物进出口贸易情况

（1）中国出口越南

表 VN-3　中国对越南货物出口情况

单位：百万美元、%

年份	出口总额	增长率	排名	占比
2005 年	5643.90	——	22	0.74
2006 年	7463.36	32.24	23	0.77
2007 年	11894.98	59.38	22	0.97
2008 年	15122.13	27.13	22	1.06
2009 年	16300.91	7.80	18	1.36
2010 年	23101.56	41.72	17	1.46
2011 年	29091.57	25.93	17	1.53
2012 年	34212.59	17.60	15	1.67
2013 年	48586.30	42.01	9	2.2
2014 年	63730.01	31.17	7	2.72
2015 年	66017.02	3.59	6	2.90
2016 年	61094.10	–7.46	6	2.91

数据来源：联合国商品贸易统计数据库

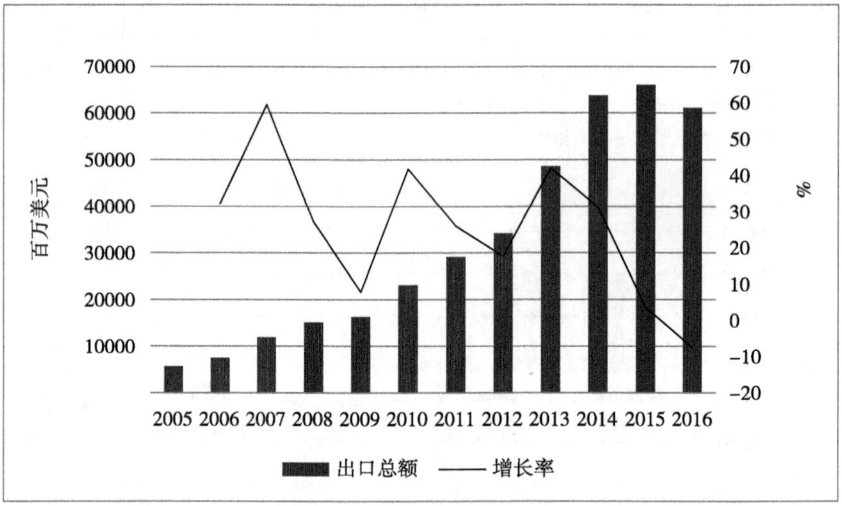

图 VN-2　中国对越南货物出口情况

2005 年至 2015 年，中国对越南货物出口连年攀升。其中，2013 年，中国对越南货物出口占中国出口全球市场份额突破百分之二，排名突破前十位。2015 年达到近年来最高水平，出口额约 660 亿美元，占中国出口全球市场份额的 2.90%，排名第

6位。2016年受世界经济增长下滑趋势的影响，中越双边贸易有所下跌，2016年，中国对越南出口约611亿美元，同比下跌7.46%，但市场份额大致相同，排名保持不变（见表VN-3和图VN-2）。

2005年，中国出口至越南的产品主要有矿物燃料、矿物油、沥青；钢铁机械设备及零件；电子电气设备；肥料；棉花；车辆及零件（轨道除外）；化学纤维短纤；针织物及钩编织物；钢铁制品等。其中，矿物燃料、矿物油、沥青类产品出口额最高，约9亿美元，占中国出口至越南市场总额的24.34%（见表VN-4和图VN-3）。

表VN-4　2005年中国对越南货物出口产品结构

单位：百万美元、%

商品代码	产品名称	出口额	占比	排名
27	矿物燃料、矿物油、沥青	927.21	24.34	1
72	钢铁	760.06	19.96	2
84	机械设备及零件	701.71	18.42	3
85	电子电气设备	369.91	9.71	4
31	肥料	235.77	6.19	5
52	棉花	210.11	5.52	6
87	车辆及零件（轨道除外）	201.05	5.28	7
55	化学纤维短纤	138.40	3.63	8
60	针织物及钩编织物	133.90	3.52	9
73	钢铁制品	130.73	3.43	10

数据来源：联合国商品贸易统计数据库

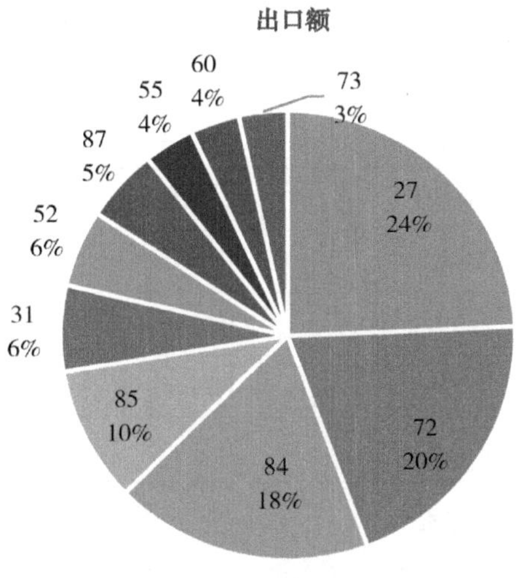

图VN-3　2005年中国对越南货物出口产品结构

2016年，中国出口至越南的产品主要有电子电气设备；机械设备及零件；钢铁；针织物及钩编织物；铝及其制品；化学纤维短纤；塑料及制品；精密仪器及设备；棉花；车辆及零件（轨道除外）等。其中，电子电气设备类产品出口额最高，约120亿美元，占中国出口至越南市场总额的31.81%（见表VN-5和图VN-4）。

与2005年相比，2016年中国出口至越南的主要产品出口额明显增加。其中，电子电气设备出口额增加约116亿美元，增长3148.71%，市场份额增加22.10个百分点，排名提升至第1位；机械设备及零件出口增长880.80%，市场份额减少0.2个百分点，排名提升1位；

钢铁出口增长496.18%，市场份额减少7.96个百分点，排名降低1位；针织物及钩编织物增长1764.14%，市场份额增加3.09个百分点，排名提升5位；化学纤维短纤增长1570.31%，市场份额增加2.49个百分点，排名提升2位；棉花和车辆及零件（轨道除外）出口分别增长706.51%和726.64%，市场份额分别减少0.65和0.88个百分点，排名钧下跌3；铝及其制品，塑料及制品，精密仪器及设备类产品市场份额排名纷纷挤进前十。

表VN-5　2016年中国对越南货物出口产品结构

单位：百万美元、%

商品代码	产品名称	出口额	占比	排名
85	电子电气设备	12017.30	31.81	1
84	机械设备及零件	6882.40	18.22	2
72	钢铁	4531.31	12.00	3
60	针织物及钩编织物	2496.09	6.61	4
76	铝及其制品	2321.74	6.15	5
55	化学纤维短纤	2311.71	6.12	6
39	塑料及制品	1969.31	5.21	7
90	精密仪器及设备	1886.90	5.00	8
52	棉花	1694.56	4.87	9
87	车辆及零件（轨道除外）	1661.95	4.40	10

数据来源：联合国商品贸易统计数据库

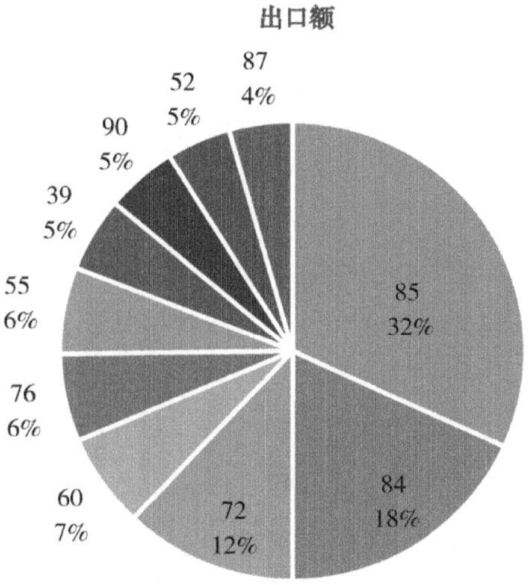

图 VN-4　2016 年中国对越南货物出口产品结构

（2）中国从越南进口

2005 年至 2016 年，中国从越南进口额稳步攀升。其中，2010 年至 2013 年大幅增长，年增长率均在 50% 左右。2016 年增长至近年来最高水平，进口额约 372 亿美元，在中国全球进口市场中排名 12 位，市场份额突破 2%，达 2.34%（见表 VN-6 和图 VN-5）。

表 VN-6　中国对越南货物进口情况

单位：百万美元、%

年份	进口总额	增长率	排名	占比
2005 年	2552.84	——	36	0.39
2006 年	2486.08	-2.62	41	0.31
2007 年	3226.28	29.77	38	0.34
2008 年	4336.32	34.41	39	0.38
2009 年	4746.74	9.46	32	0.47
2010 年	6984.26	47.14	30	0.50
2011 年	11116.53	59.17	30	0.64
2012 年	16229.13	45.99	27	0.89
2013 年	16891.89	51.95	28	0.87
2014 年	19906.40	17.85	26	1.02
2015 年	29831.75	49.86	15	1.78
2016 年	37171.60	24.60	12	2.34

数据来源：联合国商品贸易统计数据库

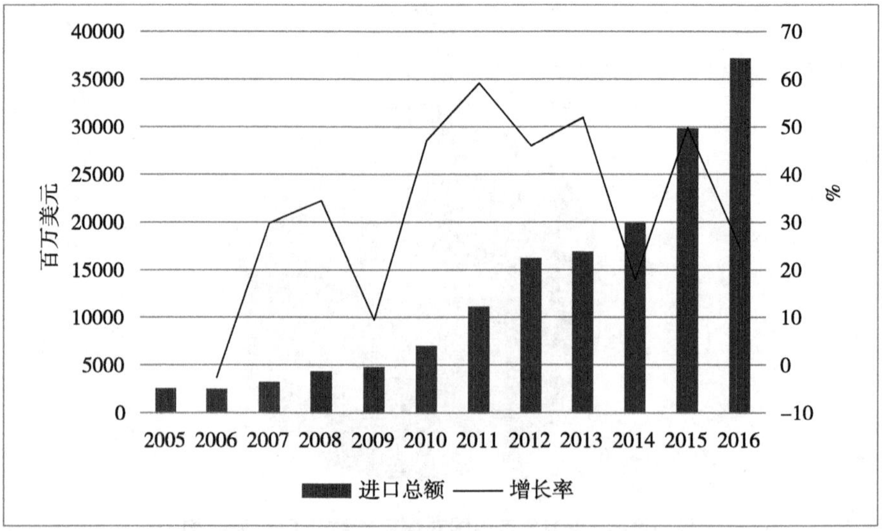

图 VN-5 中国对越南货物进口情况

2005 年，中国从越南进口的产品主要有矿物燃料、矿物油、沥青；橡胶及制品；矿砂、矿渣及矿灰；电子电气设备；木及木制品、木炭；食用水果及坚果；机械设备及零件；食用蔬菜；鞋靴类；制粉工业产品、麦芽、淀粉、菊粉、面筋类产品等。其中，矿物燃料、矿物油、沥青类进口额最高，约 16 亿美元，占中国从越南进口市场总额的 69.99%（见表 VN-7 和图 VN-6）。

表 VN-7 2005 年中国从越南货物进口产品结构

单位：百万美元、%

商品代码	产品名称	进口额	占比	排名
27	矿物燃料、矿物油、沥青	1663.51	69.99	1
40	橡胶及制品	170.05	7.15	2
26	矿砂、矿渣及矿灰	121.59	5.12	3
85	电子电气设备	102.85	4.33	4
44	木及木制品、木炭	71.74	3.02	5
8	食用水果及坚果	58.06	2.44	6
84	机械设备及零件	53.19	2.24	7
7	食用蔬菜	50.65	2.13	8
64	鞋靴类	44.65	1.88	9
11	制粉工业产品，麦芽、淀粉、菊粉、面筋	40.64	1.71	10

数据来源：联合国商品贸易统计数据库

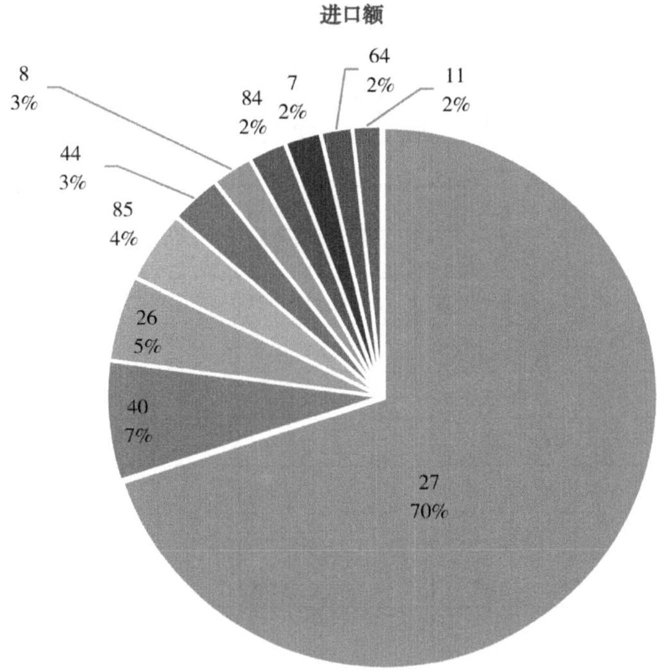

图 VN-6　2005 年中国从越南货物进口产品结构

2016 年，中国从越南进口的产品主要有电子电气设备；新疆棉和内地棉；棉花；矿物燃料、矿物油、沥青；机械设备及零件；鞋靴类；橡胶及制品；木及木制品、木炭；谷物；精密仪器及设备类产品等。其中，电子电气设备类产品进口额最高，约 130 亿美元，占中国从越南进口市场总额的 40.63%（见表 VN-8 和图 VN-7）。

与 2005 年相比，2016 年中国从越南进口的大部分主要产品进口额明显增加。其中，电子电气设备出口额增加约 129 亿美元，增长 12514.32%，市场份额增加 36.3 个百分点，排名提升至第 1 位；机械设备及零件和鞋靴类出口分别增长 2241.66% 和 2502.37%，市场份额增加 1.66 和 1.76 个百分点，排名分别提升 2 和 3 位；橡胶及制品和木制品、木炭出口分别增长 499.28% 和 1205.84%，市场份额分别降低 3.96 和 0.02 个百分点，排名分别下跌 5 和 3 位；新疆棉和内地棉，棉花，谷物，精密仪器及设备类产品市场份额排名挤进前十。另外，矿物燃料、矿物油、沥青出口额降低约 1 亿美元，出口降低 6.12%，市场份额降低 65.1%，排名下跌 3 位。

表 VN-8 2016 年中国从越南货物进口产品结构

单位：百万美元、%

商品代码	产品名称	进口额	占比	排名
85	电子电气设备	12973.83	40.63	1
99	新疆棉和内地棉	9936.41	31.20	2
52	棉花	1717.07	5.38	3
27	矿物燃料、矿物油、沥青	1561.74	4.89	4
84	机械设备及零件	1245.53	3.90	5
64	鞋靴类	1161.96	3.64	6
40	橡胶及制品	1019.08	3.19	7
44	木及木制品，木炭	936.81	2.93	8
10	谷物	733.93	2.30	9
90	精密仪器及设备	648.56	2.03	10

数据来源：联合国商品贸易统计数据库

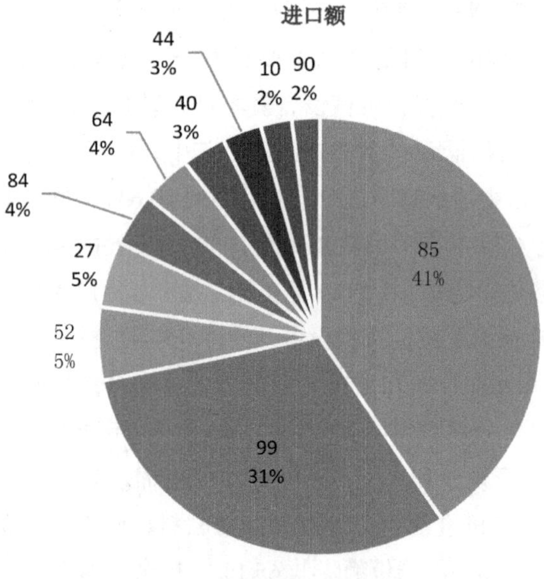

图 VN-7 2016 年中国从越南货物进口产品结构

（3）中国与越南的贸易竞争互补关系

中国与越南的贸易互补关系很强。2015 年，以中国出口计算的贸易互补指数为 0.3803，在中国与“一带一路”国家贸易互补关系中排名第七。

中国与越南贸易互补关系呈继续增强的趋势。从以中国出口计算的贸易互补指数看，2005 年，中国与越南贸易互补指数为 0.2501；2016 年为 0.3803。与 2005 年相比，中国与越南贸易互补指数增长了 52.06%，两国贸易互补关系得到大幅提升和改善。

以中国出口计算的贸易互补指数大于以中国进口计算的贸易互补指数，表明有利于中国出口，同时有利于越南进口。如表 VN-9 所示，2005 年，以中国出口计算的贸易互补指数为 0.2501，以中国进口计算的贸易互补指数为 0.1713；2016 年，以中国出口计算的贸易互补指数为 0.3803，以中国进口计算的贸易互补指数为 0.2218。

表 VN-9　中国与越南贸易竞争、互补指数

年份	竞争指数	互补指数	
		以中国出口计算	以中国进口计算
2005	0.0973	0.2501	0.1713
2015	0.4217	0.3803	0.2218

数据来源：重庆“一带一路”投资与贸易研究实验室

近年来，中国与越南的贸易竞争日益激烈。2005 年，两国贸易竞争指数为 0.0973，而2015年，中国与越南的贸易竞争指数为0.4217，贸易竞争关系非常激烈，在中国与“一带一路”国家竞争关系中排名第一。与 2005 年相比，2015 年中国与越南的贸易竞争指数增加了 333.40%。虽然两国贸易竞争激烈，但整体仍有利于中国产品出口。

6. 总结

虽然近年来越南国内政治社会基本稳定，国际环境也不断得到改善，国际地位逐步提高。但越南的法律、政策环境尚不完善，市场容量有限，自然灾害频发等因素，给中越两国的经贸合作带来了一定的风险。

目前中越两国的关系正走向密切，越来越多的中国企业已将越南视为投资兴业的热土。而中国与越南的贸易额、中国在越南的投资以及中国的区域经济合作机制等显示出，越南已经成为中国的重要伙伴之一。中国与越南山水相连，互为近邻。密切相互间经济互利合作，是巩固和发展双方全面战略伙伴关系的必然选择，这也必将惠及整个东亚地区的稳定和发展。